Paul E. Dunscomb

.

# Japan's Siberian Intervention

## 1918–1922

Lexington Books

Plymouth

2011

# Пол Э. Данскомб

·

# Японская интервенция в Сибири

## 1918–1922

Academic Studies Press

Библиороссика

Бостон / Санкт-Петербург

2023

УДК 94(571.6)+94(520).032
ББК 63.3(2)6-6+63.3(5Япо)61
    Д18

Перевод с английского Дарьи Пикалевой

Серийное оформление и оформление обложки Ивана Граве

На обложке: каменная стела на территории храма Ясукуни,
установленная в память о солдатах батальона Танаки,
который был уничтожен партизанами в конце февраля 1919 года

**Данскомб, Пол Э.**
Д18     Японская интервенция в Сибири, 1918–1922 / Пол Э. Дан-
        скомб ; [пер. с англ. Д. Пикалевой]. — СПб.: Academic Studies
        Press / Библиороссика, 2023. — 374 с. — (Серия «Современное
        востоковедение» = «Contemporary Eastern Studies»).
        ISBN 979-8-887192-76-5 (Academic Studies Press)
        ISBN 978-5-907532-81-6 (Библиороссика)

Пятьдесят месяцев японской интервенции в Сибири вобрали в себя экзистенциальный кризис, настигший Японию по окончании Первой мировой войны. Политическая элита и военные, интеллектуалы и семьи военнослужащих в небольших
гарнизонах — все они восприняли интервенцию как проверку того, сумеет ли Япония найти свое место в послевоенном миропорядке. И в стране, и за рубежом действия Японии в Сибири рассматривались как доказательство способности нации
шагать в ногу со временем — временем триумфа конституционной демократии
и вильсоновского интернационализма. Характер самой интервенции отражает процесс борьбы за ответственное принятие решений правительством и установление
контроля общества над действиями армии, за пересмотр японской континентальной политики, а также за возможность для миллионов простых японцев быть услы-
шанными своими лидерами. В книге предпринята попытка анализа внутренней
политики, военных операций и международных отношений периода интервенции
с привлечением широкого спектра мнений современников и подробного освещения общественной реакции и дискуссий в столичной и провинциальной прессе.

УДК 94(571.6)+94(520).032
ББК 63.3(2)6-6+63.3(5Япо)61

ISBN 979-8-887192-76-5
ISBN 978-5-907532-81-6

*Посвящаю эту книгу трем Робертам,*
*Эндрю и их мамам*

Карта
Дальневосточного
региона России,
ориентировочно
1920 год

СОВЕТСКАЯ РОССИЯ

Охотское море

САХАЛИН

Татарский пролив

ПРИМОРСКАЯ ОБЛАСТЬ

Николаевск

река Амур

АМУРСКАЯ ОБЛАСТЬ

река Зея

Благовещенск

магистраль

железнодорожная

Волочаевка

Хабаровск

Бикин

станция Уссури

Иман (с 1972 года — Дальнереченск)

бухта
Тетюхе

река Уссури

Спасск-Приморский

озеро
Ханка

Гродеково

Николаск-Уссурийский

Раздольное

Владивосток

Пограничный

МАНЬЧЖУРИЯ

река Сунгари

Цицикар

Харбин

Чанчунь

Мукден

КОРЕЯ

КИТАЙ

Пекин

Китайско-Восточная железная дорога

Южно-Маньчжурская железная дорога

МОНГОЛИЯ

Хурэ (до 1911 года — Урга,
с 1924 года — Улан-Батор)

река Аргунь

Маньчжурия (городской уезд
городского округа Хулун-
Буир автономного района
Внутренняя Монголия)

Борзя

Даурия

река Онон

Нерчинск

Чита

река Шилка

Транссибирская

ЗАБАЙКАЛЬСКАЯ
ОБЛАСТЬ

Верхнеудинск

река Селенга

Иркутск

река Ока

СОВЕТСКАЯ РОССИЯ

границы между государствами
границы между регионами
границы между областями
железная дорога
река

масштаб

0          150          300
КМ

# Слова благодарности

Мне практически незнакомо ощущение, когда таких слов не хватает. Но порой ими невозможно выразить всю глубину благодарности и признательности, которую ощущаешь, когда проект, находившийся в стадии созревания так долго, наконец воплотился в жизнь. В первую очередь упомянутые слова должны касаться профессора Уильяма Цуцуи, преподавателя японской истории в Университете Канзаса в прошлом и преподавателя истории и декана Колледжа гуманитарных и естественных наук Дедмана в Южном методистском университете в настоящий момент. Я в неоплатном долгу перед Биллом — моим учителем, наставником и другом, ведь без его мудрости, советов, руководства, критики, поддержки и дружбы я не был бы тем, кем являюсь сейчас. То, что я оказался единственным аспирантом, обучавшимся у него с самого начала, — предмет моей особой гордости, а также огромного сожаления.

Биллу я обязан столь многим, что это не подлежит никакому сравнению, однако мой долг благодарности по отношению к другим людям также слишком велик для того, чтобы просто перечислить их здесь. И пусть в той или иной ситуации слова часто оказываются бессильны, даже просто произносить такие слова — уже важно и значимо; поэтому позвольте мне выразить здесь с их помощью хотя бы сотую долю моей благодарности.

В начале моего академического пути меня поддерживали, вдохновляли и помогали мне советом очень многие люди. Среди них следует особо отметить профессора Питера Х. Кросби, Университет штата Нью-Йорк в Олбани, факультет истории, профессора Дональда Тёрстона, Юнион-колледж, факультет истории, и профессора Стива Либо, Колледж Рассела Сейджа, факультет истории. Послужной список профессора юридического факультета Токийского университета Китаоки Синъити длинный и впечатляющий: помимо прочего, он был представителем Японии в ООН; профессор Китаока стал моим научным руководителем во время моей годовой стажировки в Японии по программе Fulbright. Профессора́ Теодор Уилсон, Дэниэл Х. Бэйс, Норман Саул и Эрик Рат (факультет истории), а также Уильям Сэмондис (факультет истории искусств) и Элейн Герберт (факультет восточноазиатских языков и культур) сыграли неоценимую роль в процессе подготовке моей докторской диссертации в университете Канзаса.

Занимаясь исследовательской работой, я пользовался многими библиотеками и архивами и получал всемерную поддержку специалистов этих учреждений. Я особенно благодарен Митико Итии из Восточноазиатской библиотеки университета Канзаса и Ральфу Кортни из университета Аляски в Анкоридже. Сотрудники библиотеки Консорциума (Университет Аляски в Анкоридже), библиотеки Уотсона (Университет Канзаса), библиотеки университета штата Нью-Йорк в Олбани, библиотеки Токийского университета, библиотеки юридического факультета Токийского университета, библиотеки университета Иокогамы, библиотеки префектуры Канагава (Иокогама), муниципальной библиотеки Иокогамы (основное отделение и отделение в Ходогая-ку), а также библиотек университетов Индианы, Гавайев и Виргинии предоставили мне очень важную помощь. Равным образом крайне значимое содействие мне оказали архивисты различных учреждений — прежде всего, Центра современных японских юридических и политических документов юридического факультета Токийского университета. Специалисты отдела современной японской политической истории Национальной парламентской библиотеки, а также Гуверовского института войны, революции и мира (Стэнфордский университет) и архива Института изучения войны вооружённых сил США в Карлайле, Пенсильвания, также внесли неоценимый вклад в моё исследование.

Однако доступ к вышеперечисленным материалам не принес бы никакой пользы, если бы не работа преданных своему делу людей, поднявших мое знание японского языка до должного уровня. Особую благодарность я выражаю руководимому на тот момент Кеном Батлером Межуниверситетскому центру изучения японского языка к Иокогаме, а также сенсеям Тематсу и Татеоке, Танаке Дзюнко и Ёсиде Тиэко. Дональд Кинан и сенсеи Насимура и Ямамото из уже закрывшегося, к сожалению, Летнего института восточноазиатских языков также заслужили мою особую признательность.

Мой проект не смог бы осуществиться без щедрой финансовой поддержки. Институт международного образования (USIA Fulbright) при Японо-американской межправительственной комиссии по вопросам образования оплатил мне год исследовательской работы в Японии. Программа изучения иностранных языков и регионоведения при Департаменте образования США и Центр восточноазиатских исследований при Канзасском университете выделили средства на моё обучение японскому языку. Поддержка в форме стипендии Эдди Джейкобсена на международное образование также была любезно оказана Фондом добрых соседей Гарри С. Трумана. Я убедил отдел аспирантуры Канзасского университета выделить мне грант на подготовку диссертации с помощью неопровержимого аргумента: если я напишу диссертацию и закончу аспирантуру, то больше не буду просить у них денег! Благодаря учебной поездке 2006 года по программе Fulbright я смог прогуляться по улицам Владивостока и Хабаровска и доехал по Транссибирской магистрали до Благовещенска. Гранты на исследовательские поездки от университета Аляски в Анкоридже позволили мне посетить множество полезных мероприятий, которые спонсировала Программа развития азиатских исследований Центра Восток-Запад под управлением Бетти Бак, Питера Хёрсхока и Роджера Эймса. Следует особо отметить их Институт корейских исследований (Эдвард Шульц и Чонмин Со), который помог мне ликвидировать значительный пробел в знаниях. В высшей степени полезным для меня оказался состоявшийся при поддержке Национального фонда гуманитарных наук летом 2002 года семинар Питера Носко, посвящённый современности, предсовременности и постсовременности в Японии.

Наконец, я никогда бы не смог воплотить свой проект в жизнь без поддержки и энтузиазма моей семьи и друзей. Количество поддержки и вдохновения, которые я от них получил, не подлежит сортировке по степени важности, но здесь невозможно не упомянуть таких замечательных коллег, как Дидди Хичинс, Кэдмон Либурд, Стив Хэйкокс, Уилл Джейкобс, Билл Майерс, Лиз Деннисон, Сонхо Ха, Расс Хаувелл и Беки Джеймс; друзей из академического сообщества и не только — Майка Макнила, Реджину Джонсон, Дейва Альбрехта, Брента Джонсона, Билла Хо, Мари Келлехер, Билла Флаэрти, Ричарда Хьюза, Джефа Бабба, Джерри Морлока, Уилла Хансена, Рэйко Танака, Карла Кима, Роджера Брауна, Барака Кушнера и Лори Уатт — следует особо отметить за их помощь, советы и поддержку. И моя исключительная благодарность Маюми Сато и всей её семье — гостеприимным хозяевам и добрым друзьям.

Отредактированная часть моей диссертации появилась в «Журнале японских исследований» (зимний выпуск 2006 года) под названием «Дерзкий вызов народу: критика японской интервенции в Сибири, 1918–1922 в массовых периодических изданиях». С одной стороны, это свидетельствует о том, что хороший заголовок придумать непросто, а с другой — о том, что моя работа не вышла бы в свет без участия таких людей, как Джон Уиттиер Трит, один из редакторов «Журнала», и особенно Марта Уолш, его главный редактор. Фрагменты той рукописи использованы здесь с разрешения редакции. Карту на фронтисписе любезно предоставило издательство Вашингтонского университета. Александр Джейкобс оказал неоценимую помощь в подготовке алфавитного указателя. И в заключение я хотел бы поблагодарить Майкла Сисскина, Джастина Рейса и команду издательства

«Lexington Books» за то, что они помогли мне исполнить мою давнюю мечту.

Мой долг благодарности копился в течение многих лет, поэтому я прошу прощения, если забыл или в недостаточной степени отметил тех, кто заслужил мою признательность. Безусловно, достоинства этой книги — заслуга не только моя, но и всех, кто мне помог; за её недостатки отвечаю я один.

# Введение

# «Пусть все увидят, что мы можем содействовать цивилизации»

*Значение японской интервенции в Сибири*

Начать стоит с того, чем эта книга не является. Она не есть продолжение замечательной работы Джеймса Морли «The Japanese Thrust Into Siberia» [Morley 1954], узкоспециализированной монографии, которая исследует дипломатические процессы, положившие начало интервенции, и намерения стоявших у её истоков японских политиков и чиновников. Подобное исследование интервенции в целом заполнило бы значительную историографическую лакуну, однако более обширные и актуальные для нынешних историков Японской империи вопросы остались бы при этом без ответа[1]. Историей японской кампании в Сибири

---

[1] Другими словами, однотомной работы, исследующей японскую интервенцию в Сибири во всей её полноте, не существует. Японские исследователи интервенции фокусируются на её начале и почти полностью игнорируют её завершение. «Shiberia Shuppei Shiteki Kenkyū» Хосоя Тихиро, второе издание [Hosoya 1976], заканчивается на событиях августа 1918 года. Книга «Roshia Kakumei to Nihonjin» Кикути Масанори [Kikuchi 1973] излагает лишь то, что происходило в 1917 году. Та же тенденция прослеживается и в «Shoki Shiberia Shuppei no Kenkyzi» Изао Томио [Izao 2003]. Ближе всех к полному освещению интервенции подошёл в книге «Shiberia Shuppei: Kakumei to Kanshō» Хара Тэруюки [Hara 1989], но событиям после 1920 года он посвятил только одну главу. Вывод японских войск из Сибири подробно рассматривает в книге «Taishō Seijishi» только Синобу Сэйдзабуро [Shinobu 1968], но

данная книга также не является. Эту кампанию можно считать ранней версией того, что в армии Соединённых Штатов Америки называется «военными операциями, отличными от войны» (MOOTW) [Dunscomb 2003]. К ним относится долгосрочное размещение в регионе войск с целью достижения там стабильности, обычно при взаимодействии с местными властями и неправительственными организациями; военные действия при этом возможны, однако не являются главной целью. К тому же подобная научная работа была бы полезна не столько историкам-японистам, сколько военным историкам. По той же причине мою книгу нельзя назвать и историей японской армии². Наконец,

---

его работа сильно ограничена концептуальными рамками марксизма. Как ни странно, наиболее полное описание интервенции содержится в разножанровом четырёхтомном романе Такахаси Осаму «Hahei» [Takahashi 1973–1977]. Даже журнальные статьи гораздо больше обсуждают то, как японцы попали в Сибирь, чем то, как они оттуда ушли. Единственная статья по теме вывода войск из Сибири, «Shiberia Teppei Seisaku no Keisei Katei» Момосэ Такаси [Momose 1984], рассказывает о событиях мая 1921 года, а не 1922 года, когда японцы *действительно* вывели войска из Сибири.

Книга Морли является единственным англоязычным источником, полностью посвящённым данным событиям японской истории, но, как и Хосоя, Морли заканчивает своё повествование на том моменте, когда нога первого японского солдата ступает на землю Сибири. Остальные публикации касаются Японии в лучшем случае лишь косвенно, и ни одно из них не сравнится по своей полноте с исследованием Морли. Характерными примерами являются следующие работы: «The Siberian Intervention» Джона Альберта Уайта [White 1950], исследования Джорджа Ф. Кеннана «Soviet American Relations, 1917–1920: Russia Leaves the War», том 1 [Kennan 1956] и «Soviet American Relations, 1917–1920: The Decision to Intervene», том 2 [Kennan 1958], «America's Siberian Expedition, 1918–1920» Бетти Миллер Унтербергер [Unterberger 1956], «The Republic of the Ushakovka: Admiral Kolchak and the Allied Intervention in Siberia, 1918–1920» Ричарда М. Коннетона [Connaughton 1990] и «Stillborn Crusade: The Tragic Failure of Western Intervention in the Russian Civil War, 1918–1920» Ильи С. Сомина [Somin 1996]. Только статья Денниса Смита «The End of Japan's Siberian Adventure: Withdrawal From the Maritime Province, 1921–1922» [Smith 1986] в общих чертах рассматривает именно японскую часть интервенции.

2  Подобный труд был бы излишним, ведь уже существует книга Эдварда Дри «Japan's Imperial Army: Its Rise and Fall, 1853–1945» [Drea 2009], которая замечательно справилась с этой задачей.

книга практически не касается того, как интервенция в Сибири повлияла на жизнь русских людей, в интересах которых она якобы проводилась. Подобные исследования существуют [Smith 1975], и данную тему можно развить и дальше, но специалистам по японской истории это поможет лишь косвенно.

Прежде чем объяснять, что же всё-таки представляет собой данная книга, стоит поразмышлять вот над каким вопросом: почему более 50 лет с момента выхода фундаментального труда Морли никто не писал на эту тему? Вероятно, люди видели в интервенции отдельный, не слишком поучительный эпизод японской довоенной истории и сбрасывали его со счетов. Интервенция не следует логически из истории Русско-японской войны 1904–1905 годов, и её бесславное завершение по истечении четырех лет ничего Японии не принесло. Зачем описывать этот туманный эпизод, пример полного краха, если можно припасть к более благодатному источнику? Возможным представляется и то, что люди просто не знали, как распутать все хитросплетения этого сюжета в более широком историческом контексте, с которым она неразрывно связана. Интервенция в Сибири — часть истории завершения Первой мировой войны, российской революции 1917 года и последовавшей за ней Гражданской войны, она связана со стремлением японских экспансионистов достичь господства в регионе посредством создания континентальной империи. Рассказать об интервенции и не погрязнуть в этих смежных нарративах может показаться невыполнимой задачей.

Всё осложняется тем, что Сибирская интервенция — это не только про внешнюю политику Японии. Она имеет отношение и к развитию японской внутренней политики в условиях конституции Мэйдзи. Любая тема, связанная с обретением и защитой заморских владений Японии, неизбежно затрагивает вопросы внутренней политики страны и развития её политических институтов. Они прочно связаны между собой, и вот почему: за существование империи приходится платить. Увеличение военного бюджета заставило японских военных вести переговоры и торговаться с другими политическими силами с тем, чтобы обеспечить необходимые средства. Получение этих средств обеспечивалось повышением налогов, что, в свою очередь, возмущало обычных японцев. В обмен на увеличение налоговой нагрузки они стали требовать права участвовать в политическом процессе.

Японская империя не была создана «в припадке безумия», как было сказано о Британской империи. Не только множество японских военных, но и политики, чиновники, вольные искатели приключений (так называемые материковые *rōnin*), интеллектуалы и многие другие долго и усердно работали над приобретением, расширением и обоснованием прав Японии на заморские владения. Отчасти ими двигало следующее наблюдение: в конце XIX века государства либо колонизировали, либо колонизировались. Поскольку Япония намеревалась стать сильным современным государством, ей не оставалось ничего, кроме как пойти по пути империи. Однако и оппортунизма в таком движении тоже было немало, особенно в самом его начале. Только после формального присоединения в 1910 году Кореи центр внимания империи не до конца уверенно переместился в Северо-Восточный Китай. После этого пройдёт ещё более десяти лет, прежде чем представление о Маньчжурии как о жизненно важном ресурсе Японии укоренится в общественном сознании.

Мысль о необходимости иметь заморские владения получила в Японии широкое признание довольно рано. Почти сразу после начала модернизации страны в 1868 году был достигнут широкий консенсус в отношении того, что Япония должна быть не просто современным государством, но таким же современным, как великие державы того времени. Кроме всего прочего, это подразумевало обладание заморскими владениями [Dickinson 1999: 5]. Именно статус империи и возможность достигать с его помощью всё большей степени «цивилизованности» постепенно стали служить доказательством передового положения Японии в большей мере, чем другие аспекты её политического, экономического и социального развития.

Только в середине 1980-х учёные начали всерьёз рассматривать Японию в качестве колониальной империи [Myers, Peattie 1984]. С начала 1990-х годов растёт количество исследований, которые демонстрируют ключевую роль заморских владений в представлениях японцев о своей стране как о современном государстве; очевидна и тесная связь колониальной экспансии Японии с её внутренней политикой — движущей силой расширения империи. Это представление, впервые блестяще зафиксированное Эндрю Гордоном, состояло в двойственном восприятии Японии как империи городским рабочим классом и элитой: с одной стороны, верховная власть императора, с другой — необходимость сохранять заморские владения для обеспечения безопасности Японии и доказательства её модернизации [Gordon 1991][3]. Предпринятые после этого исследования лишь углубили наше понимание данного явления. Роберт Эскильдсен показал, что подобное представление о японском империализме можно проследить ещё в карательной экспедиции 1874 года на Тайвань [Eskildsen 2002]. Стюарт Лоун, Ирокава Даикити и Банно Дзюндзи продемонстрировали, что заморские завоевания Японии воспринимались страной как показатель успеха всего проекта её модернизации [Irokawa 1985; Lone 1994; Bannō 1996]. Благодаря работе Луиз Янг мы можем сделать вывод о том, что развитие в 1930-х годах Маньчжоу-Го являлось не только ключевым фактором в притязаниях Японии на статус передового государства, но и своеобразной «литейной мастерской», в которой выплавлялась модель современной Японии [Young 1998]. Барак Кушнер показал, что значительная часть как государственной, так и частной пропаганды во время «пятнадцатилетней войны» была нацелена скорее не на получение поддержки общества для победы в войне, а на внедрение мысли о том, что победа дает возможность создать империю и доказать успех модернизации Японии раз и навсегда [Kushner 2006].

Любопытно вот что: несмотря на ключевую роль империи в представлениях японцев о своей стране как о современном государстве, энтузиазм масс и их интерес к имперскому проекту оказались на удивительно низком уровне. Как отметил Мариус

---

[3] Эта идея также лежит в основе его повествования о Японской империи в [Gordon 2003].

Янсен, «не было никаких японских Киплингов, почти не упоминалось загадочное японское всемогущество и почти отсутствовало общенародное самовосхваление» [Jansen 1984: 76]. Действительно, самая поразительная черта имперского проекта Японии — почти повсеместная двойственность отношения к нему общества. Работа Эндрю Гордона показала, что японский рабочий класс не желал платить за империю без права на участие в управлении ей. Стюарт Лоун, Ёсихиса Так Мацусака, Питер Дуус, Китаока Синъити и другие продемонстрировали, что изначально приобретение заморских колоний было абсолютно спонтанным предприятием, при этом деловые и политические элиты не имели особого желания зарабатывать там состояние [Lone 2000; Matsusaka 2001; Duus 1995; Kitaoka 1978]. По данным Луиз Янг и Майкла Льюиса, даже после того, как Маньчжурия стала считаться жизненно важным ресурсом Японии, убедить японских промышленников и простых фермеров начать в предполагаемой кузнице японской модернизации новую жизнь было по-прежнему трудно [Young 1998; Lewis 2000].

Возможно, по причине такой амбивалентности, отношения к империи как к необходимости и вместе с тем как к бремени, которое никогда не окупится, в 1945 году японцы наблюдали за полной её ликвидацией без единого слова протеста. При этом их не покидают некоторая ностальгия по экзотическим *Nan'yō*[4], полученным от Германии после Первой мировой войны островным территориям в южных морях [Lone 2000: 188; Igarashi 2006], и уверенный ирредентизм в отношении «Северных территорий», окутанных туманом островов к северу от Хоккайдо, перешедших в конце Второй мировой войны Советскому Союзу[5]. И все же утрата после войны Тайваня, Кореи, южного Сахалина и Мань-

---

[4] Южный Тихоокеанский мандат (яп. 南洋庁, Нанъё:-тё:) — мандатная территория, переданная Лигой Наций в продолжавшееся с 1919 по 1947 год управление Японской империи после поражения Германской империи в Первой мировой войне. — *Примеч. ред.*

[5] И хотя в [Kurono 2005: гл. 7 passim] нет ни малейшей симпатии к руководству Японии военного времени, ощущается расстройство, вызванное «предательством» Сталина.

чжурии не вызвала никакой печали или тоски, зато, как показала Лори Уотт, *hikiagesha* (живое наследие колониализма, японцев, репатриированных из-за границы в конце войны) старались обходить стороной. «Когда империя покидала Японию, она была маскулинной и боевой, но, вернувшись домой в 1946 году, она оказалась феминной и превращённой в жертву, её пытались "исцелить" от иностранных влияний и хотели забыть о ней навсегда» [Watt 2009: 124].

Тем не менее, несмотря на амбивалентность по отношению к империи, японцы довоенного периода не представляли себе Японии без неё. Однако имелось в этом и одно немаловажное исключение: Первая мировая война и время непосредственно после неё. Фредерик Дикинсон называет это время «одним из главных водоразделов в японской истории» наряду с реставрацией Мэйдзи 1868 года и оккупацией Японии союзными войсками [Dickinson 1999: xvi]. В своей работе он показал, что многие японцы посчитали порождённую войной (и, в частности, кризисом центральной власти в России) неустойчивую стратегическую ситуацию в Восточной Азии идеальной возможностью достичь регионального превосходства. Более того, вызванный войной экономический рост означал, что у Японии появился уникальный шанс овладеть ресурсами, необходимыми для превращения страны в военную державу мирового уровня. И, хотя в первую очередь это являлось делом японских военных, многие присоединились к ним в мечтах и попытках реализовать планы, которые в своём логическом завершении должны были обеспечить японский контроль над всем Китаем и превратить Японию в военную диктатуру. И действительно, амбициозные проекты того времени мало отличались по содержанию и объёму от программ, в действительности реализованных армией в 1930-х годах[6]. Однако плоды этих отчаянных усилий оказались довольно скромны, и когда война закончилась, престиж японской армии безмерно упал. Это случилось потому, что некоторые японцы воспользовались послевоенной нестабильностью для

---

[6] Для сравнения: [Barnhart 1987].

того, чтобы предаваться собственным фантазиям. Их предполагаемое преобразование Японии полностью игнорировало планы милитаристов, в особенности после революции 1917 года в России и вхождения в конфликт Соединённых Штатов Америки. Именуемая японцами *sekai taisei* (ситуация в мире) победа Антанты и примкнувших к ней государств над Австро-Венгрией и Германской империей свидетельствовала об исторической трансформации. Мнимое торжество либеральной демократии над милитаристской автократией и предполагаемое растущее влияние нового стиля интернационализма от Вудро Вильсона, сформулированного в его известных «Четырнадцати пунктах» (названных в Японии *jikan no sūsei* — «тенденции времён»), заставили многих японцев переоценить привычную парадигму своей страны как современного государства. Для описания современной государственности у недовольных имперским проектом вдруг появился новый язык: такая государственность не завязана на империю и милитаризм, но, скорее, представляет собой демократическое, определяемое конституцией правительство, действующее по отношению к другим государствам в духе сотрудничества, а не завоевания.

Книга, которую вы держите в руках, рассматривает Сибирскую интервенцию как возможность рассказать о попытке дать Японии именно такой вектор развития. Сибирская интервенция воспринималась многими японцами как пробный камень их способности адаптироваться к порождённым новым мировым порядком тенденциям времени. Конечно, в этом имеется и межгосударственный, и внутриполитический аспект. Став в 1919 году в Версале частью «Большой пятёрки», а затем и «Большой тройки» на Вашингтонской конференции 1921–1922 годов, Япония обеспечила себе место среди великих держав — *rekkoku*. В результате многие в стране считали, что ее действия в материковой части Азии должны по-прежнему защищать «высшие интересы» Японии в Маньчжурии, но при этом акценты должны быть смещены таким образом, чтобы избежать конфронтации с Великобританией и Соединёнными Штатами. Однако немало было и таких, чьё представление о современном государстве основывалось на примере дискредитировавшей себя к тому времени Германской империи: они продолжали держаться старой идеи о государственном строительстве путем завоеваний и верили в необходимость овладеть ресурсами Восточной Азии на случай неизбежного, с их точки зрения, противостояния англо-американским силам [Matsusaka 2001: 227–229; Dickinson 1999: 21–23]. Ход Сибирской интервенции и связанные с ней зачастую противоречивые действия японцев отражают такое разобщение; на правительственном уровне оно выразилось, прежде всего, в борьбе между гражданским, партийным кабинетом премьер-министра Хары Такаси (Кей) и генеральным штабом вооружённых сил под руководством Уэхары Юсаку.

Значимость интервенции на внутригосударственном уровне определялась и тем, что она должна была показать, способно ли «демократическое» правительство действовать в соответствии с волей народа. Разрешение Харе Такаси сформировать в 1918 году первый кабинет министров из членов политической партии было отчасти обусловлено необходимостью смягчить народный гнев, вызванный «рисовыми бунтами». В свою очередь «рисовые бунты» в известной степени являлись порождением Сибирской интервенции. Появление «ответственного» правительства подарило многим в Японии надежду на то, что общественному мнению о внешней политике будет уделяться большее внимание. Однако правительство Хары не могло подчинить себе генеральный штаб вооружённых сил. Несмотря на призыв многих японцев к полному выводу войск из Сибири, армия настаивала на продлении японского присутствия на этой территории даже после ухода оттуда в 1920 году американцев. И хотя Хара смог сократить масштаб интервенции и получил принципиальное согласие армии на полный вывод войск в мае 1921 года, присутствие японских войск продолжалось до октября 1922 года.

Эта книга — первая хроника Сибирской интервенции. В ней не только собраны истории главных действующих лиц японской политики, но и представлены голоса множества людей, комментировавших ход интервенции в газетах и журналах того периода в надежде отразить атмосферу времени. Политика в отношении

Сибири, очевидно, не могла реализовываться сама по себе: в целом японцы хорошо себе представляли действия, которые намеревалось совершить в Сибири правительство, активно обсуждали в открытом общественном пространстве достоинства различных идей и вовсе не стеснялись выдвигать собственные предположения о том, что должно быть сделано. Таким образом, общество влияло на выбор различными представителями правящего класса Японии политического курса. И комментарии по поводу вторжения в газетах и журналах (они находятся в центре моего внимания), и политические дебаты в Парламенте Японии, и реакция обычных японцев, жителей больших городов и небольших поселений, в которых располагались военные гарнизоны, откуда солдат отправляли в Сибирь, — всё говорило о полном разочаровании общества не только в интервенции, но и в военном и гражданском руководстве страны.

Если коротко, то опыт японской интервенции в Сибири крайне негативно сказался на первоначальном, вызванном демократией воодушевлении в конце Первой мировой войны. Бессилие демократического правительства выполнить волю народа и неспособность японского гражданского общества добиться значимых изменений привели защитников демократии в уныние. Здесь можно провести аналогию с Европой, где в то же самое время быстро иссяк первоначальный энтузиазм по отношению к «демократии» и «конституционализму» [Mazower 1998]. При этом очевидная для многих непокорность императорской армии и её неспособность извлечь из операции в Сибири значимую выгоду в той же мере повредили репутации вооружённых сил. Что ещё хуже, считалось, что односторонние действия армии наносят вред международному положению и престижу Японии, выставляя её «милитаристским» государством, не способным на ответственное поведение в новой международной обстановке.

Поэтому главной задачей обоих лагерей до конца 1920-х годов стало восстановление общественного доверия. Защитникам демократии нужно было показать, что партийное правительство может быть чутким к воле народа и способным на осуществление таких долгожданных позитивных изменений, как введение всеобщего избирательного права и решение экономических проблем городской и сельской бедноты. Для тех, кто выступал за расширение границ империи даже ценой конфронтации с другими странами, было важно вновь обозначить центральное место имперской составляющей в жизни Японии как современного государства. Партийные кабинеты в целом не смогли убедить публику в том, что они справляются с решением стоящих перед ними задач, при этом защитники имперской экспансии старались объединить общество под своими знамёнами. Всё это подготовило почву для того, чтобы в 1930-х годах в центре внимания оказались сторонники империалистских и авторитарных взглядов.

# Глава 1
# «На любой вкус»

*Хаос и многоголосие в японской политике,*
*1890–1917*

Политическая система Японии задумывалась как олигархия, однако олигархи эпохи Мэйдзи оказались неспособны действительно организовать именно такую систему управления. С самого начала правления Мэйдзи своего участия в управлении обновлённой страной потребовали другие политические силы. Олигархам оказалось удобно если не передать часть своих полномочий политическим аутсайдерам, то, по крайней мере, привлечь их на свою сторону обещанием участия в государственных делах, пусть и чисто символического. Первая часть императорской программы «Клятва пяти пунктов», опубликованной 6 апреля 1868 года, уверяла, что управление страной будет происходить с учётом общественного мнения. Однако данный пункт являлся не обещанием демократии, а попыткой успокоить княжества, опасавшиеся того, что новый сёгунат под управлением княжеств Сацума и Тёсю окажется мгновенной заменой недавно упразднённому сёгунату Токугава. План сработал. Княжества были успокоены (и вскоре упразднены), а доминирование олигархов союза Саттё продолжилось и в XX веке.

При этом за каждую победу приходилось платить. За подавление каждой оппозиционной группы, за закрытие или контроль каждой способной на критику общественной площадки приходилось подкупать хотя бы часть оппозиции, скармливая ей крошки политического влияния [McClain 2002: 190]. Шли десятилетия, и постепенно прерогативы олигархов ограничивались, их влияние сокращалось. В процессе их старения и ухода со сцены японской политики, на этой сцене появлялись новые и могущественные действующие лица. По причине того, что и сцену, и правила игры на ней создали олигархи, они оставили своим преемникам очень небольшой набор политических приёмов и речей [McClain 2002: 203]. Но это их не спасло. Когда в октябре 1922 года Сибирская интервенция завершилась, от власти олигархов не осталось и следа.

В 1880 году к числу олигархов можно было отнести примерно дюжину людей, самыми влиятельными из которых, несомненно, были Ито Хиробуми и Ямагата Аритомо. Они действовали согласованно и держали внутреннюю и внешнюю политику Японии под контролем. И хотя они делали всё возможное для того, чтобы передать своим ставленникам созданную ими политическую систему в «первозданном» виде, у них ничего не получилось. Причин тому немало, и многие из этих причин обозначены в документе, который должен был узаконить власть олигархов и очертить границы допустимой политической эволюции, однако более чем что-либо другое определил развитие японской политики и передал оппозиции часть власти. Речь идёт о конституции Мэйдзи 1889 года.

В конце 1870-х годов зародилось «движение за свободу и права человека» (*jiyū minken undō*) — первая волна агитации за более значимое участие населения в политической жизни страны. Основателями этого движения были в основном бывшие самураи и крупные сельские землевладельцы; именно они добились обещания даровать конституцию. Процесс её разработки возглавлял Ито Хиробуми. Создание выборного, пусть и с узким кругом избирателей, органа власти — Национального парламента Японии — представляло собой уступку защитникам прав человека, однако Хиробуми сумел сильно ограничить его полномочия путём передачи власти другим конституционным и внеконституционным органам [Окамото 2003: 21–22; Gluck 1985: 75–78].

Между строк в тексте конституции просматривалось положение о том, что центральным органом власти в новой политической системе будут сами олигархи. Осознавая свою значимость в качестве незаменимых советников императора, они стремились взять на себя ответственность за управление страной. Благодаря своему лидирующему положению в основных гражданских и военных ведомствах они могли проследить за тем, чтобы страна на самом деле следовала намеченному ими курсу. Помимо координирующей в самом широком смысле функции, еще одной важнейшей прерогативой олигархов стал выбор премьер-министра. С формирования в 1885 году состоящего из министерств правительства и до 1901 года выбор кандидатов на пост премьер-министра ограничивался самими олигархами. После 1901 года они перестали напрямую контролировать правительство и ограничились выбором премьер-министров из числа своих ставленников. Таким образом они могли по-прежнему контролировать, по крайней мере в теории, осуществление государственной политики, отказывая во власти тем, кто был склонен игнорировать их пожелания и подрывал их влияние.

Эпоха Мэйдзи породила простую, однако неразрешимую проблему: основой конституционного строя оказалась координирующая активность внеконституционной группы олигархов, которые к 1890-м годам получили титул старших государственных деятелей, или *genrō*. Они были в прямом смысле слова незаменимы; никто из более молодых политиков не мог сравниться с ними в плане всеобщего уважения и престижа, многообразия опыта и уникального мировоззрения [Matsusaka 2001: 32–33]. Когда власть *genrō* стала сходить на нет, возникла необходимость найти альтернативный способ реализации жизненно важной координирующей функции. Это, особенно с 1905 до 1918 года, повлекло за собой эволюцию политической системы Мэйдзи.

Как выяснилось позже, обозначенная выше проблема оказалась самым незначительным изъяном созданной Ито конституционной системы. Принятие конституции было провозглашено в октябре 1889 года и объявлено даром императора; утверждалось, что императорский трон — источник любых полномочий и легитимности. Власть императора являлась абсолютной, его прерогативы можно было делегировать, но не ограничить. Теоретически такая конституция подошла бы даже самому великому автократу — русскому царю, однако на практике всё было по-другому. Продолжая вековую традицию, император Японии царствовал, но не правил. Его прерогативы обретали смысл только тогда, когда они делегировались его советникам [Scalapino 1967: 82–87; Gluck 1985: гл. 3–4 passim; Окамото 2003: 14–33].

Главная причина критики конституции Мэйдзи и наделения императора абсолютной властью состояла в том, что никакой другой орган не получал полномочий формирования и осуществления государственной политики. Конституция писалась с учетом убеждения, что ее направляющей силой станут ее авторы. Однако с того момента, когда в 1890 году созданная ими политическая система начала работать, доминирование *genrō* пошатнулось [Окамото 2003: гл. 1 passim]. Система конституционной безответственности позволяла и даже приветствовала борьбу за политическое лидерство между различными конституционными и внеконституционными структурами. Всё это являлось следствием того, что концепция полновластия императора оказалась палкой о двух концах. С одной стороны, те, кто действовал от его лица, имели полномочия для осуществления политических изменений, с другой — их могли обвинить в том, что они не исполняли, а нарушали волю императора. В результате политическая сцена оказалась открытой для лиц, находящихся за пределами узкого круга приближенных: они хотели стать участниками государственно-правовой игры, заявляя, что лучше других понимают волю императора.

Данная предпосылка определяет концепцию довоенного политического развития Японии, предложенную Эндрю Гордоном. С момента введения в 1890 году современной политической системы и до 1905 года Гордон характеризовал Японию под властью *genrō* как имперскую бюрократию. С 1905 до 1932 года, когда политические партии сначала добивались постоянного присутствия в структуре власти, а потом и получили его, Япония была имперской демократией. Наконец, с 1932 года и до поражения Японии в 1945 году партии не имели политического влияния; контроль над правительством получили военные и так называемые «новые» бюрократы. Гордон назвал данный период «имперским фашизмом»[1].

Период имперской демократии, в свою очередь, подразделялся на две фазы. Первая — демократия как политическое движение, с 1905 до 1918 года. Политическую систему контролировали создавшие ее олигархи, а также их протеже из числа управлявших ей чиновников, при этом данный период ознаменовался повсеместными, длительными, ожесточёнными массовыми протестами со стороны городского населения, требовавшего главенства политических партий и Национального парламента в системе власти. Пик протестного движения пришёлся на «рисовые бунты» в августе и сентябре 1918 года; они увенчались успехом, когда премьер-министром был назначен Хара Такаси, лидер партии Сэйюка. В этот момент на смену демократии как политическому движению пришла демократия как система управления. С некоторыми важными исключениями пост премьер-министра занимали то лидеры Сэйюкай, то руководители другой крупной партии, Кэнсэйкай (в 1927 году она называлась Минсэйто), до тех пор, пока потеря народной поддержки, неповиновение армии и убийство гражданских политиков не привели к установлению фашистской диктатуры.

По мнению политических аутсайдеров, власти предержащие трактовали волю императора неверно и потому должны быть смещены; эти притязания основывались на убеждении, что воля императора отражала волю народа (*kokumin no ishi*). Строительство империи и современная индустриальная экономика, которая для этого требовалась, привели к развитию индустриального, современного, городского общества. Городские жители осознавали свою роль в качестве подданных страны, *kokumin*, и хорошо понимали, что новое государство создал именно их вклад в виде труда и налогов [Gordon 2003: 135]. Основной задачей политических лидеров того времени было показать, что они способны привести волю императора и волю народа к полному соответ-

---

[1] О проблеме концептуализации периода с 1905 до 1932 года и о решении этой дилеммы Гордоном см. [Gordon 1991: 5–10].

ствию. Здесь не было речи о том, чтобы приспособить одну к другой; концепция подразумевала единство воли императора и народа. Поэтому правителям страны вменялось в обязанность следить за тем, чтобы их политика вызывала минимум разногласий между двумя сторонами.

Потеря полномочий быть посредником между правителем и его подданными означала потерю престижа и влияния, но не гибель.

> Лишившись власти, противоборствующие группы элит не были ликвидированы и не исчезли из поля зрения, поэтому внутри каждой из трёх систем управления они продолжали играть свою роль. Во времена имперской демократии в структурах Палаты пэров, Тайного совета, бюрократического аппарата и армии Японии находились группировки, выступавшие против парламентского управления, пусть и неявно; в эпоху фашистской диктатуры многие средоточия власти уцелели и сотрудничали с военными и гражданскими руководителями [Gordon 1991: 333].

Так что локус политической власти Японии в условиях конституции Мэйдзи не был фиксирован. Скорее, подобно магнитным полюсам, он перемещался между конкурирующими группами и переходил к той, которая демонстрировала способность лучше всех гармонизировать волю императора и народа, а также реализовать политический курс, которого требовало общество, а именно — «снижение налогового бремени, господство в Азии, уважение к Западу, свобода собраний и право предъявлять данные требования» [Gordon 2003: 131]. Существовало некоторое число потенциальных государственно-правовых площадок, на которых политические группы могли реализовать свою миссию по согласованию воли императора с волей народа. Некоторые из них были прописаны в конституции, многие (например, кабинет министров и министерства) предшествовали ей [McClain 2002: 195], а остальные были созданы позже.

Кабинет министров не имел в конституционной системе официального статуса. Согласно статье 55 Конституции, император мог назначать советников — «государственных министров», однако они были подотчётны только ему. Ничего не говорилось о том, каковы их должностные обязанности, как организована их работа и как им следует исполнять свои обязанности. Пока кабинет министров состоял из слаженной группы *genrō*, проблем не возникало, поскольку статус последних обеспечивал им безусловное превосходство. Как только *genrō* там не стало, всё изменилось. Когда Кацура Таро сформировал в 1901 году первый кабинет министров без *genrō*, массовые издания назвали его правительство «второсортным кабинетом» [Окамото 2003: 26].

В качестве органа, направлявшего деятельность японского правительства, кабинет министров имел три недостатка. Первый — ему не хватало независимости для разработки и проведения политического курса. И хотя после 1901 года *genrō* не состояли в кабинете министров, они по-прежнему имели там влияние. Для осуществления собственных инициатив Кацуре и его преемникам приходилось следовать предписаниям *genrō* или в лучшем случае получать их одобрение. Кабинету министров были присущи и некоторые внутренние недостатки. Ожидалось, что его члены окажутся в вопросах политики единодушными, в действительности же премьер-министр никак не мог добиться между ними единства. Особенно сильно эта тенденция проявлялась, когда кабинет министров состоял из беспартийных членов: в этом случае его члены не были обязаны идти на уступки премьер-министру как лидеру своей партии. Вместо того чтобы осуществлять под руководством премьер-министра политику правительства, кабинет министров часто оказывался неким арбитражем под тем же руководством, целью которого было достижение компромисса между министрами, напоминающими бюрократических царьков, преследующих взаимоисключающие цели.

Недостаток министерской подотчётности нигде не проявлял себя так ярко, как в военном и военно-морском ведомствах. Независимость армии и морского флота была навязчивой идеей Ямагаты Аритомо. С точки зрения престижа он несколько уступал Ито, закрепившему своей конституцией политическую систему Мэйдзи, однако идеологию этой системы создал Ямагата. Вот её основные черты: благоговейная преданность императору, однозначная необходимость поддержания жёсткого контроля над политическими процессами с целью защиты трона от внешней угрозы и внутреннего хаоса, настоятельная потребность полностью избавить вооружённые силы от политического влияния и всеобъемлющая вера в то, что партийные политики по своей сути корыстны, беспринципны, недостойны доверия как отдельно взятые личности и ничего не стоят как коллектив, принимающий политические решения, в особенности внешнеполитические [Окамото 2003: 18; Humphreys 1995: 7][2].

Независимость вооружённых сил стояла на двух китах. Первый — «право верховного командования» (*tōsuiken*) японскими войсками, выполняющими военные операции, которое принадлежало исключительно генеральному штабу армии. Таким образом, кабинет министров не имел никакого контроля над вооружёнными силами во время войны и мог достичь координации военных и дипломатических усилий лишь посредством переговоров и сотрудничества с генеральным штабом. Если же генштаб отказывался сотрудничать с кабинетом министров, то выхода из подобной ситуации просто не существовало.

Если право верховного командования снижало возможности кабинета министров в отношении армии в военное время, то в мирное время его сдерживало «право прямого доступа» (*iaku jōsō*). Оно отсылало к статье 11 конституции Мэйдзи, согласно которой члены генштаба и министры армии и военно-морских сил подотчётны исключительно императорскому трону и имеют право напрямую к нему апеллировать. Это позволяло министрам армии и военно-морских сил быть полностью независимыми от премьер-министра, в то время как традиционное единство кабинета министров давало им право вето в вопросах правительственной политики.

Третьим поводом для беспокойства для будущих премьер-министров являлись неоднозначные отношения кабинета мини-

---

[2]  См. также [Hackett 1971].

стров с Национальным парламентом. Принятая конституция довольно ясно давала понять, что кабинет министров подчиняется не Национальному парламенту, а напрямую императору. Это могло работать в теории, однако на практике получалось так: если кабинет министров не мог добиться принятия законопроекта в Национальном парламенте, то либо в отставку уходил кабинет министров (очень редкий случай), либо распускался парламент и проходили его новые выборы (что происходило довольно часто). По мере укрепления контроля политических партий над Национальным парламентом всё более насущным для премьер-министров становилось обеспечение поддержки со стороны партии большинства. В связи с чем начинался новый виток напряжённых переговоров.

Парламент был единственным важнейшим компонентом политической системы Мэйдзи, созданным благодаря принятию конституции. Его функция заключалась в том, чтобы защитники прав человека изливали в нём своё разочарование центральным правительством, при этом власть и ответственность парламента были сильно ограничены, и он не имел никакого влияния ни на кабинет министров, ни на другие правительственные учреждения, например, Тайный совет. Народно избранной нижней палате парламента приходилось делить свою законодательную функцию с назначенными членами Палаты пэров, что оказалось непреодолимым препятствием в и без того непростом процессе проведения реформ. Однако в борьбе с кабинетом министров и военным ведомством у нижней палаты было два преимущества. Первое — традиционное оружие представительных органов власти, контроль финансовых ресурсов. Ито понимал эту опасность и пытался её избежать. Если парламент отказывался принять бюджет правительства, траты оставались на уровне прошлого года. Однако имперские устремления нивелировали данную защитную меру и подтверждали тот факт, что вопросы внешней политики навсегда останутся центральными в развитии политических институтов Японии.

Приобретение заморских владений и наращивание армии и флота для их удержания и развития — дорогостоящее предприятие. Повышенный финансовый аппетит военного и военно-морского ведомств исключал возможность продержаться в рамках прошлогоднего бюджета. В военное время проблем не возникало, во время Японо-китайской войны 1894–1895 годов и Русско-японской войны 1904–1905 годов парламент был щедр на дополнительные расходы, но в мирное время он оказался куда более несговорчив. Поэтому, несмотря на попытки Ямагаты изолировать военное ведомство от государственно-правовых проблем, необходимость обсуждать бюджет сразу же сделала армию важным политическим игроком [Lone 2000: 59].

Другим достоинством парламента была его возможность быть для отдельных его членов дискуссионной площадкой, на которой они могли высказывать свои взгляды, увещевать или критиковать правительство, обращаться с петициями к императору и задавать вопросы министрам напрямую. Таким образом, парламент мог стать главным соперником олигархов, претендующих на эксклюзивное право непосредственного контакта с императором. Это оказалось особенно важным, когда политические партии начали усиливать своё влияние в парламенте. Народное голосование, казалось, узаконивало их претензии на полноценное представление воли народа. Есть ли лучшее место для посредничества между императором и его подданными, чем парламент?

С самого начала «новой» японской политики, с первого заседания Национального парламента в 1890 году стало ясно, что внутренняя политика страны полна противоречий. В центре этих противоречий стояли, прежде всего, вопросы расширения и защиты империи, использования её ресурсов и, конечно, финансирования имперского проекта. Проблемы внешней политики действительно стали пусковым механизмом развития японской внутренней политики [Gordon 2003: 122]. Это можно проследить в том, как прочно вопросы создания и существования империи оказались переплетены с эволюцией политической системы Японии с самого её начала в 1890 году и до 1918 года.

Ещё до 1890 года во мнениях о том, как Япония должна строить империю, имелись существенные различия.

Японская пресса и политические оппоненты правительства прибегали к риторике паназиатской солидарности, разыгрывали карту независимости Кореи от Китая, играли на равенстве Востока и Запада. Их видение азиатского единства предполагало главенство Японии, её роль наставника и военного гегемона. Японское правительство сдерживало, но не устраняло подобные мнения, поскольку само оно двигалось в том же направлении, только более осторожно [Gordon 2003: 117].

Специалисты по истории Японской империи долгое время утверждали, что создание этой империи стимулировали такие факторы, как вероятность угроз и унижений со стороны других великих держав; однако Фредерик Дикинсон считал, что движущей силой имперских амбиций могли быть ослепительные перспективы и заманчивые возможности. Пришедший во время еды державный аппетит очень скоро обрел колоссальные масштабы. «Другими словами, люди, склонявшие в 1930-х годах Японию к войне, были пожираемы не страхом, а спесью» [Dickinson 1999: 256–258].

Однако склонность к этой имперской спеси обнаруживается уже с самого начала осуществления «новой» политики. Успех в Японо-китайской войне настолько прельстил олигархов эпохи Мэйдзи возможными трофеями, что в Китае они, с точки зрения других империалистических держав, перешли границу допустимого [Matsusaka 2001: 24–25]. Подписанный в апреле 1895 года Симоносекский мирный договор признавал безусловное доминирование Японии в Корее, что и было изначальной целью войны, и оформлял присоединение Тайваня к Японской империи. Кроме того, Япония получала контроль над Ляодунским полуостровом в южной Маньчжурии [Lone 1994: гл. 5 passim; Nish 1986: 26–35].

Многие десятилетия страны Запада расклевывали Китайскую империю с краев, и обеспечение Японией «независимости» Кореи вполне вписывалось в эту линию поведения. Однако отчуждение значительной части Китая прецедентов до этого не имело, поэтому другие империалистические державы отнеслись к данному предприятию без благосклонности. *Genrō* об этом знали, однако продолжали держаться выбранного курса [McClain 2002: 314]. Штрафные санкции за опрометчивое стремление к расширению империи не заставили себя ждать: в ходе Тройственной интервенции послы России, Германии и Франции «посоветовали» японскому правительству вернуть Ляодунский полуостров Китаю. Не в силах противостоять давлению Запада, японское правительство пошло на уступки. В результате страну захлестнула вызванная ее «унижением» огненная буря гнева и горечи. Часть этого недовольства адресовалась Западу, но в основном оно было направлено на японское правительство, так трусливо этому Западу уступившее [Окамото 2003: 38; Huffman 1997: 214–220].

В условиях привычной империалистической конкуренции между державами сдерживание притязаний Японии на Маньчжурию являлось не тайным сговором стран Запада с целью лишить Японию места в обойме современных держав, но, скорее, рутинной авантюрой тех, кто хотел играть в «большую игру» [Dickinson 1999: 8–10]. Однако Тройственная интервенция определила отношение Японии к строительству империи до самого конца имперского периода. Державные мечты не стали менее амбициозными или менее масштабными, но на темпы строительства империи в результате Тройственной интервенции оформились две точки зрения. По мнению *genrō* и других высокопоставленных политиков, Тройственная интервенция продемонстрировала первостепенную необходимость «застраховать» Японию от дипломатической изоляции. Страна будет продолжать двигаться в сторону укрепления имперского статуса, модернизации и регионального превосходства, но не сделает ни одного шага до тех пор, пока по крайней мере одна из западных держав не поддержит позицию Японии.

«Пресса и политические оппоненты правительства», а также многочисленные японские *kokumin* усвоили урок Тройственной интервенции совершенно по-другому. Не желая верить в то, что хищнический Симоносекский договор являлся дерзкой провокацией Запада, они решили, что проблема состоит в слабости Японии, её неспособности сопротивляться требованиям Запада.

Решение проблемы — усиление страны. По-настоящему сильная Япония, успешное современное государство, не станет менять свою политику ради примирения с Западом, а будет игнорировать возражения других империалистических держав, опираясь на собственную силу. Япония не только прибегнет к своей силе, игнорируя интересы других государств, но и использует свои заморские владения и региональное превосходство для того, чтобы потеснить западных конкурентов.

В конечном итоге ни «реалистичный» подход к строительству империи, ни стремление к «сильной» внешней политике унилатерализма (односторонних действий) не могли преодолеть пропасть, которая существовала между амбициозным стремлением к гегемонии и стратегическими реалиями Японии. Поначалу практичная дипломатия *genrō* и их выдвиженцев достигла значительных успехов. Позиционируя себя как защитницу от России «открытых дверей» в Китай, в 1905 году Япония добилась при активной поддержке Великобритании и Соединённых Штатов Америки принятия практически всех положений Симоносекского мирного договора [Matsusaka 2001: 30–35]. Но, надев маску защитницы «открытых дверей», сбросить её страна уже не могла. Когда интересы Японии, особенно в отношении Маньчжурии, стали всё чаще противоречить интересам Великобритании и США, ни одна страна не поддержала её в этой конфронтации. В результате на словах Япония придерживалась принципов «открытых дверей» и выступала за гармонию японских, британских и американских интересов, но стремление к гегемонии всё настойчивее требовало ликвидации ее соперников как значимых действующих лиц восточноазиатской политики [Dickinson 1999: 251].

Мышление приверженцев односторонней внешней политики было ещё более противоречивым и оказалось для Японии по-настоящему разрушительным. Навязчивой идеей унилатералистов было достижение автономии Японии. В годы после Японо-китайской войны страна показала себя достаточно сильной для того, чтобы сразиться с Россией, но по достижении этой цели стремление к региональной гегемонии оказалось неосуществимым без экономической автаркии. Потребность объединить ресурсы Восточной Азии для реализации собственных намерений по-прежнему прикрывалась паназиатскими лозунгами об изгнании Японией стран Запада для возвышения ее азиатских соседей. Однако политика автаркии разбилась о стену азиатского и в особенности китайского национализма. Сторонники унилатерализма полностью отрицали вероятность того, что патриотичные китайцы (или корейцы, индонезийцы, малайцы, филиппинцы, бирманцы) будут иметь законные возражения против усиливающегося проникновения Японии в их экономическую и политическую жизнь. С подобными возражениями не собирались ни мириться, ни спорить: в случае Китая их планировали просто подавить, используя политику силы. По причине столкновения там интересов эта политика привела к конфликтам с Западом, однако позволила ослабленным китайским правительствам предъявить Соединённым Штатам и Великобритании моральные требования придерживаться доктрины «открытых дверей» [Crowley 1966: xv–xviii; Young 1998: 50–52].

Конечно, в Японии существовала и третья политическая группа, выступавшая как против имперских реалистов, так и против сторонников унилатерализма: антиимперские маргиналы, отрицавшие имперскую миссию Японии и оказавшиеся объектами несоразмерного своей численности и влиянию объёма исследований. В эту группу входило небольшое число изгоев-пацифистов — таких, как Утимура Кандзо, сурово преследуемых социалистов — таких, как Сакаи Тосихико, и коммунистов — таких, как Катаяма Сэн. Большинство японцев считали, что эти антагонисты империи находятся за рамками не только привычных представлений об империи и империализме, но и дозволенного. Более того, их амбивалентность или открытая агрессия по отношению к империи делает их носителями «опасной мысли» (*kiken shisō*), достойными самого безжалостного подавления.

Несмотря на некоторое количество народного одобрения призывов антиимпериалистов к социальной справедливости и экономической поддержке городских рабочих и фермеров-арендаторов, их постоянное отрицание империи и императора отдалило их от широких слоёв общественности. Пример тому —

судьба популярной в 1903 году ежедневной газеты «Yorozu Chōhō», публиковавшей работы Утимуры, Сакаи и их собрата, социалиста Котоку Сюсуй. Под влиянием этих людей газета оказалась в числе немногих, кто сопротивлялся войне с Россией. Но в октябре 1903 года редактор газеты, Куроива Сироку, уволил всех троих и занял резко антироссийскую и шовинистско-националистическую позицию, став одним из главных рупоров унилатерализма. Тираж газеты взлетел [Huffman 1997: 271–273; Sasaki 1999: 219–220]. Похожий пример — возвышение в 1930-х годах Социальной массовой партии. Только после всецелого принятия имперской миссии Японии, включая «священную войну» 1937 года в Китае, эта партия смогла добыть необходимые голоса и стать частью политического процесса [Gordon 1991: 308, 328].

Таким образом, правомерность создания заморской империи как главного доказательства модернизации Японии не очень занимала политический мейнстрим страны. Ожесточённые дебаты между реалистами и сторонниками унилатерализма вызывал вопрос, как этой цели достичь. Конечно же, спор шёл не о целях, а о средствах: где, как и насколько энергично нужно строить империю и чем за это платить? Разница во мнениях по данным вопросам была более чем достаточной для того, чтобы задействовать механизм японской политики. Внешнеполитическим девизом Японии времён начала тройственной интервенции был *gashin shōtan*, «неотмщенность» [Окамото 2003: 38][3]. С его помощью сторонники унилатерализма и реалисты призывали население экономить, жертвовать и платить за экономическое и военное развитие, которое принесёт Японии успех за рубежом. Убеждение простых людей страны, *kokumin*, в том, что они несут бремя империи на своих плечах, заставило их после 1905 года требовать посредством демократического движения большего уважения к своему желанию участвовать в политике и получать прибыль от империи, созданной их трудом.

---

[3] Пусть и не столь известный, как *fukoku kydhei* («богатая страна, сильная армия»), этот девиз, думаю, оказал на Японию конца XIX и начала XX века более значительное влияние, чем это признают учёные.

Однако еще до конца Русско-японской войны проблемы с координацией японской внешней политики инициировали перемены в политической сфере. В самом начале этой войны *genrō* начали терять свою лидирующую роль в японской политике. Им не было равных в плане влияния, поэтому они сохраняли значительную часть своей силы. Положение также позволяло им сохранить их важнейшую координирующую функцию. И хотя *genrō* не состояли в кабинете министров, все они занимали во время войны с Россией высокие и ответственные посты. Ямагата по-прежнему оставался начальником генерального штаба армии, а Ито был председателем Тайного совета. Остальные *genrō* командовали японскими вооружёнными силами в Маньчжурии или занимали посты советников министра финансов. Каждый из них имел богатый опыт службы в различных ведомствах, что помогло им иметь широкий кругозор и способность преодолевать бюрократические препятствия. В особенности это касалось армии: Ямагата сумел проследить, чтобы приоритетам военного ведомства не противоречили интересы остальных ветвей власти.

И все же олигархи лишились возможности определять политику. На смену коллегиальному формированию и последующему проведению политического курса пришла необходимость обсуждать его с собственными ставленниками, и в особенности это касалось кабинета министров. Со времени его создания в 1901 году кабинет Кацуры смог до определённой степени выйти из тени *genrō*. Во время переговоров, которые привели к войне, олигархи собирались придерживаться более жёсткой антироссийской линии, однако министр иностранных дел Комура Дзютаро оказался полон решимости достичь выгодного мирного соглашения. *Genrō* смогли добиться уважения к своим желаниям только посредством настойчивого требования совместных консультаций и права утверждения политики кабинета министров.

Однако Кацуру подобные ограничения раздражали, и он оказался куда более готов к некоторым политическим инициативам, чем его наставник Ямагата — в частности, был согласен договариваться с политическими партиями в парламенте. В декабре 1904 года Кацура заключил соглашение с парламентской партией большинства, Сэйюкай. Хара Такаси, второй человек в Сэйюкай, согласился предоставить поддержку партии кабинету министров, когда мирный договор будет в итоге подписан. В свою очередь Кацура пообещал, что после окончания войны он уйдёт в отставку и предложит *genrō* избрать на пост следующего премьер-министра главу партии Сэйюкай Сайондзи Киммоти.

*Genrō*, и особенно отличавшийся удивительным недоверием к политикам Ямагата, не оценили подобное покушение на их полномочия избирать премьер-министров. Они настаивали на назначении Сайондзи только при условии непартийного характера его деятельности. Партии Сэйюкай будут выделены в кабинете министров некоторые посты, однако «всеобъемлющим» характером правительства жертвовать при этом не станут. Хара согласился, ведь для него хоть что-то было лучше, чем ничего, если при этом появлялся реальный шанс добиться власти. Сайондзи отказался от руководства Сэйюкай; со временем лидером партии стал Хара [Najita 1967: 26–32; Okamoto 1970: 188–192].

Стремление Кацуры заручиться при окончательном мирном урегулировании поддержкой Сэйюкай было продиктовано его страхом негативной реакции общества в случае публичного оглашения условий мирного договора. Однако никто не мог предположить, что народный гнев окажется настолько сильным и что за ним последует глобальная перестройка японской политики. Вспыхнувшие 5 сентября 1905 года Хибийские беспорядки оказались первым актом этой трагедии; они ознаменовали собой выход городского населения на политическую сцену страны. Трансформация японского общества превратила города страны в центры политических волнений. Поначалу электорат парламента ограничивался теми, кто платил налог на имущество в размере пятнадцати иен (меньше чем 1 % мужского населения). В 1902 году налоговый ценз упал до десяти иен, при этом общий электорат увеличился лишь до 2,5 % (1,5 млн мужчин). В этот ограниченный контингент входили большинство лидеров правозащитного движения, что определяло их лояльность, однако в целом весь этот электорат являлся непропорционально сельским. По мере того как экономический рост способствовал индустриализации и урбанизации всей страны[4], жители городов, профессионалы из среднего класса и индустриальные рабочие теряли доверие к системе, особенно когда на заре империалистических войн Японии стало расти бремя не входивших в подушный налог косвенных налогов.

В привлечении на политическую сцену городского населения сыграли роль многие «политические активисты» из числа сторонников унилатерализма. Среди них были такие партийные политики, как Цуёси Инукаи из Кокуминто, журналисты практически всех ежедневных изданий, такие известные редакторы журналов, как Укита Кадзутами, представители интеллигенции — «семь профессоров» Токийского императорского университета, основатели пропагандирующих континентальную экспансию организаций, — среди них был, например, создатель Амурского союза Утида Рёхэй [Окамото 2003: гл. 3, 7 passim; Sasaki 1999: 211–214, 224–229]. Эти активисты отличались национализмом крайне шовинистского типа и представляли собой взрывоопасную смесь национальной гордости и страха нападения извне. Они постоянно требовали, чтобы Япония не демонстрировала в отношениях с иностранными государствами «слабость»: подобная «слабость» вредила престижу страны, создавала впечатление ее уязвимости и перечёркивала попытки Японии быть современной наподобие западных держав. Лучший способ не быть «слабым» — проводить «сильную» внешнюю политику, которая бы бескомпромиссно утверждала права и интересы Японии, не считаясь с интересами других стран.

В начале войны эти активисты гордились тем, что заставили несговорчивый кабинет министров согласиться на войну с Россией. Казалось бы, неразрывная цепь убедительных побед Японии усиливала их ожидания от мирного договора. Но они совершенно не догадывались о цене этих побед и не осознавали относительную слабость Японии по окончании войны. Правительство

---

[4]   Между 1913 и 1918 годами городское население Японии выросло на 16,8 % [Dickinson 1999: 195].

поощряло их неведение, вводя жёсткую цензуру и скрывая истинное стратегическое положение. Обнародованный в начале сентября итоговый вариант мирного договора ошеломил активистов и убедил их в том, что правительство попросту упустило великую победу, добытую японскими солдатами и моряками. Активисты стали призывать людей к протесту, и ответом на этот призыв стали бунты во многих крупных городах Японии [Окамото 2003: гл. 8 passim; Gordon 1991: 42–43; Matsuo 1974: 7–33].

Возможно, политические активисты не ставили перед собой такую цель, но, попав на политическую сцену, городские жители нашли для себя дискуссионную площадку, на которой они могли давать выход разочарованию и предъявлять собственные требования. Разделяя злость активистов по поводу неубедительных и унизительных условий мирного договора, городские толпы также требовали, чтобы правительство проявило больший интерес к их экономическому благополучию. Протесты против условий мирного договора породили движение, настоятельно требовавшее включения в политический процесс широких масс *kokumin* — преданных подданных императора, оторванных от политической практики страны и полагавших, что если *genrō* и их ставленники из числа чиновников не могут претворить в жизнь идентичную воле народа волю императора, им нужно уступить место тем, кто в состоянии справиться с данной проблемой. Партийные политики с готовностью вызвались решить указанную задачу.

Когда в 1905 году начался период демократии как политического движения, созданные во время имперской бюрократии структуры власти сместились, и общественный протест стал частью политической жизни [Окамото 2003: гл. 1–3 passim; Arima 1999: гл. 1–2 passim]. Начинался беспрецедентный период массовых волнений, «эпоха народной агрессии» (*minshū sōjō ki*), длившаяся до 1918 года. Практически ежегодно происходили городские протесты и бунты [Gordon 1991: 26–27; Uchikawa, Arai 1983: 48]. Тем временем власть *genrō* продолжала слабеть. Влияние самого авторитетного из них, Ито, таяло в течение десяти лет, и его перемещение из центральной Японии с назначением на пост генерал-резидента Кореи исключило его из политической жизни ещё до его убийства в 1909 году [Kitaoka 1978: 61]. К 1918 году почти все остальные *genrō* либо умерли, либо потеряли желание продолжать свою деятельность в тех немногочисленных должностях, которые они ещё занимали. Только Ямагата, самый решительный и идейно стойкий из оставшихся высших политиков, продолжал пользоваться значительным влиянием в качестве главы группировки Тёсю, господствовавшей в армии и в преданных ей фракциях внутри государственного аппарата и Палаты пэров[5].

Предложение Кацуры Таро заключить в 1904 году с Сэйюкай соглашение, которое привело бы к назначению на пост премьер-министра Сайондзи Киммоти, раздражало *genrō* и в особенности Ямагату. Однако, разорвав связи с Сэйюкай, Сайондзи оказался приемлемым кандидатом. Несмотря на беспрецедентные волнения за пределами правительственных кругов, период смены премьер-министров принёс ранее не изведанную стабильность. Обе палаты парламента отработали свой срок полностью вплоть до 1912 года, что является доказательством согласия между главными действующими лицами японской политики. Их континентальная политика была направлена на получение международного признания прав и интересов Японии в Маньчжурии; тем временем армия и флот пусть и неохотно, но смирились с паузой в процессе расширения их ведомств, наступившей в связи с необходимостью сокращения расходов страны [Kitaoka 1978: 59, 67–68].

Но приход к власти в военном ведомстве новых фракций нарушил этот деликатный баланс. И снова конец стабильности положили дискуссии об империи, а точнее, о том, как необходимо реализовать и защищать интересы Японии на материке. Период консенсуса во многом совпал с длительным пребыванием в должности военного министра Тэраути Масатакэ.

---

[5] Формально Ямагата оставался председателем Тайного совета до своей смерти в 1922 году, однако в последние годы своей жизни он не исполнял эти обязанности [Hackett 1971: 301; Kitaoka 1978: 60].

С марта 1902 года до августа 1911 года Тэраути неустанно работал над поддержанием главенства группировки Тёсю над армией, военного министерства над генеральным штабом армии и армии над военным флотом. Неожиданная смерть его преемника привела к избранию Уэхары Юсаку. Будучи выходцем из Сацумы и первым из нового поколения молодых и влиятельных офицеров, он намеревался полностью отказаться от программы Тэраути. Не желая мириться с задержками в создании двух новых военных округов, которого ждали с 1907 года, Уэхара ушёл в отставку, и его уход произвел во втором кабинете министров Сайондзи эффект разорвавшейся бомбы [Kitaoka 1978: 61–63; Drea 2009: 130–131].

Отказ армии назвать преемника вызвал «политический кризис Тайсё» 1912–1913 годов, после которого стали звучать требования прекратить вмешательство военного ведомства в политические дела. Несмотря на стремление Уэхары свести на нет контроль Тёсю над армией, в начале кризиса, как ни странно, в общественное сознание прочно вошла идея о том, что этот контроль — одно из главных препятствий для формирования «конституционного» правительства. Армия на тот момент проиграла: предложенный бюджет не был одобрен, количество претендентов на посты министров армии и военно-морских сил увеличилось за счет не только старших офицеров, но и генералов и адмиралов на пенсии. Призывы к ограничению их непосредственного участия и даже к возможному назначению гражданских министров сначала распространялись в форме слухов, а потом были приняты к исполнению кабинетом министров Хары, который, наконец, пришёл к власти в 1918 году. Подобное сдерживание амбиций армии вызвало ещё больше подозрений военного ведомства в отношении политических партий, но не поколебало незыблемую веру его представителей в необходимость экспансии. Борьба за увеличение финансирования продолжится [Tobe 1998: 78–80, 168–169, 182–184; Humphreys 1995: 17–20].

В начале политического кризиса Тайсё устойчивая система сменяющих друг друга кабинетов министров Кацуры Таро и Сайондзи Киммоти потерпела крах. Армия предала Сайондзи анафеме, его статус упал до псевдо-*genrō*[6]. Лидеры демократического движения подвергли порицанию Кацуру, смерть которого в 1913 году поставила точку на его политических надеждах. Однако он оставил японской политике важное наследие — вторую по важности политическую партию, способную бороться с Сэйюкай за влияние в нижней палате парламента. Речь идёт о Кэнсэйкай, которая стала поддерживать давнишнего либерального политика, соперника *genrō* Окуму Сигэнобу. Контроль над этой партией осуществлял экс-чиновник министерства иностранных дел Като Такааки[7].

Появление двух сильных политических партий подорвало влияние *genrō* на политику. Особенно ярко это проявилось, когда в 1914 году Окума занял должность премьер-министра. *Genrō* избрали его вопреки серьёзным сомнениям: будучи их современником, Окума тем не менее отличался стремлением к большей политической открытости и унилатералистскими взглядами, которые ставили их в тупик. Но главную угрозу для *genrō* в эти годы представлял собой не Окума, а Като: на посту министра

---

6   Сайондзи часто называли «последним *genrō*», однако для подобного статуса ему не хватало влияния и преданных поклонников. Кроме того, он не стремился исполнять обязанности по координации политики. Его дополнительная нагрузка по выбору премьер-министров замечательна, во-первых, своей длительностью — он умер в 1940 году, а во-вторых, качеством выполняемой работы — она была сделана так, что даже не возникал вопрос, как ещё можно выбирать премьер-министров. Однако [Omura 1938; Toyoda 1982] со мной явно не согласны.

7   О приходе к власти Като см. [Duus 1968: 52–68]. Кэнсэйкай была создана Кацурой и в 1913 году называлась Досикай. В 1927 году её переименовали в Минсэйто. Так как в рассматриваемый мной период партия называлась Кэнсэйкай, я использую это название по всей книге. В описываемый период также действовали другие, не связанные друг с другом Като, у каждого из которых были своя роль и совершенно разные взгляды. Однофамильцами лидера Кэнсэйкай были два адмирала: Като Томосабуро, министр военно-морских сил и, позднее, премьер-министр, и Като Кандзи, главнокомандующий японскими военно-морскими силами во Владивостоке в 1918 году и, позднее, глава генерального штаба военного флота. Во всех случаях, когда их можно перепутать, я буду называть их полные имена или должности.

иностранных дел он не принял руководства *genrō* во внешней политике и даже отказался от их консультаций[8].

Като воплотил в жизнь взаимосвязь демократии и унилатерализма — уникальную особенность демократического движения. Будучи главой состоящего из представителей Кэнсэйкай либерального правительства, он добился принятия в 1925 году законопроекта о всеобщем избирательном праве для мужчин. За это, а также за открытую симпатию к британской парламентской системе его считают образцовым демократом эпохи Тайсё[9]. В качестве министра иностранных дел в кабинете министров Окумы, невзирая на ожесточённое сопротивление реалистов из *genrō*, Като разработал и представил знаменитое «21 требование» Китаю. В начале дипломатического кризиса, который разразился вслед за предъявлением этих требований, *genrō* вернули себе право контролировать японскую внешнюю политику. Като был вынужден уйти в отставку, и вплоть до смерти Ямагаты такой свободы действий больше не получал ни один министр иностранных дел[10].

Когда в 1916 году Окуму стали вынуждать уйти в отставку, он попытался захватить прерогативу *genrō* избирать премьер-министра. Ожесточённые возражения *genrō* не помешали ему пойти на беспрецедентный шаг и рекомендовать императору на пост премьер-министра Като. Крайняя враждебность Като по отношению к постоянному доминированию *genrō* и его пост главы Кэнсэйкай сделали его неприемлемым для высших политиков кандидатом. Они также не собирались уступать важнейшему требованию лидеров демократического движения автоматически назначать премьер-министром главу партии большинства в парламенте. Попытки Окумы оказались безрезультатны. Вместо Като для формирования нового «всеобъемлющего», беспартийного кабинета министров *genrō* выбрали протеже Ямагаты маршала Тэраути Масатакэ, на тот момент бывшего генерал-резидентом Кореи.

---

8  О борьбе Ямагаты и Като хорошо рассказывает [Hackett 1971: гл. 7 passim].

9  Обратите особое внимание на оценку в [Dickinson 1999: 245–247].

10  «21 требование» см. в [Kitaoka 1978: 163–181; Dickinson 1999: 87–116].

Несмотря на то что Тэраути был человеком Ямагаты, у него, как и у Кацуры до него, имелись собственные, отличавшие его от наставника идеи и амбиции, не говоря уже о трудностях и проблемах [Dickinson 1999: 158–159]. В частности, Тэраути был более, чем Ямагата, настроен на агрессивную внешнюю политику. Именно кабинет министров Тэраути настойчиво призывал начать Сибирскую интервенцию в условиях постреволюционного хаоса на Дальнем Востоке России, что совсем не впечатляло лидеров демократического движения. Тот факт, что Тэраути был протеже Ямагаты и поставлен премьер-министром для предотвращения создания партийного правительства, убеждал публику в следующем: милитаристы Тёсю являлись главным препятствием на пути политических изменений. Тэраути стал объектом постоянной критики.

С начала его зарождения в 1905 году, и особенно с момента конституционного кризиса 1912 года, демократическое движение ставило перед собой две главные цели: расширение избирательных прав (*futsū senkyō*) и осуществление «ответственной» или «конституционной» политики (*riken seiji*). Приоритетом ответственной политики было обеспечить контроль кабинета министров партией парламенского большинства. По-настоящему ответственный кабинет министров — тот, который реализует политику правительства в соответствии с волей народа. Воля народа отражается в формировании всенародно избранной нижней палаты парламента. Сразу после Русско-японской войны требования всеобщего избирательного права затихли, но через некоторое время возобновились с ещё большей силой [Arima 1999: 164–167, 214–215]. После политического кризиса Тайсё 1913 года призывы к расширению избирательных прав почти не прекращались. Однако в движении за право голоса между рабочими промышленности с одной стороны и средним классом, городскими специалистами (врачи, журналисты, преподаватели и инженеры) с другой наблюдался раскол. Последние считались достойными права голоса благодаря высокому уровню их образования, а вот возможность участия в политической жизни широких масс вызывала ожесточённые споры. Сошлись на том, что когда-нибудь в далёком будущем они получат право голоса, но сначала их нужно подготовить к такой тяжелой ответственности. И это было не единственным препятствием для расширения избирательного права.

Развитие политических партий привело к тому, что большинство парламентских мест принадлежало партийным политикам, хотя при этом сохранялось значительное число независимых членов парламента. Расширение партий и особенно появление сильного оппонента Сэйюкай вывело на политическую сцену множество получивших признание политических активистов с унилатералистскими взглядами. Расширение электората способствовало увеличению влияния, чего хотели обе партии, однако их представления о всеобщем избирательном праве сильно отличались. Сэйюкай под руководством Хары делала ставку на сельских землевладельцев, составлявших большинство уже имеющегося электората: в их отношении применялась «позитивная политика», а именно раздача «казённого пирога» на развитие сельских железных дорог и инфраструктуры. Хара знал, что в городах Японии Сэйюкай не популярна, и в целом настороженно относился к «низшим классам». Однако после 1914 года Кэнсэйкай под руководством Като стала в парламенте партией большинства: ей удалось оседлать волну возмущения городских протестующих. Впоследствии всеобщее избирательное право стало одним из главных пунктов политической программы Кэнсэйкай.

Сторонники ответственного правительства полагали кабинет министров органом, ответственным за координацию политических дел. Однако присущая тому слабость никуда не исчезла. Выполнять координационную функцию кабинету министров не позволял тот факт, что этот кабинет являлся всего лишь одним из множества политических игроков, в лучшем случае первым среди равных. Поддержка по крайней мере одной политической партии была абсолютно необходима ему не только для успеха в нижней палате парламента, но и для поддержания добрых отношений с Палатой пэров. Тайный совет также имел право не давать в случае необходимости ход политическим решениям.

Куда более проблемным являлся тот факт, что кабинет министров находился на том же уровне, что и военное ведомство, и поэтому для реализации внешней или оборонной политики приходилось договариваться с военными. Перед самым началом Первой мировой войны премьер-министр Окума пытался удовлетворить ненасытные запросы военных на финансирование, не выходя за рамки ограниченного бюджета страны. С тем чтобы согласовать работу министров финансов, иностранных дел, армии и военно-морских сил, а также руководителей генеральных штабов армии и военного флота, он создал Совет по военным делам, в котором сам был председателем. И все же Окума не смог положить конец повышению затрат на военные расходы: вместо этого ему пришлось «проглотить» требования армии и флота, поддержав увеличение военного бюджета, которого особенно настойчиво требовали в процессе реализации жёсткой политики в отношении Китая. Окума в эту политику тоже верил [Kitaoka 1978: 283; Schencking 2005: 209–210].

Всё это говорит о том, что, по всей видимости, нигде в политической системе Японии защитники унилатерализма не смогли настолько превзойти политиков-реалистов, как в армии. Ямагата по-прежнему пользовался всеобщим уважением, но его увольнение со службы и ответственных должностей в связи с выходом на пенсию означало, что ключевые должности в военном ведомстве займут более молодые люди более унилатералистского толка. В 1915 году главой генерального штаба армии стал Уэхара Юсаку, отставка которого вызвала крах последнего кабинета министров Сайондзи и предварила политический кризис Тайсё. Его первым заместителем был назначен Танака Гиити, сторонник группировки Тёсю и создатель первого плана по обороне империи 1907 года. Будучи, как и Уэхара, потомственным военным, Танака тоже хотел положить конец власти возрастных офицеров (в большинстве своём членов его клана), увеличить численность армии, вести в Китае активную политику и укрепить для осуществления всего перечисленного власть генерального штаба [Kitaoka 1978: 287–289; Drea 2009: 131; Dickinson 1999: 52–55].

Смена поколений сделала взгляды военных более агрессивными, а их кругозор — более узким. Все чаще высшие воинские звания стали получать выпускники военной академии и штабного колледжа армии, которые всю свою жизнь только и делали, что продвигались по службе. В отличие от Ямагаты, они никогда не работали вне военного ведомства и не имели богатого жизненного опыта бывшего самурая. Более того, многие разделяли убеждение, распространившееся в армии после Русско-японской войны. Суть его заключалась в том, что залог победы в любой войне — не умение пользоваться современным оружием, а боевой дух (*seishin*). Результатом подобного мышления стали замаскированные под профессионализм иррационализм и узость взглядов высших чинов армии, что не способствовало сокращению военных расходов. Интерес к ведению переговоров с другими ведомствами стремился, особенно у молодых офицеров, к нулю, как и желание тщательно изучать вопросы политики, улаживать разногласия и идти на компромисс [Tobe 1998: 99–100, 129–131, 161–167; Humphreys 1995: 12–14, 30–39].

Неустанные призывы армии к увеличению ее личного состава и требования военно-морского ведомства построить флот, состоящий из восьми дредноутов и восьми линейных крейсеров, всё больше обостряли конфликт из-за бюджета между военными и политическими партиями парламента. Как раз во время дебатов о «совершенствовании обороны страны» обнажились противоречия между имперскими амбициями и требованиями демократического движения уважать волю народа[11]. Причину будущего сопротивления Сибирской интервенции можно увидеть в протестах против повышения налогов, увеличения стоимости проезда на трамвае и, наконец, стоимости риса. Дух *gashin shōtan*, которым руководствовалось, увеличивая налоговое бремя населения, правительство, умер. Империя, конечно, будет, но отношения с ней Японии оказались сугубо экономическими: она воспринималась не как новые земли для колонизации, а как

---

[11] О взаимном влиянии стратегической необходимости и внутренней политики см. [Dingman 1976: гл. 4 passim].

эксплуатируемая территория. Публика настойчиво требовала, чтобы имперское предприятие приносило выгоду [Myers, Peattie 1984: 11].

Тем временем сформулировать и реализовать внешнеполитические задачи Японии становилось всё труднее. В отличие от периода Русско-японской войны, координация внешней политики страны вышла из-под контроля *genrō*. К пожеланиям Ямагаты по-прежнему приходилось прислушиваться, но теперь он был просто одним из многих политических игроков, чьей поддержкой следовало заручиться в процессе внешнеполитической деятельности. Если раньше для формирования внешней политики было достаточно организовать совещание *genrō* и кабинета министров, то сейчас оказывалось необходимым привести к консенсусу мнения политических партий, военных, влиятельных лидеров верхней палаты парламента, членов Тайного совета, не говоря уже о министерстве иностранных дел. В отсутствие способного на это официального органа, Совет по военным делам Окумы можно считать первым в длинном ряду организаций, ситуативно наделённых подобными полномочиями. Однако и у него быстро обнаружились дефекты. В июне 1917 года была предпринята вторая попытка создать подобный орган: был создан Консультативный совет по вопросам внешней политики, Rinji Gaikō Chōsa Iinkai, или, для краткости, Gaikō Chōsakai [Morley 1954: 23–27; Shinobu 1968: 299–308; Arima 1999: 119–120].

Созданный по указу императора, Gaikō Chōsakai был ему же подотчётен; председателем Совета являлся премьер-министр Тэраути. Согласно статье 55 Конституции, все члены Совета являлись «государственными министрами», но не членами кабинета министров (хотя некоторые из них всё же состояли в кабинете министров). Самыми важными персонами, приглашёнными в Совет (ради чего он и был создан), были лидеры трёх главных политических партий: Хара из Сэйюкай, Като из Кэнсэйкай и Инукаи Цуёси из Кокуминто [Brooks 2000: 25–28].

Созыв Совета стал возможен благодаря всеобщим выборам 20 апреля 1917 года. После трёх лет, проведённых в забвении, Сэйюкай снова стала партией большинства (160 мест). Кэнсэйкай уверенно заняла второе место (119 мест), оказавшись при этом в однозначном меньшинстве, поскольку Кокуминто (35 мест) и большинство беспартийных (67 мест) собирались вместе с Сэйюкай поддержать кабинет министров Тэраути. Заручившись повиновением парламента, Совет стал официальным органом, в котором некоторое выросшее с 1905 года количество действующих лиц японской политики могло участвовать в выборе политического курса на ранних его стадиях, достигая при этом длительного консенсуса. Первым важным вопросом, с которым пришлось столкнуться Совету, была Сибирская интервенция [Morley 1954: 269–290; Shinobu 1968: 417–421; Hara 1989: 68–73; Hosoya 1976: 209–220].

В момент создания Совета его членами стали: премьер-министр Тэраути, министр иностранных дел Мотоно Итиро, министр внутренних дел Гото Симпэй, военный министр Осима Кэнъити и министр военно-морских сил Като Томосабуро, которые представляли кабинет министров; Ито Миёдзи представлял Тайный совет; Хирата Тосукэ и Макино Нобуаки представляли Палату пэров; представителями нижней палаты парламента были Хара Такаси из Сэйюкай и Инукаи Цуёси из Кокуминто. К работе в Совете удалось привлечь представителей всех основных учреждений, ответственных за формирование внешней политики (Осима и Като также представляли военное и военно-морское ведомства). Удалось найти баланс и в плане первоначального разделения на две фракции: главенствующую Тёсю (Тэраути, Гото, Осима и Хирата) и Сацуму (Макино и Като)[12].

В списке членов Совета явно отсутствовало одно имя — Като Такааки, лидер партии Кэнсэйкай. Ему предложили участвовать в работе нового органа, но он отказался, сославшись на то, что его участие будет противоречить ответственной политике. По мнению Като, если бы Тэраути действительно желал заручиться

---

[12] [Brooks 2000: 27] отмечает, что многие чиновники министерства иностранных дел видели в создании Gaikō Chōsakai незаконное вторжение в их зону влияния. Вероятно, в этом есть доля правды, но министерство иностранных дел было не более свободным в выборе политики, чем министерства, ведающие вооружёнными силами.

в парламенте поддержкой политических партий, он предоставил бы им места в кабинете министров [Morley 1954: 25]. Поскольку партия Като являлась партией меньшинства, которую можно было относительно безболезненно игнорировать, его отсутствие в Gaikō Chōsakai не помешало работе Совета. Привлечение к работе всех участников процесса формирования внешней политики внушало надежду, что будет найден путь, позволяющий Японии преодолеть испытания, которые Первая мировая война и Русская революция 1917 года добавили к извечным проблемам империи. Последующие вскоре дискуссии об интервенции показали беспочвенность этих надежд.

Политолог Сюмпэй Окамото считал, что вспышки политического насилия 1905 года связаны с «разницей во взглядах» на внешнюю политику между «властителями-олигархами и лидерами общественного мнения», которая в основном «определялась тем, что вторые не несли ответственности и не имели опыта в делах государственного управления» [Окамото 2003: 42]. Доминирующие воззрения «безответственных» политических активистов противоречили точке зрения меньшинства — «ответственных» *genrō*, их протеже и некоторых влиятельных политиков, таких как Хара. Предпочтения меньшинства представляли собой более осторожный и взвешенный подход к внешней политике. Он учитывал стратегические ограничения страны, а также необходимость идти на уступки иностранным державам, обладавшим ценными для указанного меньшинства информацией и опытом. Безответственные политические активисты не имели доступа к подобным сведениям и в целом ими не интересовались. Не зная обстоятельств, препятствующих созданию империи, они были нетерпеливы и не понимали, что нужно проявлять осторожность [Окамото 2003]. Притом что ни одна сторона не отказывалась от создания империи и не ставила под сомнение её необходимость, Окамото считал, что всё определял доступ к власти. «Те, кто оказывался ближе к политической власти (как в масштабе всей страны, так и внутри политических партий), начинали проявлять большую степень понимания олигархии и её политики» [Окамото 2003: 42–43].

Если ответственность или безответственность подхода определялись степенью близости к источнику власти, значит, в процессе развития внутренней политики Японии и постепенного прихода к власти безответственных активистов, более ясное понимание международной обстановки смягчало их политику и действия. Чтобы «поддерживать гармонию целей и методов с имеющимися у нации возможностями проведения политики с максимальной вероятностью успеха», они должны были проявлять всё большее понимание главного критерия компетентного проведения внешней политики. Для этого требовалось руководство с «чувством реальности и воображением, гибкостью, твердостью, силой и сдержанностью» [Окамото 2003: 2]. Но, как показывает Фредерик Дикинсон, подобные качества отсутствовали даже среди реалистично мыслящих приверженцев расширения империи, что можно проследить в развитии японской внутренней и внешней политики вплоть до начала Сибирской интервенции в 1918 году. Важнейшее подтверждение отсутствия вышеперечисленных качеств можно найти в опрометчивом стремлении к «автономному империализму» в 1930-х и 1940-х годах [Young 1998: 47–50].

Значит, выбор различными политическими игроками стратегии определяла не их близость к власти. Скорее, речь шла о выборе между реалистичным подходом к созданию империи с уступками (пусть и временными) другим империям и унилатерализмом, который не считался с интересами других стран. Данный выбор определял политику японского правительства. Осторожная политика реалистов являлась результатом болезненных уроков, которые пришлось усвоить *genrō*. Благодаря их длительному влиянию на формирование внешней политики этот опыт был передан их ставленникам и далее третьему поколению политиков. Однако острота «выученных» уроков притуплялась по мере того, как отдалялись те, кому их преподали. По мере развития внутренней политики, появления всё новых политических игроков, имеющих доступ к рычагам влияния на политический процесс, по мере увеличения хаоса во внешней политике в связи с ослаблением влияния *genrō*, реалисты и приверженцы унилатерализма боролись за контроль над внешней политикой Японии. На смену опыту *genrō* в государственном управлении пришли унилатералистские взгляды более молодых чиновников и партийных политиков, которые обрели политическое влияние благодаря демократическому движению.

Острая необходимость в создании такого органа, как Gaikō Chōsakai, иллюстрирует важнейший аспект изменившейся с 1905 года политической ситуации, а именно — атомизацию японской политики. В отличие от модели Окамото, в которой «ответственные» управленцы находились внутри, а «безответственные» лидеры мнений и политические активисты атаковали их снаружи, теперь стены рухнули, и «ответственные» перемешались во властной среде с «безответственными», при этом каждый навязывал внешней политике Японии своё видение её имперской судьбы. Унилатералисты получили возможность внедрять свои взгляды и игнорировать возражения реалистов. В свою очередь, реалисты всё ещё могли использовать своё влияние, чтобы нивелировать самые экстремальные проявления активности приверженцев унилатерализма.

При этом, в связи с ограниченностью взглядов бюрократии, вызванный смешением унилатералистов и реалистов хаос сопровождался дальнейшей фрагментацией тех и других. До этого *genrō* были не только высшим координационным политическим институтом страны. Они представляли интересы различных организаций, составлявших политическое пространство: министерств внутренних и иностранных дел, парламента, Тайного совета и, самое главное, армии и военного флота. Теперь каждую из перечисленных организаций представляли люди, озабоченные лишь собственной программой действий и воплощением исключительно собственных интересов. Над ними не было никого, кто мог бы навести порядок в их противоречащих одна другой установках.

К вышеперечисленному добавлялось новое измерение, новый виток противостояния в политике «своих» и «чужих». Имеется в виду противостояние тех, чьи интересы представлял Gaikō Chōsakai, — олигархов, чиновников, аристократии, и тех, чьи интересы не были там представлены, — партией Кэнсэйкай и поддерживавшим её средним классом и пролетариатом, представителями которых были городские участники массовых волнений времён демократического движения. Последние являлись новыми политическими игроками и требовали, чтобы их голоса услышали, об их точке зрения узнали и их желания учли как во время дебатов о целесообразности интервенции в Сибири в конце 1917 года, так и, особенно, когда в сентябре 1918 года системой управления стала демократия. Политики, способные выполнить эти требования наиболее успешно, должны были оказаться лидерами новой эры.

# Глава 2
# «Нет причины не противостоять»

*Дебаты вокруг интервенции,
декабрь 1917 — июнь 1918*

С момента, когда её впервые замыслили, интервенция в Сибири была предметом широкомасштабной полемики и споров как в частных беседах, так и в общественном пространстве. Дебаты в правящих кругах в основном ограничивались Gaikō Chōsakai и представленными в нём организациями. В публичной сфере интервенция обсуждалась особенно энергично. Несмотря на опасность цензуры, газеты и журналы предоставляли много информации об эволюции сибирской политики японского руководства и широкий спектр комментариев к ней. Общественные обсуждения предназначались для нового, политически грамотного городского населения, сформировавшегося вместе с возникновением демократического движения.

Япония эпохи Тайсё могла похвастаться впечатляющим диапазоном периодических изданий как общего характера, так и специализированных. Их целью было распространение информации и продвижение полемики[1]. Как защитники интервенции, так и её противники выражали своё мнение в периодических изданиях, предназначенных для городских профессионалов

---

[1] Исследование «Некоторые японские периодические издания и публицисты» [Chiba 1918], проведённое К. Тиба в тот самый период, анализирует 26 различных журналов.

среднего класса. Объём написанного не позволяет предоставить полноценный обзор этих публикаций, но изучение статей таких известных интеллектуалов и лидеров мнений, как Ёсино Сакудзо, Исибаси Тандзан, Укита Кадзутами, Нинагава Арата и Идзуми Тэцу, демонстрирует многообразие их взглядов и даёт возможность проследить эволюцию их представлений на протяжении всего процесса интервенции.

И, хотя голос, полноценно выражающий мнение рабочего класса, найти довольно сложно, многотиражная пресса, видимо, даёт самое надежное представление об отношении к интервенции народа. Исторически редакционное содержание ежедневных многотиражных газет Японии стояло на трёх китах унилатерализма: реализация японских интересов в Восточной Азии без необходимости считаться с другими странами; сохранение «национальных интересов» (kokueki) — заморских владений Японской империи, особенно в Корее и Маньчжурии; и почтение к «национальному политическому устройству» (kokutai), то есть к императору как духовному и политическому лидеру страны [Huffman 1997: 337–339]. С 1890-х годов патриотичный, резкий и зачастую шовинистский тон газет взращивал дух экспансионизма и не давал свободы слова социалистам и другим силам, которые могли представлять собой угрозу kokutai [Huffman 1997: 377–378]. Однако во время дебатов о Сибири этой единой редакторской политике пришёл конец. Только «Yorozu Chōhō» (один из самых громких рупоров унилатерализма в период демократии как протестного движения) и достаточно поздно обращённый в унилатерализм «Kokumin Shinbun» на протяжении всей интервенции придерживались последовательно унилателистских взглядов [Huffman 1997: 506; Asahi 1990: 80].

Будет справедливым признать, что в хаотичный переходный период от демократии как политического движения к демократии как системе управления сторонники развития империи с целью укрепления международного положения Японии по-прежнему представляли взгляды большинства. Ярыми поборниками Сибирской интервенции были радикалы вроде Киты Икки, так же как и «девять профессоров» — группа учёных, повторявших призывы к захвату Сибири вплоть до Иркутска на западе за «семью профессорами», впервые озвучившими их во время Русско-японской войны [Sasaki 1999: 211–216; Kikuchi 1973: 218–226; Окамото 2003: 47–49; Izao 2003: 85–91]. Кроме того, материковые *rōnin* помогли создать Комитет развития национальной судьбы не только для продвижения идеи интервенции, но и для подготовки почвы для её непосредственного осуществления [Dickinson 1999: 181–187].

Однако с началом российской революции 1917 года и особенно с вступлением в Первую мировую войну Соединённых Штатов всё большее количество людей внутри и вне политики выступали за изменение внешнеполитического курса Японии в соответствии с новой идеологией. Эта идеология заключалась в том, что называлось «тенденциями времён» (*jikan no sūsei*) или «ситуацией в мире» (*sekai taisei*). Обычно эти фразы использовались для выражения уважения к конституционной демократии во внутренней политике и принятия идей вильсоновского интернационализма в международных делах [Dickinson 1999: 275–279]. Политики, интеллигенция и журналисты участвовали в широкомасштабных дискуссиях о достоинствах нового курса, пытаясь понять, соответствовала ли ему Сибирская интервенция.

Планирование какой-либо разной степени серьёзности формы интервенции в Сибири началось в Токио и других крупных городах в середине ноября 1917 года, когда там распространилась информация об успехе большевистского переворота в Петрограде (Санкт-Петербурге). Удастся ли большевикам укрепить свою власть, оставалось открытым вопросом, однако приходилось смириться с тем, что такое возможно. Вероятность заключения сепаратного мирного договора между большевиками и Германией воспринималась всерьёз. Потенциальные последствия такого договора оказывались угрожающими и для Парижа, и для Токио, но по очень разным причинам.

Делая выводы о событиях в России, французы и их британские союзники всегда представляли себе линию окопов, протянувшуюся из Бельгии через северо-восточную Францию к швейцарской границе и заканчивающуюся в нескольких милях от Парижа

[Keegan 1998: гл. 9 passim]. Если угрозы большевиков подписать сепаратный мир будут реализованы, то на Западном фронте смогут воевать несколько сотен тысяч или даже миллион немецких солдат. Восток почувствовал последствия революции уже 5 декабря 1917 года, когда большевики заключили с Центральными державами перемирие для начала мирных переговоров. Когда операция против России закончилась, высшее командование Германии начало переброску во Францию для весеннего наступления порядка 50 дивизий. Французы не понимали, смогут ли только что прибывшие американские войска, проходившие в тот момент во Франции подготовку, быстро нейтрализовать преимущество немцев [Gilbert 1994: 385–387].

Кроме первоочередного вопроса о свежих германских силах на Западном фронте, сепаратный мир на востоке таил в себе и другие опасности. В результате его заключения Германия сможет получить прямой контроль над значительной частью Восточной Европы, на территории которой находятся обширные зерновые резервы Украины и нефть Кавказа. У неё также появится доступ к Транссибирской железнодорожной магистрали и вместе с ним — возможность получать ресурсы Сибири и распространять влияние на весь ее простор. Дальнейшая судьба одного из самых эффективных боевых средств Антанты, блокады Германии союзными войсками, оказалась под вопросом.

Со временем стало ясно, что угроза оказалась мнимой, Восточную Европу, да и саму Германию сотрясали народные волнения. Вместо того чтобы дать Центральным державам возможность сконцентрировать свои силы исключительно на Западном фронте, были предприняты попытки овладеть вожделенными ресурсами Украины, которые увлекли несколько сотен тысяч немецких и австро-венгерских солдат вглубь России. В результате те лишь перенапрягли и без того перегруженные логистические системы. Не имея преимуществ ретроспективного взгляда и идя на поводу у своих страхов, французы, британцы и, в меньшей степени, американцы стали жертвой кошмарного видения, в котором немецкие войска высаживались в бухте Золотой Рог, на берегах которой расположен Владивосток [Keegan 1998: 380–384; Gilbert 1994: 429, 432].

Японцы тоже могли вообразить себе нечто подобное, но для многих из них сама большевистская революция уже превратила кошмарный сон в явь. Для японского руководства внутри кабинета министров, верховного командования армии, министерства иностранных дел и для старших политиков (не говоря о значительной части рядовых граждан) не имело значения, как революция повлияет на ситуацию на Восточном фронте. Смятение, с которым встретили новость о второй революции в России, было вызвано тем, что эта революция предвещала конец начавшимся сразу после окончания в 1905 году Русско-японской войны терпеливым попыткам примирить российские и японские интересы в Восточной Азии [Kawada 1995: 1–2].

Портсмутский мирный договор дал японцам право неоспоримого контроля над Кореей, к которому они стремились десятилетиями, и право владения Ляодунским полуостровом в южной Маньчжурии. Но в самой Японии договор резко раскритиковали за то, что он не смог обеспечить «вечный мир в Восточной Азии», которого требовала широкая публика и многие из самых суровых критиков правительства[2]. Для того чтобы стратегическая ситуация в северо-восточной Азии оказалась для Японии выгодной, предстояло выполнить много работы. Права на южную Маньчжурию были обеспечены, но что с остальной частью этого региона и с территорией, находящейся за Монголией? Что будет с правами японских рыбаков на границе с Дальним Востоком России? И самое главное — как уберечь себя от российского реваншизма и попыток вернуть утраченное?

Японцы попытались застраховаться с помощью возобновления в 1905 году и повторно в 1911 году альянса с Великобританией. Этот альянс стал более антироссийским. Япония также поддерживала, пусть и не без проблем, хорошие отношения с Соединёнными Штатами Америки — главным источником кредитов и боевой техники в случае будущего русско-японского конфликта. И конеч-

---

[2]  [Okamoto 2003: гл. 7 passim] описывает недовольство заключённым договором широкой публики и протестное движение, порождённое этим недовольством.

но, несмотря на рост цен и частые ожесточённые протесты против экономического бремени, которое возлагала на японское население военная экспансия, страна поддерживала кампанию по наращиванию вооружённых сил, планируя увеличить количество дивизий с 19 до 25 [Nish 1973: гл. 1, 2, 5 passim; Matsuo 1974: 45–64].

Однако окончательное решение указанной проблемы требовало прямой договорённости с Россией. Победа Японии не смогла положить конец российскому влиянию в Маньчжурии. Русские сохранили контроль над Китайско-Восточной железной дорогой (КВЖД), которая шла через Маньчжурскую равнину из города Маньчжурия на ее северо-западе до поселка Пограничный на юго-востоке. КВЖД была важной частью Транссибирской железнодорожной магистрали, и хотя расположенные на ней города, включая административный центр Харбин, формально находились под властью Китая, фактически они являлись российской территорией. В 1907 году представители Японии и России смогли заключить соглашение по разделу сфер влияния в регионе и в условиях полной секретности обязались не позволить добиться там влияния третьим сторонам, в первую очередь Соединённым Штатам[3].

В 1907 году был также подписан первый из серии договоров о праве японцев на рыбную ловлю в российских территориальных водах. Рыболовство было жизненно важной отраслью экономики северной Японии, и ещё до начала в 1870-х годах модернизации истощение запасов рыбы во внутренних водах привёло японских рыбаков в Охотское море и к водам, омывающим северный Сахалин. Даже после заключения первого соглашения проникновение японских рыбаков в российские территориальные воды продолжалось, поэтому потребовалось возобновление напряжённых переговоров. К 1917 году проблема оставалась нерешённой, в связи с чем оказались необходимы безотлагательные действия по урегулированию ситуации [Mishima 1965: 115–136; Howell 1995: гл. 6 passim].

---

3   История договоров приведена в [Elleman 1999: 31–34], о развитии Маньчжурии см. [Matsusaka 2001].

Соглашение о Маньчжурии 1907 года стало важным шагом в восстановлении дружественных отношений с Россией. Дополнительные соглашения 1910 и 1912 годов расширили и окончательно разделили сферы интересов каждой страны. Однако окончательному разрешению проблемы способствовало начало Первой мировой войны — событие, предоставившее Японии многочисленные возможности для укрепления своего положения в Восточной Азии. В 1916 году был подписан союзный договор с Россией. Кроме всего прочего, страны обязались оборонять друг друга. Япония должна была обеспечить Россию крайне необходимыми материалами военного назначения [Dickinson 1999: 138–151].

Однако радоваться нормализации отношений японцам пришлось недолго: в результате Февральской революции 1917 года царь Николай II отрёкся от престола, и династия Романовых прервалась. Было назначено Временное правительство под руководством А. Ф. Керенского. Как будут складываться отношения между этим правительством и Японией, оставалось неясным. Новый режим обещал придерживаться всех заключенных с Японией соглашений (включая продажу части железной дороги к северу от конечной станции Южно-Маньчжурской железной дороги в Чанчуне до Харбина) и выражал желание развивать отношения и дальше, но его радикально демократический и антимонархический характер вызывал у японского руководства подозрения. Кроме того, недостаточный контроль над административным аппаратом страны оставлял возможность возникновения на Дальнем Востоке России безвластия, что создавало потенциальную опасность для ее союзника Японии [Kikuchi 1973: 18–30].

Одной из нерешённых проблем Дальнего Востока России была судьба боевой техники союзников. Значительная часть грузов военного назначения, отправленных во Владивосток Японией и Америкой, так и осталась в порту. Эффективность никогда не была отличительной чертой российского руководства Транссибирской магистрали царского времени, а в связи с войной она только снизилась. В результате к середине 1917 года военные склады Владивостока были переполнены, так что часть поставок лежала в кучах вдоль пляжей и на склонах холмов вокруг города. На площади в несколько квадратных миль было разложено оружие, боеприпасы, военное имущество всех видов (включая подводную лодку), автомобили, воздушные суда, железнодорожное оборудование и другие предметы в ошеломляющем разнообразием ассортименте. Бо́льшая часть всего этого размещалась под весьма сомнительной охраной на открытом воздухе, без всякой защиты от стихии, не считая тентов из брезента. Безопасность такого хранения стала у союзников главным предметом для беспокойства [Morley 1954: 38; Kennan 1958: 61].

Более всего японское руководство беспокоила вероятность того, что Дальний Восток России окажется под влиянием других стран. С точки зрения японских экспансионистов было неважно, кто получит это влияние — Германия или США. В любом случае Япония лишалась заманчивых возможностей. Летом 1917 года японские чиновники из министерства иностранных дел и генерального штаба армии были обеспокоены новостью о том, что для организации экономической, гуманитарной и практической помощи Соединённые Штаты отправили к Временному правительству Керенского с миссией высокого уровня бывшего Государственного секретаря Элиху Рута. То, что миссия Рута прибыла в Россию и покинула её через Владивосток, казалось подтверждением особого интереса США к Сибири. С известием о создании Соединёнными Штатами в июне 1917 года Обслуживающего корпуса российских железных дорог опасений стало ещё больше. Корпус представлял собой группу профессиональных американских железнодорожников, чьей задачей была помощь русским в организации работы Транссибирской магистрали, в том числе Китайско-Восточной железной дороги. Для японцев, жаждавших при помощи железных дорог укрепить своё влияние на континенте, эта украденная американцами победа в Сибири стала источником сильнейшего разочарования [Hara 1989: 74–79].

При этом пока отсутствовали признаки того, что ситуация на Дальнем Востоке России ухудшится. Если удастся установить отношения с Временным правительством, то станет возможным сохранить приобретённое до 1916 года. Однако после свержения правительства Керенского в ноябре 1917 года большевики почти сразу показали свою враждебность к сохранению старого порядка. В декабре они публично расторгли все предыдущие договоры с Японией (как и с другими странами) и опубликовали тексты секретных до тех пор соглашений.

Потенциальный приход большевиков к власти на Дальнем Востоке России весьма беспокоил японцев. Но ещё больше их сбивало с толку отсутствие в России центральной власти и её исчезновение из числа факторов, определяющих расстановку сил в Восточной Азии. Внезапно открывались головокружительные возможности для распространения японского влияния на континенте помимо Северной Маньчжурии. Экспансионисты в генеральном штабе армии и в министерстве иностранных дел, а также частные лица из Комитета развития национальной судьбы и Амурского союза надеялись воспользоваться ситуацией на Дальнем Востоке России — так же, как поступили материковые *rōnin* в Китае, когда в 1911 году пала империя Цин. Они начали публично высказываться о возможности односторонней интервенции для укрепления японского влияния в Сибири, в кулуарах же говорили о присоединении данной территории к Японской империи [Kikuchi 1973: 73–74]. Однако эти идеи не получили безусловной поддержки в стране, и многие японцы выражали мнение, что военным нельзя позволить ввязаться в безрассудную авантюру на материке [Matsusaka 2001: 205–206].

И хотя последствия большевистской революции виделись в Париже и Токио по-разному, довольно быстро высадка японских войск в Сибири стала казаться и японскому, и французскому руководству наилучшим выходом из ситуации. При этом цели у них были совершенно разными, поэтому выработать общую позицию для отправки войск оказалось сложно. Как показывает так называемый план Фоша, составленный главнокомандующим Западным фронтом в конце ноября 1917 года, французы хотели, чтобы японские и американские войска высадились во Владивостоке, после чего пошли на запад, через Урал, и попытались соединиться с до сих пор воюющими на стороне стран-союзниц румынскими войсками с тем, чтобы восстановить Восточный фронт [Morley 1954: 32–33; Hara 1989: 128–130][4].

Японское руководство, включая кабинет министров Тэраути Масатакэ и генштаб армии под руководством Уэхары Юсаку, осознавало, что с точки зрения логистики этот план неосуществим. Даже первый заместитель начальника генштаба Танака Гиити, один из главных сторонников односторонней интервенции, не желал столкнуться с немецкими войсками в такой же окопной войне, какая велась во Франции. Осознав, что «в попытках разрушить влияние Германии на Дальнем Востоке Япония будет сильно зависеть от помощи Соединённых Штатов и Великобритании с военными материалами и финансовой стороной дела», Ямагата отказался от участия в предприятии[5]. Тэраути оставался послушен своему руководителю и не предпринимал никаких действий без разрешения старшего маршала. Однако он выступил с альтернативным предложением об использовании японских войск. Отправка их за Урал для непосредственного столкновения с немцами даже не обсуждалась, но если бы, пользуясь свободой действий, Япония отправила войска в Восточную Сибирь для охраны Транссибирской магистрали и большого количества военного снаряжения стран-союзниц, складированного в пригороде Владивостока, то это снаряжение не досталось бы немцам [Kikuchi 1973: 60–74; Hosoya 1976: 25–37].

Хара Такаси, лидер партии большинства Сэйюкай и новый член Gaikō Chōsakai, тоже не одобрял план Фоша. С большим подозрением он относился и к предложениям Тэраути и генштаба армии о более ограниченной интервенции в Сибири. По его мнению, интервенция не только приведёт к конфликту с США, но и вызовет ненависть русских, что может толкнуть их в объятья немцев. Если англо-французские войска потерпят крах на Западном фронте, Япония окажется перед лицом германо-российской

---

[4] Румыния заключила с Центральными державами свой собственный сепаратный мир в январе 1918 года.

[5] Обратите внимание на его заметку по данному вопросу, датируемую мартом 1918 года, в [Izao 2003: 24]. Частичный перевод доступен в [Hosoya 1960: 36].

угрозы одна [Hosoya 1976: 54, 98]. Многие сторонние обозреватели разделяли эту точку зрения.

С момента, когда после ноября 1917 года встал вопрос об интервенции, большинство ежедневных газет относились к этой идее неоднозначно или враждебно. Неудивительно, что к плану Фоша они отнеслись с ещё меньшим энтузиазмом, чем генштаб армии. Однако во время своих атак на план эти газеты намекали, что существуют обстоятельства, по причине которых интервенция может быть оправдана, однако эти причины ограничиваются «уничтожением препятствий для мира в Восточной Азии» [Kikuchi 1973: 69]. И хотя «Tokyo Asahi» не испытывала по отношению к большевикам особой теплоты, она не одобряла ни направленную против них интервенцию, ни доводы кабинета министров Тэраути в пользу интервенции ограниченной. «Интервенция в Сибирский регион ради поддержания политической стабильности и защиты жизни и имущества иностранцев вряд ли обрадует большевиков (*kagekiha*, дословно "экстремисты"). С их точки зрения, это будет равноценно объявлению войны России» [Kikuchi 1973: 68, 94–95].

Вопрос интервенции снова стал актуальным в конце декабря 1917 года, когда китайские войска подавили попытку Советов рабочих и крестьянских депутатов Харбина овладеть городом. Влияние большевиков на Китайско-Восточную железнодорожную зону было аннулировано. Стали высказываться догадки о том, предпримут ли японцы подобные действия во Владивостоке. Правительство тайком отправило туда два военных корабля; они внезапно появились там 12 января 1918 года, что вызвало резкое осуждение со стороны местных Советов [Hara 1989: 174–175]. На следующий день в «Jiji Shinpō» появился комментарий: «Китай вторгся на свою бывшую территорию, интервенция Японии в России — это совсем другая история» [Henshū 1989, 3: 258].

«Jiji» проявляла бо́льшую, чем «Asahi», готовность признать всю серьёзность ситуации в Сибири и предположить, что, если «честь и достоинство российского правительства окажутся утрачены или иссякнет его способность защищать свою землю», действия могут быть оправданы. При этом газеты настаивали, что время ещё не пришло. «Мы не должны портить отношения с русскими, забирая бразды правления в свои руки. Отправить войска в другую страну — крайне серьёзное дело, и... мы ни в коем случае не можем на это пойти» [Henshū 1989, 3: 258].

В течение 1918 года вопросы о степени немецкой угрозы на Дальнем Востоке России и о том, способны ли большевики «защищать свою землю», стали обретать определённую актуальность. К востоку от Иркутска группы австро-венгерских и немецких пленных жили в лагерях и бывших российских казармах вдоль железной дороги до самого Владивостока. Их численность была чуть более пятидесяти тысяч, но в Японии и в странах-союзницах знали, что ещё несколько сотен тысяч находились в европейской части России и Западной Сибири. После декабрьского перемирия между Россией и Германией охрана этих пленных была снята, и с той поры они по большей части содержали свои лагеря сами[6].

В первой половине 1918 года в Токио и другие столицы стран Антанты и их союзников стали поступать сведения о том, что многие пленные симпатизировали большевизму и снабжали обученными кадрами красногвардейцев, военную организацию большевиков, по всей Сибири. Слухи и страх того, что они могут совершить, зачастую удваивали и утраивали их количество. Из-за решимости Ленина вывести Россию из войны Токио, Париж и в меньшей степени Лондон и Вашингтон считали большевиков всего лишь германскими агентами (даже скептичная «Tokyo Asahi» в ноябре 1917 года назвала Ленина «немецкой марионеткой»)[7]. Немцы уже получили доступ к конечному участку Транссибирской магистрали. Что, если теперь рассеянные вдоль железной дороги и вооружённые брошенной в пригороде Владивостока военной техникой германо-австрийские пленные овладеют ключевыми пунктами этой дороги и вся восточная часть России попадёт в руки Центральных держав?

---

[6]  Смотрите изображения в [Morley 1954: 35, n; Hara 1989: 303–306; Kennan 1958: 71–81].

[7]  13 ноября 1917 года, цит. по: [Kikuchi 1973: 49–50].

Вплоть до конца войны как официальные, так и неофициальные японские документы, начиная с отчётов генштаба и заканчивая газетными статьями, считали главной угрозой для Сибири этих германо-австрийских пленных (*Doku-Ou horyo*), а не большевиков (*kagekiha*)[8]. Безусловно, в конце войны слова о пленных стали использоваться японским правительством скорее как циничное оправдание своих действий, чем как правдивое описание. Однако в месяцы, предшествующие интервенции, страх перед ними и использование обозначающей их фразы как краткого описания их опасности были вполне искренними и оправданными [Dickinson 1999: 187–188]. Дальнейшие события покажут, что небольшая, рассеянная, но крайне дисциплинированная вооружённая группа может в корне изменить стратегическую ситуацию в Сибири[9].

Доклады о проникновении немцев вглубь России стали источником постоянного беспокойства и провоцировали призывы унилатералистов, сотрудников министерства иностранных дел и особенно генштаба к интервенции в Сибири с целью защиты военных запасов во Владивостоке и обеспечения контроля над Транссибирской магистралью (включая Китайско-Восточную железную дорогу и Северную Маньчжурию). Беспокоясь о сохранении прав и интересов Японии в Китае и Маньчжурии, газеты были единодушны в мнении, что непосредственная угроза в данном регионе представляет собой серьёзную опасность и должна быть нейтрализована. При этом заявления о том, что такая угроза действительно существовала, часто вызывали несогласие.

---

[8]   Смотрите [Morley 1954: приложение D, «Краткое изложение плана по отправке войск на территорию Забайкалья, февраль 1918 года]. «Количество войск будет достаточным для уничтожения сил большевиков и находящихся на территории немецких и австрийских военнопленных» [Morley 1954: 334]. Статья в «Osaka Mainichi» от 19 июля 1918 года хвалила генерала Ои, командира передовой 12-й дивизии, как самого компетентного в вопросах немецких вооружённых сил [Henshū 1989, 3: 275].

[9]   Дополнительные примеры беспокойства в связи с потенциальной немецкой угрозой в японских внутренних документах можно найти в [Hosoya 1976: № 9, 12, 21].

В редакционной статье от 9 марта 1918 года «Tokyo Asahi» перечислила причины, по которым Великобритания, Франция и Италия, формальные союзники Японии, добивались японской интервенции. Они были весьма обеспокоены тем, что после подписания неделей ранее сепаратного мира Россия из нейтральной страны превратится в союзника Германии. Редакционная статья также указала на постоянное сопротивление интервенции со стороны США, что ставило Японию в трудное положение[10]. «В настоящий момент мы являемся странами-союзницами, вот почему это [реакция США] ставит нас в затруднительное положение». Следует уничтожить недвусмысленную немецкую угрозу. «Безусловно, для сохранения мира в Восточной Азии необходимо изгнать из Сибири и Северной Маньчжурии немецкие войска». Однако кабинет министров Тэраути скрывал истинные масштабы этой угрозы. Интервенция не могла начаться без предварительного обсуждения этого вопроса и объединения вокруг него людей. «Кабинету министров Тэраути оказалась не по плечу такая серьёзная ответственность»[11].

В редакционных статьях об интервенции можно найти несколько типов комментариев: преуменьшение масштаба и опасности существующей угрозы, необходимость выполнять обязательства страны-союзницы и не отдалиться при этом от США, целесообразность для правительства заручиться народной поддержкой интервенции и неуверенность в способности кабинета министров вести всенародно поддерживаемую политику. Все эти комментарии повторялись во время интервенции снова и снова. Некоторые из них были довольно традиционны: например, сомнения в способности ныне действующего правительства заниматься международными делами. Постоянное беспокойство о сохранении положения Японии в качестве одной из стран-союзниц отражает исторический запрос на поддержание ее международного статуса. Готовность преуменьшить опасность и необ-

---

[10] Вудро Вильсон втянул США в Первую мировую войну в качестве «партнёра» союзников.

[11] Sankoku no Shuppei Yōkyū // Tokyo Asahi. 9 марта 1918 года. С. 3.

ходимость координировать действия с США оказались новыми тенденциями.

При этом активные призывы сторонников унилатерализма воспользоваться текущей ситуацией не прекращались. Ярым поборником данного курса был Нинагава Арата, профессор международного права в университете Досися в Киото. Нинагава высказал свои взгляды о необходимости воспользоваться предоставленной войной возможностью в статье, опубликованной в англоязычном «Японском журнале» в марте 1918 года [Ninakawa 1918: 625]. Он сетовал на бездействие и нерешительность правительства и надеялся, что со временем у страны появится лидер, способный вести «позитивную политику» активных действий в Восточной Азии. И хотя он не писал о том, кто может стать таким лидером, какую политику он будет проводить и с какими препятствиями может столкнуться, в его статье чувствовался призыв к действию. «Поле деятельности Японии больше не ограничивается Дальним Востоком», — утверждал Нинагава.

> В Китае внутренние беспорядки, Россия находится в состоянии анархии. Америка и западные державы слишком заняты для того, чтобы обращать внимание на эти страны, и Япония должна выполнить свой долг по отношению к ним. Только она в состоянии это сделать. Разве может Япония надеяться на мир на Востоке, пока Китай и Россия находятся в нынешнем состоянии? [Ninakawa 1918: 626].

Некоторые японцы полагали, что их страна не должна делать больше того, к чему её обязывает англо-японский союз, однако Нинагава считал это недальновидным. «Если, имея возможность помочь, Япония отказывается это сделать, то как же она посмеет воспользоваться преимуществами союзника после войны?» Используя лексику выполнения обязательств перед союзниками, Нинагава тем не менее оставался верен цели закрепления главенствующей позиции Японии в Восточной Азии.

> Теперь, когда Китай беспомощен, а Россия на грани распада, у Японии не осталось мощного соперника, который помешал бы ей добиться главенства на Востоке; но если не вос-

пользоваться этой возможностью, она исчезнет. Лучший способ для Японии реализовать свой шанс — до конца выполнять свой долг союзника; благодаря этому у национального развития появятся новые перспективы. Если судьба Японии сложится таким образом, она не встретит сопротивления и соперничества в её национальном утверждении и развитии. Лучшая основа для будущего Японии — помощь союзникам, когда она им особенно нужна; но увенчаются ли успехом усилия Японии, зависит от того, появится ли государственный деятель, способный справиться с этой задачей! [Ninakawa 1918: 627].

Подобные государственные деятели, по всей видимости, в Японии отсутствовали. В марте 1918 года решение о необходимости и о форме возможной интервенции в Сибири по-прежнему не было принято. Французы оказались недовольны предложением кабинета министров Тэраути, заключавшимся в том, что японцы просто «заполнят пустоту» на Дальнем Востоке и не позволят немцам воспользоваться этой территорией, особенно когда, наконец, начнётся их весеннее наступление на востоке. Они продолжали настаивать на том, что японские и американские войска должны продвигаться внутрь России с тем, чтобы воссоздать Восточный фронт. В свою очередь японцы остерегались вступать в серьёзную борьбу с немцами на суше, тем более что изначальный успех весеннего наступления мог привести к победе Германии в войне в Европе. США продолжали отрицать необходимость или целесообразность любой интервенции в Сибири. Другое дело — европейская Россия: в июне британские и американские войска планировали начать интервенцию с целью защиты военных запасов в Архангельске и Мурманске. Это означало скорое начало военных действий против большевиков [Smith 1975: 32].

В первые месяцы 1918 года большевики установили свою власть в большинстве крупных городов Восточной Сибири, включая важные железнодорожные центры Иркутск, Читу, Хабаровск и Владивосток, а также города Николаевск и Благовещенск на реке Амур. В Благовещенске, несмотря на попытку вооружённого восстания японских жителей города, власть Советов была установлена в марте 1918 года [Izao 2003: 54]. Только сопротивление китайских войск помешало большевикам захватить главный город Китайско-Восточной железной дороги Харбин. 3 марта 1918 года по условиям Брест-Литовского мирного договора Россия вышла из войны. Когда эта новость дошла до Японии, началась широкомасштабная общественная дискуссия по поводу того, какие действия необходимо предпринять на Дальнем Востоке охваченной революцией страны. В тот период вопрос интервенции был не просто вопросом контроля над внутренними районами России: эта интервенция рассматривалась в качестве своеобразной прелюдии к началу полномасштабной войны с Германией.

Будучи редактором популярного журнала «Taiyō» («The Sun») с 1909 года, Укита Кадзутами, один из самых известных либералов конца эпохи Мэйдзи и начала эпохи Тайсё, сформулировал основополагающее политическое тяготение японской публики к империи и ответственному правительству с помощью примечательной фразы «конституционализм дома, империализм за границей» (*uchi ni rikkenshugi, soto ni teikokushugi*) [Kisaka 1974: 59–108; Jansen 1984: 73–74]. Уже на пенсии он продолжал писать о проблемах страны, и к его мнению прислушивались. Весь апрельский выпуск журнала, в котором он когда-то работал, был посвящён анализу интервенции в Сибири, и Укита изложил там свою точку зрения. Вне всякого сомнения, он видел в интервенции начало совершенно нового этапа участия своей страны в Великой войне. «В данных обстоятельствах Япония должна решить, продолжать войну или нет, и если продолжать, то с какой целью?» [Ukita 1918: 22–23]. Страна должна очень хорошо подумать над тем, что она надеется приобрести благодаря участию в войне; кроме того, по мнению Укиты, в подобном предприятии следует заручиться поддержкой народа.

В августе 1914 года кабинет министров Окумы объявил о вступлении в войну с целью выполнения договорённостей англо-японского союза. Укита утверждал, что если Япония осуществила всё, что собиралась осуществить в данных обстоятельствах, то больше у неё обязательств нет. Однако война превратилась в борьбу с милитаризмом и авторитаризмом Германии, и в таком случае Япония не имела права заключить сепаратный мир. Укита выступал против отправки японских войск в Европу. И хотя союзники боролись за мир во всём мире, обеспечение «безопасности империи и мира в Восточной Азии» было не менее важной задачей, а дорогостоящая отправка войск за границу ставила её выполнение под угрозу [Ukita 1918: 29].

Однако с интервенцией в Сибири дела обстояли иначе. В случае ее появления немецкая угроза правам и интересам Японии в Сибири должна быть уничтожена. Вопрос состоял в том, существовала ли подобная угроза. Несмотря на призывы к предупредительной интервенции с целью предупреждения этой угрозы, Укита считал, что действовать преждевременно будет ошибкой. «При необходимости мы можем начать интервенцию в любое время. Но если она не будет совершена ради отражения угрозы империи и миру в Восточной Азии, то нас не поймут ни дома, ни за границей» [Ukita 1918].

Действия Японии могут заставить другие великие державы сомневаться в её мотивах. Внутри страны, если люди не поймут цели интервенции правильно, появится опасность возникновения духа «агрессивного империализма». Это создаст прямую угрозу интересам империи и косвенную — миру в Восточной Азии, ведь отношения с русскими будут разорваны. В таком случае они могут сблизиться с немцами и способствовать расширению Германской империи на восток. Совершить интервенцию ради стран-союзниц и вопреки интересам русского народа — и невозможно, и невыгодно. В настоящий момент не стоит прислушиваться к призывам стран-союзниц к интервенции в Сибири [Ukita 1918: 30].

Против этого был Идзуми Тэцу. Христианин и профессор международного права и колониальной политики в Университете Мэйдзи с 1914 года, он был резким критиком колониальной политики Японии в Корее и на Тайване, но убеждённым защитником имперской миссии своей страны в Восточной Азии [Linicome 1999: 347]. В апреле того года он много писал в защиту интервенции в полуофициальном журнале министерства иностранных дел «Gaikō Jihō». Несмотря на мирный договор, немецкие войска продолжали двигаться вглубь России. Идзуми считал возможным, что новое российское правительство, сопротивляясь вмешательству, расторгнет этот договор. Он утверждал, что международное право не запрещает поддержку такого правительства. Однако односторонние действия со стороны Японии также не могут быть запрещены «в ситуации, когда защита собственной безопасности — первостепенная задача, и когда успех или неудача союзников находятся под вопросом» [Izumi 1918: 42–44].

Одной из причин, по которой Япония не могла определиться с интервенцией, был страх того, что другие страны заподозрят её в территориальных амбициях. Великобритания и Франция, изо всех сил пытавшиеся одолеть врага на своей территории, не мучились этим вопросом; страхи же по поводу реакции США не позволяли японцам вести подготовку к интервенции. Если войска на Западном фронте окажутся на грани поражения, то Японии придётся спешно начать эту интервенцию, невзирая на возражения американцев. И в случае ее неудачи ответственность ляжет на США [Izumi 1918: 47–48].

Идзуми настаивал на том, что единственная законная цель интервенции — сопротивление Германии. Действия Японии должны определяться ее статусом союзника. Необходимо помнить, что интервенция призвана помочь русским в надежде на дружественные отношения с русским народом. Если это возможно, следует избегать конфронтации с правительством большевиков, однако в случае их сопротивления следует применить силу. Приближается время решительных действий. Ситуация, в которой оказались союзники на Западном фронте, была безнадёжной, и кто знает, что может случиться в ближайшем будущем? По мнению Идзуми, размышления о том, что интервенция может испортить отношения с той или иной группой русских людей, неуместны; интервенция необходима для защиты страны, сохранения в Восточной Азии мира и оказания поддержки странам-союзницам [Izumi 1918: 50–51].

Сейчас противники интервенции прикрываются тем, что стране придётся взять на себя огромные расходы, столкнуться с существенными потерями, а блюстители закона будут вынуждать нас отказаться от любых территориальных амбиций. Но я не могу с этим согласиться. Страны-союзницы понимают, что цель Великой войны в Европе — уничтожение милитаризма и агрессии, национальное самоопределение и создание основы для постоянного мира. Невозможно признать доводы, отрицающие данные идеи. В сравнении с указанными выше целями интересы отдельно взятой страны незначительны; нынешняя борьба против могущественного общего врага требует напряжения всех сил и серьёзных жертв. В случае, если страна справится с этой задачей, её статус повысится [Izumi 1918: 51–52].

Вне всякого сомнения, ни один человек того времени не поддерживал так открыто «тенденции времён» и не надеялся так сильно на международное сотрудничество за рубежом и на развитие демократии в своей стране, как Ёсино Сакудзо. И ни один другой японский «либеральный интеллектуал» довоенного времени не пользовался таким вниманием исследователей. Однако в отношении двух самых важных идей японской политики Ёсино находился «в рамках дозволенного» дискурса. Его концепция демократии, которую он описал как «имеющую в своём основании людей» *(minponshugi),* признавала принцип суверенной власти императора. Ёсино допускал, что японский колониализм, особенно к Корее, может служить благим целям. Он не был «категорически против интервенции. Однако, по его мнению, решение о ней не должно приниматься в спешке или без должного размышления» [Yoshino 1995, 5: 293]. Вопрос, с его точки зрения, заключался в том, ради чего Японии начинать интервенцию.

Некоторые говорят, что нужно начать интервенцию ради спасения России. Но от кого нам её спасать? Кто-то говорит, что нужно спасти Россию от агрессии со стороны немцев, другие считают, что надо спасти хороших русских от тирании большевиков. В первом случае нам придётся вести действия на европейской земле, во втором — большая часть русских окажется нашими врагами. Но если мы решим помочь меньшинству российской буржуазии и чиновников... то в результате спасём немногих ценой борьбы с большей частью русских людей. Некоторые говорят, что попытки сдержать немцев позволят нам идти к общим с нашими союзниками целям. Но если мы действительно хотим помешать немцам, нам придётся отправить войска к самой российско-немецкой границе. Если мы действуем против Германии не напрямую, а пытаемся не допустить попадания военных запасов во Владивостоке в руки врага, то никакой необходимости в интервенции нет. Для достижения этой цели достаточно кораблей, отправленных во Владивосток в январе, и наших сил безопасности в Маньчжурии. Если задуматься, то никаких оснований для начала интервенции нет [Yoshino 1995, 5: 294].

Ёсино также был озадачен неоднозначным отношением к интервенции японцев. Возможно, оно означало изменение их взглядов на место Японии в мире.

Я нахожу удивительным то, что большинство людей, особенно молодёжь, абсолютно безразличны к интервенции. Как мы знаем, с самого начала японцы были чрезвычайно заинтересованы всем, что касалось хозяйственного освоения зарубежных территорий и расширения владений империи. Из-за этого американцы прозвали японцев ура-патриотичным народом (*kōsen kokumin*). Не удивительно ли, что этот так называемый ура-патриотичный народ, и в том числе наша горячая молодёжь, настолько прохладно относится к интервенции?

На самом деле, невзирая на отличную возможность усиления Японии, которую представляла собой интервенция в Сибири, японская молодёжь была не просто безразлична к ней, но «некоторые оказались её яростными противниками» [Yoshino 1995, 5: 292].

Ёсино отметил, что представители старшего поколения жаловались на отсутствие у молодёжи энергии (*genki*) и на утрату национального духа. Однако Ёсино в этом сомневался: он считал, что неоднозначность суждений об интервенции говорит о высокой степени развитости молодёжи.

Не будет преувеличением сказать, что некритичные, безответственные и безрассудные патриоты обрадовались разговорам об укреплении национального могущества, а возможность расширения границ империи сводит их с ума. Как много горечи нам пришлось вкусить из-за так называемых патриотов! Чтобы иметь твёрдый внутренний стержень, который ставит нас в один ряд с великими державами, нужно руководствоваться в своих действиях трезвыми суждениями и тщательным изучением фактов. Сердца старшего поколения, безрассудных патриотов, находятся в тени, зато страна может поздравить большую часть своей молодёжи: в ней пробуждается здравый смысл и она сможет построить новую Японию. Очевидна постыдная глупость тех, кто считает, что наша молодёжь потеряла свой пыл [Yoshino 1995, 5: 292–293].

Изменения ситуации в мире влияли на представления о том, как Япония должна преследовать свои интересы в Восточной Азии. Пока она «выполняла свои обязательства воевать на стороне стран-союзниц», её намерения вряд ли могли быть агрессивными. Главным последствием подобного заблуждения оказывалось начало военных действий. Даже «главные светила научного сообщества» (под ними явно имеются в виду «девять профессоров») страдали от подобного узкого мышления. Самые отчаянные сторонники агрессии не являлись истинным духом нации. Если настаивать на ней, мир посчитает Японию безответственной и ненадёжной «разжигательницей» войны. Но в тот момент появился шанс «построить новый мир, основанный на человеческой любви». Ёсино осуждал тех, кто пропагандировал национальный дух и поддерживал рвение молодёжи, «открыто представлявшей других людей врагами» [Yoshino 1995, 5: 295–296].

Немногие писали об интервенции так пространно и были настроены по отношению к ней так критически, как Исибаси Тандзан, редактор «Tōyō Keizai Shinpō». Если критика интервенции Ёсино основывалась на его вере в то, что Японии необходимо усвоить «тенденции времён», то Исибаси критиковал сибирскую политику с позиций давней веры в «малый японизм» *(shōnihonshugi)*. За весь период интервенции ни одно дозволенное мнение не выражало более цельного и радикального отрицания имперской миссии Японии. Отчасти это произошло потому, что власти давно привыкли к критическим стрелам передовиц этого «радикально либерального» журнала. С 1912 года он постоянно выступал против необходимости сохранять японские заморские владения. Таким образом, это была самая радикальная критика основной парадигмы современной Японии, разрешённая властями. Но у Исибаси получалось хотя бы отчасти находиться в основном потоке дозволенных рассуждений, поскольку он не высказывался против суверенной власти императора, по крайней мере открыто[12].

Отношение Исибаси к интервенции заключалось в игнорировании как ее самой, так и её сторонников.

> Кроме некоторых военных, никчёмных [девяти] профессоров и *rōnin*, которые такое любят, ни один из представителей мыслящих классов не может предстать перед лицом интервенции без искреннего беспокойства за нашу страну; все как один они выступают против неё. Нет причины не противостоять ей — она абсолютно бессмысленна и бесполезна. После начала революции они видели, как разрушается правительство России, но они отрицают, что распространение власти Германии на восток угрожает существованию Японии. Доводы о том, что мы должны начать интервенцию с упреждающей целью, они со смехом сбрасывают со счетов [Masuda 1984: 39].

Далее Исибаси продолжил выступать против интервенции с точки зрения принципов и трезвой экономической целесообразности, которые являлись отличительными чертами его философии.

> Русские не хотят, чтобы мы вмешивались в сибирские дела, и весь мир будет нас в этом винить. Если мы осуществим полномасштабную интервенцию, мы сделаем весь русский народ своим врагом и сами станем врагами всему миру.

---

[12] Чтобы проследить развитие антиимперской критики со стороны «Tōyō Keizai Shinpō», см. [Watanabe 1972; Matsuo 1998: 383–464; Masuda 1990].

Если придётся отправлять войска, то непонятно, в каких количествах; судя по обстановке, речь идёт о восьми или десяти дивизиях. Если мы отправим десять дивизий, сколько месяцев им придётся там находиться и сколько иен это будет стоить? Сколько самых крупных наших грузовых судов будет необходимо задействовать? Это заметно скажется на импорте и экспорте, цены станут нестабильными и, возможно, упадут, нас ждёт инфляция. Внезапный рост процентных ставок вызовет резкое падение стоимости ценных бумаг, в результате чего финансовый мир погрузится в хаос. В конечном итоге мы принесём в жертву сибирской интервенции нашу экономику, не говоря уже о человеческих жизнях. В международном плане, став врагом для всего мира, после окончания войны наша страна надолго окажется в изоляции. В данных обстоятельствах установление нашей власти в Сибири немыслимо. В этой ситуации мы можем только проиграть. Нельзя позволить недальновидному кабинету министров сделать этот шаг [Masuda 1984: 40–41].

Камнем преткновения в дебатах о возможной интервенции в Сибири была возможность сотрудничества большевистского правительства с Германией. Но в начале апреля появилась вероятность того, что интервенцию спровоцируют события на самом Дальнем Востоке России. Отправленные во Владивосток в январе японские корабли находились там как раз для того, чтобы воспользоваться ситуацией. Их задачей было обеспечение безопасности японских граждан. После того как 5 апреля беспорядки унесли жизни двух японцев, главнокомандующий японским флотом приказал двум экипажам морской пехоты выйти на сушу и занять в городе ключевые позиции. Британские моряки также приняли в этом участие. Большевики боялись такой высадки с того момента, когда прибыл первый японский крейсер, и теперь им казалось, что началось японское нашествие. Они присылали взволнованные депеши из самой Москвы, призывая Красную армию противостоять захватчику[13].

---

[13] Rōnō Seifu ga Sensō Jyōkyō Sengen, Teikō Yobikaki // Jiji Shinpō. 11 апреля 1918 года [Henshū 1989, 3: 260–261; Kennan 1958: гл. 4 passim].

«Наше недоверие бесполезной и неумелой дипломатии кабинета министров достигло критической точки», — стенала «Tokyo Asahi» накануне апрельской высадки. «Не будет преувеличением сказать, что к его бездействию и неумелым дипломатическим отношениям с большевиками добавился настоящий провал»[14]. При этом в американских дипломатах видели образец самообладания, что было источником огорчения и некоторой зависти.

> Отношение к России Америки противоположно отношению Японии. Перехитрив Японию, Америка получила различные привелегии и возможность реализации своих интересов в Сибири. Неудивительно, что они уже добились права управления Китайско-Восточной железной дорогой (и вскоре получат контроль над всей Транссибирской магистралью). Сначала японские дипломаты говорили, что американская дипломатия — самая неуклюжая; судя по всему, число позволявших себе такие легкомысленные суждения и смешки было немалым. Однако понимая мастерство, лежащее в её основе, презирать американскую дипломатию довольно сложно. Мы знаем, что американцы нас весьма превзошли[15].

Сибирская интервенция как вопрос политики никогда не была просто удобной «палкой для битья» тогдашнего правительства. Как и многие проблемные вопросы в предшествующий период, комментарии в прессе по поводу Сибири использовались для пропаганды политических реформ и в качестве рычага для внедрения политических изменений. В широком смысле предпринимались попытки создать правительство, более чутко реагирующее на волеизъявление народа. В частности, наблюдалось стремление к формированию ответственного правительства и прекращению военного вмешательства в международные дела.

Многие месяцы главным объектом для газетных нападок в связи с неумением правительства должным образом разрешить ситуацию в России был министр иностранных дел Мотоно Ити-

---

[14] Tairo Gaikō Sanzan no Shippai // Tokyo Asahi. 11 апреля 1918 года. С. 3.

[15] «Tokyo Asahi».

ро. Он был первым, но явно не последним чиновником, чья карьера пострадала из-за интервенции. Газеты понимали, что Мотоно оказался в трудном положении. Попытки вести политику, балансируя между лагерями сторонников и противников интервенции, не позволяя при этом Сибири оказаться под контролем Германии, — испытание для любого министра иностранных дел. Однако бесспорным оказался тот факт, что Мотоно совершенно не обладал необходимыми в данной ситуации навыками, и большинство считало, что проблема заключается в нём самом[16]. Gaikō Chōsakai уже отверг планы Мотоно и высокопоставленных чиновников министерства иностранных дел о начале односторонней интервенции немедленно после заключения в марте Брест-Литовского мирного договора. Теперь, после высадки морской пехоты, несмотря на негативную реакцию на нее общества и резкий протест в связи с ней американского правительства, Мотоно потребовал от Совета дальнейших действий. Он снова получил отказ и был вынужден уйти в отставку [Morley 1954: гл. 7 passim].

23 апреля его сменил министр внутренних дел Гото Симпэй. Назначение Гото новым министром иностранных дел внушало надежды на перемены в сибирской политике правительства. Но со временем стало ясно, что он так же предан сомнительной политике односторонней интервенции, как и его предшественник. При этом назначение нового министра иностранных дел подарило надежду на другие важные политические изменения. Обычно министром иностранных дел становился профессиональный чиновник из числа послов. Назначение Гото положило этой традиции конец, и «Tokyo Asahi» выдвинула предположение, что в дальнейшем именно так и будет происходить.

Под заголовком «Долой три главные группировки» редакторы отметили прецедент, который обещало создать назначение Гото. Если способ, которым оно произошло, станет обычной практикой и распространится на избрание главы императорской университетской системы, то власти группировок в министерстве ино-

---

[16] Motono Gaisō no Djirenma // Tokyo Asahi. 15 марта 1918 года. С. 3.

странных дел и в академических кругах придёт конец. Но главная надежда заключалась в том, что политики осмелятся расправиться и с военной кликой. Газеты утверждали, что для защиты нации необходимо покончить с влиянием на внешнюю политику армии, в особенности неугомонного генштаба. «Возня и беды нашей военной клики уподобляют нас немцам», — сокрушалась «Asahi». В соответствии с идеологией «тенденции времён», «уничтожение трёх главных клик — это лишь требование эпохи»[17].

Пока «Tokyo Asahi» питала надежды на то, что ответственное правительство обуздает армию, генштаб решил помочь людям, которые станут его марионетками в Сибири [Hara 1989: 225–240]. Ими были предводители казачьих отрядов атаманы Григорий Семёнов и Иван Калмыков. Семёнов был особенно силён в Забайкалье — части Сибири к востоку от озера Байкал и к северо-западу от Маньчжурии. Менее многочисленный отряд Калмыкова действовал на территории к югу от Хабаровска. Британцы также отправили своих людей исследовать регион на предмет антибольшевистских лидеров, которых можно было поддержать. В отличие от японцев, они не имели предубеждений против различных социалистов, и подумывали о поддержке широкого круга лиц, в том числе меньшевиков, эсеров и эсдеков. Не сбрасывали со счетов они и потенциальных руководителей правого движения, в том числе военных лидеров и отъявленных монархистов. Японцы же были готовы оказать поддержку только правым антибольшевистским силам. Поначалу поддержать Семёнова и Калмыкова деньгами и вооружением собирались и британцы, и японцы, но потом британцы передумали и прекратили в апреле свою помощь.

Изначально плацдармом для отряда Семёнова было западное окончание Китайско-Восточной железной дороги, город Маньчжурия в пределах китайской границы. Японские представители генштаба и министерства иностранных дел надеялись, что отряд Семёнова станет для японских интервентов проводником в Забайкалье. Но прежде, чем строить такие планы, нужно было

---

[17] San Daibatsu no Teppai // Tokyo Asahi. 26 апреля 1918 года. С. 3.

получить разрешение на вход японских войск в железнодорожную зону. Формально эта территория являлась китайской, и без разрешения китайского правительства никто не мог совершать там никаких действий. По причине слабости пекинского правительства, провозгласившего власть над всем Китаем, но с трудом контролировавшего провинции даже в непосредственной близости от столицы, вести переговоры было очень сложно. Японо-китайское соглашение о военном сотрудничестве, разрешающее японским войскам вести действия внутри железнодорожной зоны, было подписано лишь в мае 1918 года, когда власть в Пекине перешла от одной военной группировки к другой[18].

Целью соглашения с Китаем была реализация амбиций армии по захвату бывших российских железнодорожных концессий в Северной Маньчжурии [Dickinson 1999: 183–187]. При этом оно должно было также уничтожить ещё одно препятствие для интервенции на Дальнем Востоке России. Однако, даже при наличии неохотного согласия Китая, тактика односторонней или, по крайней мере, возглавляемой Японией интервенции, которой добивались армия, министерство иностранных дел и многие в кабинете министров, не была ясна. Не удавалось достигнуть согласия с французами и британцами по поводу того, чем именно будут заниматься в Сибири японские войска. Французы продолжали настаивать на восстановлении Восточного фронта для войны против Германии. Британское правительство вело тем временем шизофреническую, по мнению японцев, политику: поддерживая такие антибольшевистские движения, как отряды Семёнова и Калмыкова (не говоря уже о военных операциях против большевиков в Архангельске), оно одновременно уговаривало большевиков согласиться на союзное вторжение в Германию. Даже после заключения Брест-Литовского мирного договора британцы продолжали вести в Москве переговоры, надеясь получить приглашение большевиков ввести войска в Россию. Демонстрируя чистоту своих помыслов, они прекратили в апре-

---

[18] О японо-китайском военном соглашении читайте [Morley 1954: гл. 8–9 passim; Leong 1973: 106–125].

ле поддержку Семёнова и Калмыкова. Только в начале июня их надежды на такое приглашение, наконец, растаяли. В результате британцы и французы оказались готовы согласиться только на интервенцию, ограниченную Восточной Сибирью и возглавляемую японцами[19].

Целью подобной интервенции должна была стать защита территории от возможного захвата немцами. Однако к угрозе такого захвата публика относилась довольно скептически. «Tokyo Asahi» серьезно воспринимала действия Германии на Украине, в Крыму и в Финляндии, а также ее планы в Центральной Азии. Но причин тревожиться за Сибирь, по мнению газеты, не было.

> Разумеется, немцы хотели бы расширить своё влияние в Сибири, но они задумали решающую битву в Европе и столкнулись с недовольством военными расходами внутри страны. Что касается их похода через Урал на восток, то у них просто нет на это средств. Конечно, в Сибири остаётся достаточное количество австро-немецких пленных, но военные Германии не осмелятся их использовать и будут видеть в них врагов, опасаясь, что идеи большевиков «заразят» их родину[20].

Однако главными препятствиями для Сибирской интервенции оставались полное отрицание любого вторжения со стороны США и сопротивление Gaikō Chōsakai. Они оказались тесно связаны между собой. С самого начала администрация Вильсона считала интервенцию непрошеным и нежелательным вмешательством во внутренние дела России и бесцельной тратой ресурсов, которые лучше использовать на Западном фронте. Бесконечные попытки Хары Такаси воспрепятствовать интервенции с помощью Gaikō Chōsakai основывались на представлении о том, что Сибирская интервенция должна сопровождаться если не активным участием, то хотя бы поддержкой США. Иначе начинать её нет смысла.

---

[19] Написанный после «холодной войны» обзор британской и американской политики, касающейся интервенции, см. в [Somin 1996].

[20] Shiberi no Shin Keisei // Tokyo Asahi. 12 июня 1918 года. С. 3.

По крайней мере, до июня 1918 года Харе помогали могущественные союзники, в первую очередь Ямагата Аритомо и Тэраути Масатакэ. При этом причины для сопротивления Сибирской интервенции у каждого были свои. И старшие политики, и премьер-министр считали, что Япония не справится с интервенцией в одиночку и что для проведения интервенции в предложенном генштабом объёме стопроцентно необходима финансовая и материальная помощь США. Вряд ли на нее можно расчитывать, пока США сопротивляются односторонней японской интервенции [Hosoya 1976: 99–102].

Но были и другие причины, по которым Ямагата и Тэраути присоединились к Харе в его попытках помешать полномасштабной интервенции в Сибири. На примере войны в Европе военные лидеры Японии, включая Ямагату, Тэраути, начальника генштаба Уэхару и его первого заместителя Танаку, видели, что современная индустриальная война подразумевала полную мобилизацию ресурсов страны. Просторы Сибири казались открытыми японскому проникновению, в результате которого, возможно, стране удастся получить доступ к запасам сырья, необходимого ей в состоянии войны. Поэтому главным вопросом было — действительно ли Япония находится в этом состоянии войны?

Согласие по этому вопросу отсутствовало. Как мы уже поняли, значительная часть двойственного отношения общества к Сибирской интервенции основывалась на его нежелании вступать в войну в качестве воюющей стороны[21]. Для Ямагаты и Тэраути бездумное погружение в сибирские дела означало угрозу усилению вооружённых сил, которого они добивались. Хара тоже поддерживал идею «совершенствования национальной обороны», подразумевавшую увеличение размеров армии и военного флота. Однако он не желал достижения этих целей за счёт внутреннего развития страны, подразумеваемого близкой его

---

[21] Кроме содержания отряда эскадренных миноносцев в Средиземном море (с логистической поддержкой британцев) и оккупационных войск на китайской территории, ранее предоставленной Германии по концессионному соглашению, с 1914 года и до начала интервенции Япония не принимала активного участия в войне [Tobe 1998: 215–217].

сердцу «позитивной политикой», и считал, что расширению вооружённых сил должно предшествовать понимание того, что, несмотря на свою помощь странам-союзницам, Япония находится в состоянии мира [Takahashi 1985: 33–34]. Даже такие политики-унилатералисты, как Инукаи Цуёси, опасались того, что полномасштабная интервенция израсходует средства, необходимые, по его мнению, для более разумного и целесообразного развития военного комплекса [Takahashi 1985: 7–8, 13–14]. Генеральный штаб армии, особенно Уэхара и Танака, придерживался совершенно иных взглядов. Его представители считали, что страна принимает активное участие в войне и что ресурсы Сибири необходимы для мобилизации военной экономики Японии. Осознание того, что судьба дала Японии шанс в виде падения центральной власти в России, заставляло Танаку вести тщательные приготовления к полномасштабной интервенции в Сибири [Takahashi 1985: 5–6; Dickinson 1999: 179–199; Matsusaka 2001: 214–223].

Вряд ли из этого тупика нашёлся бы выход, если бы летом 1918 года волею случая не появилось несомненное, судя по всему, оправдание интервенции. Его предоставили разбросанные вдоль Транссибирской магистрали чехословацкие войска. Их группировка, насчитывающая примерно пятьдесят тысяч солдат, состояла в основном из бывших австро-венгерских военнопленных. Сдавшись русским, они согласились воевать на стороне союзников в надежде создать независимое чехословацкое государство. Чехословацкий корпус был одним из самых эффективных боевых подразделений Восточного фронта вплоть до развала последнего, а после перемирия 1917 года оказался одной из немногих армейских частей, сохранивших какую-либо боеспособность. В марте 1918 года Брест-Литовский мир прекратил вражду между Россией и Центральными державами, и Чехословацкий корпус оказался боевым подразделением в формально нейтральной стране.

Чешские лидеры в Париже, признанные вскоре официальным правительством в изгнании, предложили услуги Чехословацкого легиона на Западном фронте, при условии, что кто-то сможет их туда доставить, и французы с благодарностью приняли это предложение. Долгое и трудное путешествие через Сибирь во Владивосток оказалось более рациональным, чем путь в северный русский порт Архангельск[22]. Многочисленные поезда с солдатами, очень редко более тысячи человек в каждом по причине недостатка подвижного состава, начали продвигаться на восток. В конце апреля во Владивосток прибыли первые солдаты, однако остатки Чехословацкого легиона должны были ещё освободить город Пензу, находящийся примерно в пяти тысячах миль от российского порта [Bradley 1991: гл. 4 passim; Unterberger 1989].

Ещё до начала движения чехословаков большевики стали чинить им препятствия. У разных людей были разные мотивации, но в целом деятели в Москве и вдоль железной дороги опасались того, чем могло грозить присутствие потенциально враждебных многочисленных и хорошо организованных людей непрочной и не особо популярной власти Советов, с учетом того, что Чехословацкий легион оказался безразличен к коммунистической пропаганде и агитации. Прежде чем покинуть Пензу, легионеры были вынуждены сдать большую часть своего оружия, а от тех, кто двигался на восток, требовали полного разоружения. Чтобы продолжить движение, чехословацкие лидеры были готовы сдать практически все свое оружие, но настаивали на том, чтобы оставить хоть какую-то его часть. Но даже это небольшое количество вооружения представляло опасность для большевиков, ведь отношения между раздосадованными чехословацкими военными и советскими властями становились всё более натянутыми. После того как в середине мая ссора между пассажирами чешского поезда, идущего на восток, и освобождёнными венгерскими пленными, ехавшими в поезде, идущем на запад, привела к конфликту с советским руководством в Челябинске, военный комиссар Лев Троцкий обязал советских чиновников на железной дороге разоружать чехословацкие войска и силой отправлять их

---

[22] Даже если не считать активных военных действий между большевиками и странами-союзницами, присутствие в Финляндии стремящихся на север немецких войск также грозило перерезать железнодорожную ветку, ведущую к арктическим портам России.

в Красную Армию. Тех, кто оказывал сопротивление, было приказано расстреливать.

Приказ оказался чудовищным просчётом: он вызвал именно ту враждебную реакцию, которой боялись большевики. Первое столкновение произошло 25 мая, и наспех собранные и плохо подготовленные части Красной Армии оказались для практически безоружных, но хорошо подготовленных и сплочённых чехословаков лёгкой добычей. Опасаясь, что большевики могут отрезать разрозненные группировки чехословацких войск друг от друга, младшее командование последних тут же заняло в различных населённых пунктах железнодорожные станции и ключевые объекты с целью защитить линию связи друг с другом и с внешним миром.

При этом они воевали не в одиночестве; на всём протяжении железной дороги имелись враждебные большевикам войска меньшевиков, эсеров и эсдеков, которые вместе с чехословаками свергали власть Советов по всей Сибири. Большевики тоже были не одни: им помогали некоторые немецкие и австро-венгерские пленные, отказавшиеся присоединиться к интернациональным бригадам. Боясь оказаться отрезанными от единственного пути домой, они воевали вместе с большевиками. В основном это были немецкие части под руководством собственных офицеров, которые до августа 1918 года не пропускали чехов к важнейшему фрагменту железной дороги вокруг озера Байкал. Однако к концу июня почти вся Транссибирская магистраль за исключением этого участка находилась в руках чехословаков, и антибольшевистские войска консолидировали свои силы в Сибири. Несмотря на то что выход к Владивостоку был открыт, вместо того чтобы двигаться на восток, чехословацкие войска стали двигаться на запад, становясь передовым отрядом контрреволюционной армии.

Кардинальное изменение ситуации в Сибири поменяло расстановку сил внутри Японии и за рубежом в пользу интервенции. В этих обстоятельствах генштаб рассматривал интервенцию скорее как оккупацию территории, чем её захват, и строил свои планы в соответствии с этим. Масштаб интервенции был уменьшен с пяти дивизий до двух, одна для Владивостока и вторая, из Северной Маньчжурии, для Забайкалья. Тэраути и Ямагата считали, что такой уровень вовлеченности вполне по силам Японии, в связи с чем они отказались от своих возражений против односторонней интервенции без поддержки США. С этого момента Тэраути стал убеждённым сторонником интервенции и в кабинете министров, и в Gaikō Chōsakai [Takahashi 1985: 12–13].

Но ещё более глубокие изменения произошли в Вашингтоне: новая ситуация в Сибири свела на нет возражения против интервенции Вудро Вильсона. История о противостоянии большевиков и чехословаков стала мировой сенсацией, и очень скоро заговорили об отправке войск на помощь последним. Чаще всего это называли «спасением» чехословаков, и к началу июля сам Вильсон был готов отправить ограниченное число американских войск для защиты тыла чехов, пока они продолжали продвижение на запад, выступая против большевиков. С изменением настроения Вильсона Хара потерял сильнейшего союзника в борьбе против Сибирской интервенции. Однако он не прекратил попытки настоять на том, чтобы эта интервенция оставалась в пределах приличий. Именно эта борьба впоследствии и сделает его премьер-министром.

# Глава 3

# «Сэйюкай может изменить судьбу империи»

*Интервенция и рост влияния кабинета министров Хары, июль — ноябрь 1918 года*

8 июля 1918 года Государственный секретарь США Роберт Лансинг вручил японскому послу Исии Кикудзиро приглашение к участию императорского правительства в совместной с США экспедиции в Сибирь. Несмотря на то что приглашение обещало уничтожить последние препятствия для интервенции, за которые цеплялись многие японцы, изучение данного предложения, поступившего в Токио 10 июля, скорее принесло разочарование, чем воодушевило. Вильсон призывал к строго ограниченной интервенции, предполагавшей отправку семи тысяч солдат с каждой стороны и только в окрестности Владивостока — для охраны военных запасов союзников и обеспечения тыла чехословацких войск, следовавших на запад в попытке соединиться со своими собратьями. Перед отправкой войск и американцы, и японцы должны были торжественно пообещать не вмешиваться во внутренние дела России.

Приглашение президента Вильсона вызвало череду так или иначе связанных с Сибирской интервенцией усиливающихся кризисов, которые стали бичом кабинета министров Тэраути в последние три месяца его премьерства. Подготовка ответа на предложение американцев вызвала ожесточённые дискуссии — как частные, внутри Gaikō Chōsakai, так и общественные, в газетах и журналах страны. Все они были посвящены форме и целям интервенции, а также способности кабинета министров Тэраути её осуществить. 2 августа, когда, наконец, был найден компромисс, появилось официальное сообщение о намерении Японии начать интервенцию. Это было через день после того, как первые вспышки «рисовых бунтов», которые положат конец кабинету министров Тэраути, начали превращаться из отдельных протестов в сельской местности в повсеместные широкомасштабные городские восстания. В середине августа, невзирая на пожелания Gaikō Chōsakai, кабинета министров и правительства США, генштаб армии представил план расширенной интервенции. Всё это время в обществе и прессе усиливалась критика Тэраути, достигнувшая своего апогея в конце августа.

Как и в марте и апреле, публичные дебаты о необходимости и целесообразности интервенции не являлись только дискуссией о том, посылать ли войска для усмирения беспорядков в Сибири. Для многих вопрос интервенции был связан с вопросом участия Японии в войне против Германии в качестве воюющей стороны. И хотя с августа 1914 года Япония официально находилась в состоянии войны с Германией, на данный момент выгоды в виде экономического роста и военного контроля над бывшими колониями Германии в Китае и Тихом океане к северу от экватора значительно превышали убытки — менее ста миллионов иен и чуть более тысячи убитых [Tobe 1998: 216–217][1]. Однако операция в России окажется намного дороже как в плане человеческих ресурсов, так и в плане военных расходов. При этом она грозила втянуть империю в такую же изнурительную войну на истощение противника, какую вели союзники. Поэтому посвященные интервенции дебаты содержали постоянные напоминания об обязанностях Японии как союзника, непрекращающееся беспокойство по поводу распространении влияния Германии в Азии и заявления генштаба армии о том, что отправка войск в Сибирь, по сути, являлась вторжением во враждебную страну. Неудиви-

---

[1]  Бюджет в цифрах см.: Shiberi Shuppei Sōkanjyō // Tokyo Asahi. 26 июня 1922 года [Henshū 1989, 5: 284–285].

тельно, что японцы чувствовали, что их стране предстоит масштабное и опасное предприятие [Kikuchi 1973: 66–67].

Бесславное окончание интервенции, её восприятие как неудачи и второстепенного события (о котором лучше забыть всем его участникам) затмевает тот факт, что она началась как дело первостепенной важности, став грозным предостережением на будущее. В кругах унилатералистов, особенно в армии, но и среди тех, кто, как, например, Кита Икки, тоже стремился к возрождению нации [Nomura 1966: 241–242], интервенция в Сибири воспринималась как реальная возможность достигнуть постоянного доминирования в регионе и начать промышленную и духовную мобилизацию нации [Dickinson 1999: 180–190]. *Genrō* Ямагата, премьер-министр Тэраути и старшее военное руководство предавались мечтам о новой Японии, охваченной войной и объединённой, эти мечты мало отличались от действительных программ по «духовной мобилизации», воплощённых в жизнь японской армией в 1930-х годах.

Те, кто видел в «тенденциях времён» новую международную ситуацию, в которой мерилом современности Японии окажется демократия и международное сотрудничество, были столь же убеждены в том, что интервенция служит суровым испытанием способности Японии выполнять свои обязанности союзника и великой державы. Более того, сильное разобщение в их среде вызвал вопрос о том, требовали ли новые тенденции участия Японии в интервенции или, наоборот, ей следовало оставаться в стороне. Столкновение противоположных представлений и общее смятение по поводу того, пойдёт ли на пользу Японии или навредит ей интервенция в Сибири, нашли отражение в дискуссиях в общественном пространстве. Те, в свою очередь, отражали шедшие в середине июля в Gaikō Chōsakai дебаты по поводу ответа на предложение Вильсона о совместной интервенции. И в общественном пространстве, и в частных дискуссиях вопрос Сибири воспринимался как поворотная точка в эволюции внешней политики Японии. Однако японцы настолько же хорошо понимали, что этот вопрос стал предзнаменованием важных перемен во внутренней политике страны.

Захват Транссибирской железнодорожной магистрали чехословацкими войсками радикально изменил ситуацию в Сибири. В результате, как отметила «Tokyo Asahi» 4 июля, «остывшие угли [интервенции] разгорелись». Газета по-прежнему скептично оценивала способность действующего кабинета министров преодолеть кризис. «Резонно предположить, что в итоге правительство потеряет лицо на глазах всего мира, сколько бы войск оно ни отправило в Сибирь», — писала она. «Tokyo Asahi» обвиняла премьер-министра Тэраути в том, что он не вынес вопрос на рассмотрение недавно завершившейся сороковой сессии Национального парламента. Полноценная общественная дискуссия, которой требовал столь важный политический вопрос, была принесена в жертву менее серьёзным соображениям. «Вопрос выживания кабинета министров члены этого кабинета полагают куда более насущным, чем вопросы национальной обороны; перемещение войск они используют в целях осуществления внутренней политики, и для них это более важно, чем международные дела»[2].

«Tokyo Asahi» ясно давала понять, что по-прежнему не видит интервенции никакого оправдания. Другие газеты, например, «Jiji», были готовы признать допустимость какого-либо типа интервенции, однако не желали действовать вопреки возражениям американской стороны[3]. «Osaka Mainichi», напротив, считала, что Японии следует осуществить одностороннюю интервенцию, а не присоединяться к США. Газета заявляла:

Это не только дело чести Японии, но и шанс японской армии показать свою способность оказать помощь цивилизации. Независимая интервенция ни в коем случае не противоречит грандиозной стратегии союзников. Напротив, необходимо подчеркнуть, что подобное разделение труда замечательно скажется на духе совместных союзнических действий[4].

2  Shuppei Ron no Konkyo // Tokyo Asahi. 4 июля 1918 года. C. 3.
3  Rengokoku no Shuppei Kibō Tsuyomaru // Jiji Shinpō. 16 июня 1918 года [Henshū 1989, 3: 266].
4  Shuppei Mondai Ikan // Osaka Mainichi. 14 июля 1918 [Henshū 1989, 3: 270–271].

Однако мнения всех этих газет совпадали в том, что какой бы курс ни взяла страна в отношении Сибири, кабинету министров Тэраути нельзя доверить его реализацию. «Osaka Mainichi» отличалась особой резкостью.

> Способный политик, обладающий уверенностью, силой и навыками, сможет немедленно предпринять при поддержке народа решительные действия во имя национального единства; однако если данные качества отсутствуют, то действовать подобным образом безрассудно. Кабинет министров Тэраути доживает свои последние дни и не пользуется доверием народа — так стоит ли действовать, руководствуясь заблуждением? Нет ли большой опасности, что дело не будет сделано должным образом? Похоже, этого опасаются все. Есть ли у кого-то вера в то, что кабинет министров Тэраути способен преуспеть в данном предприятии? [Henshū 1989]

Решение проблемы было очевидным.

> Мы не знаем, каким образом и когда кабинет министров Тэраути будет осуществлять интервенцию. Если без обиняков говорить о конституционализме, то судьбу кабинета министров Тэраути и международное положение империи определит Национальный парламент, а точнее, множество партий, ещё точнее — мнение Сэйюкай по поводу целесообразности этого бессмысленного решения. Следует отметить, что кабинет министров Тэраути не в состоянии взять на себя такую серьёзную ответственность, и крайне важно подчеркнуть правомерность передачи этой ответственности политическим партиям. Из-за проблемы интервенции и судьбы кабинета министров Тэраути Сэйюкай попала в трудное положение. Но какой бы курс эта партия ни взяла, она действительно внесёт значительный вклад в судьбу империи [Ibid.].

Упоминания о Сэйюкай неизбежно вели за собой упоминания о лидере партии Харе Такаси. Как политик Хара никогда не пользовался такой популярностью, как Инукаи Цуёси или другие «боги конституционного правительства». Прохладное отношение публики (которое до сих пор разделяют многие историки) было связано с готовностью Хары идти на компромисс и сотрудничать с чиновниками вроде Ямагаты Аритомо и Кацуры Таро. Повлияло и то, что Хара чувствовал себя не в своей тарелке в по-настоящему массовой политике. Он не доверял представителям городских низов и сомневался в пользе или целесообразности демократии. Однако он был наиболее влиятельным политиком довоенной Японии и внёс в становление партийного правительства больший вклад, чем кто-либо другой [Najita 1967: 20–21; Dickinson 1999: 212–228].

Хара родился в 1856 году в семье самурая на севере Японии. В 1868 и 1869 годах северо-восточные территории оказались последним оплотом в борьбе против сторонников реставрации, выходцев из Сацумы и Тёсю. История научила Хару быть категорически против господства олигархов из Сацумы и Тёсю в японской политике. Однако безусловная практичность позволяла ему продуктивно работать вместе с членами правящей группировки, в частности, с Ямагатой Аритомо — человеком, более всего связанным с «правительством клик». Прежде чем стать в 1897 году журналистом, Хара пятнадцать лет проработал в министерстве иностранных дел. В 1900 году он присоединился к формирующейся партии Сэйюкай и быстро стал пользоваться авторитетом в качестве её секретаря. После избрания в Национальный парламент он стал использовать своё положение для консолидации внутри партии своих сторонников. В 1913 году, после отставки Сайондзи Киммоти, Хара возглавил Сэйюкай [Najita 1967: 13–20].

Хара был известен своей «политикой компромисса», однако его политическая деятельность основывалась на некоторых фундаментальных убеждениях, которые предопределяли его реакцию на различные ситуации. Первое такое убеждение — абсолютная вера в целесообразность «конституционной политики», когда кабинет министров контролирует партия большинства в Национальном парламенте (при этом неважно, что это за партия). Второе убеждение состояло в том, что для того, чтобы заставить олигархов считаться с собой, Сэйюкай необходимо обеспечить себе большинство мест в нижней палате парламента. Третье фундаментальное убеждение, прошедшее суровую проверку интервенцией, состояло в следующем: представители вооружённых сил в кабинете министров должны подчиняться власти премьер-министра, и, если дело касается внешней политики, кабинет министров должен быть высшей инстанцией в административных вопросах [Najita 1967: 24–26; Matsusaka 2001: 231–233].

Всё эти идеи Хара сочетал с убеждением, что его обязанность в качестве лидера — признавать «тенденции времён» и пользоваться ими. В частности, это означало извлечение выгоды из политической ситуации лета 1918 года и далее, а в более широком смысле — преобразования должны осуществляться только в том случае, если обстоятельства сложились таким образом, что перемены будут естественны и неизбежны[5]. Отсюда и его твердое убеждение в том, что исторический процесс сделал партийное доминирование кабинетов министров важнейшим условием функционирования японской политической системы. С другой стороны, он не пытался внедрять политические изменения, если чувствовал, что оснований для этого пока нет. Его отказ от агрессивного насаждения всеобщего избирательного права основывался на убеждении, что Япония была не готова к демократии с привлечением масс. В результате стиль руководства Хары являлся практичным и консервативным, решительным и последовательным. «Подчинение эпохе и извлечение пользы из тенденций, — писал Хара, — может показать, что перемены не нужны, либо что они неизбежны. Менять или не менять политическую структуру — лишь вопрос обстоятельств данного времени» [Najita 1967: 22].

В международных делах Хара придерживался относительно внешней политики Японии двух основных убеждений. Первое — важнейшая необходимость поддерживать сотрудничество

---

[5] О Харе действительно можно сказать, что он «безоговорочно верил: роль политика — не *сделать*, а *позволить стать*» [Komatsu, Gallagher 1995: 133].

и дружбу с Соединёнными Штатами. Со времени своего продолжительного визита в США в 1908 году Хара был поражён богатством и жизненной силой Америки. Он твёрдо верил в то, что её мощь и потенциал сделают её мировым лидером. Участие американцев в войне вновь убедило его в этом. Поскольку Япония не могла соперничать с США в плане экономического развития и военной мощи, крайне важным для нее было не противостоять им. Поэтому ключом к стратегическому благополучию и безопасности Японии было сотрудничество с Соединёнными Штатами. Кроме всего прочего, это означало, что реализация враждебной интересам США политики, например, в Китае, угрожала столкновением с американцами (не говоря о китайцах), поэтому её следовало избегать. Беспокойство о «подозрениях американцев... что мы втайне желаем захватить Сибирь и Китай» и настойчивое требование отказаться от любых действий, «которые могут усилить их подозрения», с самого начала определили взгляд Хары на интервенцию [Seki 1994: 57–59; Hosoya 1960: 41].

Однако он был также убеждён в стратегической необходимости сохранять контроль Японии над сферой своих интересов в Маньчжурии. Он выступал против любых попыток других стран распространить там своё влияние. Так как деятельность генштаба в связи с интервенцией в Сибири во многом служила укреплению позиций Японии в Маньчжурии и защите прав и интересов проживающих там японцев, Хара выступал против полного прекращения интервенции до тех пор, пока существовала угроза этим правам и интересам. Впоследствии он часто поддерживал или, по крайней мере, публично не осуждал политику, которая не нравилась Соединённым Штатам. В конечном итоге Хара так и не смог примирить между собой две основные предпосылки своей внешней политики, воплощая собой главную дилемму имперских реалистов [Fukubu 1996: 779–782]. Многие сложности, созданные Сибирской интервенцией как внутри страны, так и за её пределами, были обусловлены неспособностью Хары гармонично сочетать свои представления о сотрудничестве между США и Японией и то, что он считал основными стратегическими потребностями своей страны.

Однако дебаты об интервенции в Gaikō Chōsakai не просто обозначили центральное положение Хары в японской политике, но и трансформировали сам Gaikō Chōsakai. По причине всё более плюралистического характера японской политики и необходимости находить консенсус в случае противостояния интересов процесс формирования политики в целом и внешней политики в частности стал всё более громоздким и сложным. Gaikō Chōsakai был одним из ряда внеконституционных органов, созданных для привлечения важных политических игроков в процесс разработки внешней политики. Первоначальной целью его создания было подчинить сопротивляющиеся партии контролю кабинета министров, но дебаты о Сибири перевернули весь процесс с ног на голову. В конце концов, именно Gaikō Chōsakai стал высшим руководящим органом. Если не удавалось достигнуть консенсуса там, то согласие на интервенцию со стороны кабинета министров и тем более министерства иностранных дел и генштаба мало что значило.

Поэтому, благодаря своему положению в Gaikō Chōsakai, Хара оказался в деле формирования внешней политики незаменимым человеком. Его требование, чтобы ответ Японии на инициативу США сообразовывался с планом ограниченной интервенции, предложенной Вильсоном, в конце концов заставило кабинет Тэраути дать официальное обещание действовать в согласии с Соединёнными Штатами. Данный факт не остался незамеченным в общественном пространстве и в его кулуарах. Пресса в деталях описывала ход тяжёлых переговоров в Gaikō Chōsakai. Комментарии в журналах и редакционные статьи газет отмечали, что Хара оказался точкой опоры японской политики, обратив внимание на то, что Ямагата Аритомо и genrō потеряли своё главенствующее положение в ее разработке[6]. Пока призывы к отставке премьер-министра Тэраути звучали всё громче, и обществу, и другим членам Gaikō Chōsakai становилось ясно, что

---

6  [Henshū 1989, 3: 270–275] приводит несколько отличных примеров. Обратите особое внимание на: Shuppei Mondai to Seikyoku // Tokyo Asahi. 20 июля 1918 года. С. 275–276.

Хара станет его преемником и первым руководителем партийного кабинета министров.

Предложение президента Вильсона о совместной интервенции с базой во Владивостоке не передовалось Харе до 14 июля. Несколько месяцев он пытался избежать любого вида этой интервенции, стараясь не настроить США против Японии, не вызвать враждебность у русских и не толкнуть их в объятья немцев. Если интервенция будет иметь место, а англо-французские войска потерпят поражение на Западном фронте, Японии придётся в одиночку противостоять объединённым силам Германии и России [Hosoya 1976: 54, 98]. Единственным оставшимся союзником Хары в Gaikō Chōsakai оказался член Тайного совета Макино Нобуаки. В прошлом Макино был чиновником министерства иностранных дел, в 1913–1914 годах он это министерство возглавлял. Предыдущий опыт настроил его против военного вмешательства во внешнюю политику. Как и Хара, Макино восхищался лидирующим положением Америки в международных делах и не желал действовать вопреки её желаниям. В значительно большей степени, чем Хара, Макино находился под властью идеи о том, что Первая мировая война внесла в международную политику фундаментальные изменения; он разделял многие из основных идей вильсоновского интернационализма [Fukubu 1996: 766–767; Matsusaka 2001: 237][7].

Но главные союзники Хары находились не в Gaikō Chōsakai, а в Национальном парламенте. В ходе собрания партии в середине июля Хара объяснил рядовым членам Сэйюкай опасность дипломатической изоляции Японии, которая последовала бы за односторонней интервенцией. И хотя не все его слушатели разделяли его взгляды, они согласились воздержаться от критики этих взглядов ради единства партии [Seki 1994: 63–64; Taya 1987: 15–16, 41–42]. Благодаря такой солидарности комфортное большинство Сэйюкай в Национальном парламенте не давало хода

---

[7]   Исторические источники, упоминающие Макино, очень немногочисленны. У него нет биографии и собственных мемуаров; [Kaisoroku 1978: 126–146] описывает интервенцию, но не рассматривает отношение к ней Макино.

никаким политическим идеям, с которыми партия не была согласна. Хара ещё более укрепил своё положение, когда 17 июля ему нанёс визит Утида Косай, бывший посол Японии в России, отозванный в марте. Утида был протеже бывшего чиновника министерства иностранных дел Като Такааки, являвшегося в тот момент лидером Кэнсэйкай, второй по значимости партии в Национальном парламенте. Через посредника Като обещал поддержать Хару в его противостоянии интервенции [Taya 1987: 46–47].

Это противостояние интервенции внутри Gaikō Chōsakai заметили и посторонние, в том числе Ёсино Сакудзо. Сам Ёсино пока ещё не проникся симпатией к этому предприятию, и его оценки вполне характеризуют значительный сегмент общественного мнения, которое оставалось враждебным по отношению к самой идее отправки войск в Сибирь. Свой пространный комментарий в «Chūō Kōron» он начал с замечания, что

> среди части думающих людей сопротивление интервенции по-прежнему сильно. Серьёзные сомнения у них вызывает само основание, на котором так называемые интервенционисты (*shuppei ronsha*) выстраивают свои рассуждения. Это действительно имеет значение [Yoshino 1995: 298].

Сторонники интервенции по-прежнему выдвигали в её защиту два аргумента. Первый — что Японии следует начать интервенцию для самозащиты; второй — что интервенция нужна для спасения русских. Ёсино опроверг оба этих аргумента примерно в тех же выражениях, что и в апреле. Но с поступлением предложения от президента Вильсона у интервенции появилось новое оправдание: она нужна для достижения общих с союзниками целей (на этом настаивала «Osaka Mainichi»). Новый аргумент Ёсино тоже опроверг. Та интервенция, которую обсуждают сейчас, не поможет сдержать Германию и не станет помощью союзникам на Западном фронте. Для этого потребуется отправка внутрь России большого количества войск. «Армия, состоящая из пятидесяти или даже ста тысяч солдат, не принесёт особой пользы; в ней есть смысл, только если она продвинется достаточно далеко для того, чтобы встретиться с немецкими войсками» [Yoshino 1995: 321].

Исибаси Тандзан был настроен по отношению к интервенции ещё более враждебно. Он продолжал жёсткую критику проекта в своих колонках в «Tōyō Keizai Shinpō». Пока правительство обдумывало свой ответ на предложение президента Вильсона, Исибаси рекомендовал отказаться от участия даже в ограниченной интервенции. Он продолжал настаивать на том, что активность на Дальнем Востоке России не принесёт Японии никакой пользы, и полагал, что лучше переждать интервенцию, чем подтвердить худшие опасения союзников, касающиеся территориальных амбиций Японии, и бросить большую часть русских в объятья большевиков [Ishibashi 1918: 5–6].

«Osaka Asahi» оставалась главным врагом интервенции среди крупных японских газет. Она возмущалась тем, что даже в преддверии решающей фазы цели потенциальной интервенции в России оставались неясны и «её оправдания, предоставленные на данный момент, крайне противоречивы и неосновательны». То, как были организованы посвященные интервенции дебаты, «недостойно нашей системы конституционной политики». Редакционная статья зафиксировала распространённый страх того, что кабинет министров и генштаб согласились на предложение Вильсона об ограниченной интервенции только с тем, чтобы позже тайком начать более масштабную кампанию. Газета также ругала генштаб за явное желание войти в Сибирь не для помощи русским, а для свержения большевиков.

> Не окажется ли выход за рамки совместной интервенции, без объяснения её причин и целей, угрозой для нашего сотрудничества с другими странами? Единоличная интервенция поставит Японию в крайне невыгодное положение, сделав её на шаг ближе к милитаризму.
> Честно говоря, если граф Тэраути и барон Гото возьмутся руководить, положение Японии вскоре станет недопустимым. Твёрдо решив начать интервенцию, они не указали ее убедительных причин и целей. Шаг за шагом они ведут народ в сторону большой опасности. Сейчас не время для

того, чтобы несколько бюрократов вели за собой ничего не видящий народ. Если мы начнём интервенцию, значит, это будет дерзкий вызов народу[8].

Страхи Исибаси и «Asahi», которые они, сами того не зная, разделяли с Харой, были вполне обоснованны. Однако они ошибались, считая, что кабинет министров Тэраути и генштаб действуют согласованно. Генштаб армии вернулся к тому времени к планам полномасштабной операции, от которых по причине отсутствия возможности их реализации ранее отказались Тэраути и Ямагата. Тэраути по-прежнему склонялся к более ограниченной операции, в которой бы участвовали две дивизии, направленные во Владивосток и в Забайкалье. Две дивизии представляли собой изрядно урезанный вариант того, что подразумевалось планами генштаба, и всё-таки это было значительно больше, чем ограниченный штат из семи тысяч человек от каждой стороны, предложенный Вильсоном. Отправка войск в три дальневосточные провинции Сибири превосходила масштабами изначальный план американской стороны по ведению операций во Владивостоке и его ближайших окрестностях.

Тэраути и другие сторонники проекта пытались получить согласие Gaikō Chōsakai на контрпредложение американцам — эту менее масштабную интервенцию силами двух дивизий. Хара был против и настаивал на том, что масштаб интервенции не должен превосходить тот, который предлагали Соединённые Штаты. Несмотря на свою обособленную позицию в Gaikō Chōsakai, Хара использовал ту власть, которую ему давал контроль над Национальным парламентом, с тем, чтобы настоять на том, что следует принять американское предложение таким, как оно есть, а не пытаться использовать его в качестве повода для более серьезной операции[9]. Когда Харе показали черновик ответа Японии на предложение американцев, он потребовал внести

---

[8]  Kokumin o Azamukuna // Osaka Asahi. 17 июля 1918 года [Henshū 1989, 3: 273].

[9]  Действия Хары в июле хорошо задокументированы, см. [Morley 1954: гл. 11–13; Hosoya 1976: гл. 5–6]. Хосоя резюмирует свои рассуждения на английском в [Hosoya 1958: 91–108].

туда изменения во избежание недоговоренности, оставляющей лазейку для увеличения масштабов интервенции в будущем. Призывы премьер-министра Тэраути, министра иностранных дел Гото Симпэй и даже старшего чиновника Ямагаты не смогли его переубедить. Для того, чтобы переписать документ согласно поправкам Хары, потребовалось несколько дополнительных встреч с Ито Миёдзи, представляющим в Gaikō Chōsakai Тайный совет[10]. 17 июля Хара, наконец, утвердил текст официального ответа правительства.

Однако у него всё ещё оставались серьёзные опасения, поскольку текст сообщения мог позволить Японии действовать самостоятельно, если она того пожелает.

> Правительство Японии, стараясь соответствовать пожеланиям США и действовать в согласии с союзниками, сознавая при этом особую роль Японии, решило направить подобающие войска для предложенной миссии. Определённое количество данных войск будет незамедлительно отправлено во Владивосток, и если в дальнейшем появится острая необходимость, ещё одно подразделение будет обеспечивать функционирование Сибирской железной дороги и поддерживать вдоль нее порядок[11].

Ответ был передан правительству США на следующий день.

Анализируя этот процесс несколько позже, Ёсино Сакудзо отметил: «Внутри страны... сильные партии оказывали значительное противодействие [интервенции]. Наиболее решительно сопротивлялась Сэйюкай» [Yoshino 1995, 5: 348]. Очевидно, американцы обладали властью определять форму интервенции, но оппозицию внутри страны он считал более могущественной. «Мнение большинства не признаёт самостоятельную интервенцию, основанную на необходимости остановить продвижение на восток австро-немецких сил. И в первую очередь речь идёт о политических партиях» [Yoshino 1995, 5: 351]. С некоторой

---

[10] То, как Ито работал над совершенствованием поправок Хары, подробно описано в [Hosoya 1976: 197–234].

[11] Текст официального японского перевода в [Morley 1954: 290].

долей иронии Ёсино отметил, что это поставило премьер-министра Тэраути в сложное положение.

> С одной стороны, правительство должно сдерживать неуем-
> ную страсть милитаристов (*gunbatsu*) к интервенции,
> с другой — международные события и внешние силы тянут
> его в другие стороны. Неудивительно, что в результате по-
> лучается адская смесь из имперской политики и призывов
> к развитию страны, приправленная необходимостью следо-
> вать тенденциям времён [Ibid.].

Опасения Хары по поводу приемлемости ответа Японии оказались вполне оправданными. Правительство США этот ответ
не удовлетворил, и оно настаивало на том, что Япония должна
публично признать как ограничения на численность войск, так
и границы территории, на которой они будут действовать. Укре-
пив свои позиции, путём ссор и уговоров Хара убедил Гото
подготовить документ, который устроил бы все стороны. Для
создания такого документа снова вызвали Ито, учёного-правове-
да, хорошо разбирающегося в подготовке и интерпретации
сложных документов [Hosoya 1958: 107]. Хотя конечный результат не удовлетворял в полной мере ни стороны, ни заинтересованных наблюдателей из генштаба, после долгих стараний появился проект документа, устраивавшего как Хару, так и американцев. Завершение работы чуть не омрачилось эксцессом, когда
правительство попыталось дать задний ход из-за заявления Ито
о том, что американцы, публично обещая ограничить интервенцию, не отрицали возможность Японии эту интервенцию расширить. И все же проект документа получил одобрение [Morley 1954:
300–303]. Посол Исии вручил ноту американскому правительству.
Он также получил инструкции относительно того, как следует
объяснить содержание ноты. Из инструкций становилось ясно,
что Япония не исключала возможности более решительных
действий, если того потребует ситуация в Сибири, и оставляла
за собой право поступать так, как этого потребуют обстоятельства, «не дожидаясь совещаний с США по любому поводу»
[Morley 1954: 307].

Неизвестно, знал ли об этих инструкциях Хара, но, скорее всего, знал. Конечно, никто его официально не информировал. Премьер-министр Тэраути и министр иностранных дел Гото, с большим трудом согласовавшие вопрос высадки войск и с противниками интервенции в Gaikō Chōsakai, и с её сторонниками в кабинете министров, видимо, не хотели инициировать новые дискуссии. Но у Хары имелось множество снабжавших его информацией доверенных лиц из числа правительственных служащих. В течение всего июля он оставался самым заметным и активным противником интервенции. Он вполне мог продолжать настаивать на том, чтобы придерживались достигнутого в Gaikō Chōsakai компромисса. Однако, когда в августе и сентябре генштаб игнорировал решения Gaikō Chōsakai и кабинета министров и развязывал полномасштабную интервенцию, Хара молчал. Причина этого была проста: перемены в ситуации требовали перемен в тактике. Попытки Хары стать преемником Тэраути продолжатся, но он будет предпринимать их без привлечения к себе внимания, так, чтобы его назначение восприняли как нечто неизбежное и неминуемое.

Японское правительство официально объявило о намерении начать интервенцию в Сибири в заявлении от 2 августа 1918 года. Заявление начиналось словами поддержки России и выражало надежду на скорейшее восстановление там порядка. В нём говорилось о хаосе в российской политике и угрозе продвижения немецких сил на Дальний Восток России, а также о том, что сопротивление чехословакам возглавляют австро-немецкие военнопленные. Чтобы не допустить распространения беспорядков, японское правительство приняло предложение американцев по совместному вводу войск во Владивосток. Заявление опровергало всякое желание нарушить территориальную целостность России или вмешаться в её внутренние дела, выражало намерение оперативно вывести войска, как только порядок будет восстановлен, и заканчивалось пожеланием, чтобы отношения с Россией и русским народом вернулись к прежнему состоянию дружбы[12].

---

[12] Shuppei Seigen // Jiji Shinpō. 3 августа 1918 года [Henshū 1989, 3: 278], перевод можно найти в [Hosoya 1960: 44].

Намного более значимым являлось то, о чём заявление умалчивало. О том, будут ли воевать отправленные в Сибирь войска, не говорилось. Не назывался враг, не объявлялась война, не было указаний на то, что Япония ожидала получить за свои усилия какую-либо выгоду или преимущества. То, что было задумано министерством иностранных дел, генштабом армии и сторонними лицами как односторонняя интервенция с целью содействия появлению «независимой» Сибири, ресурсы которой пойдут на укрепление мощи Японии, теперь превратилось в ограниченное совместное с США и другими военными союзниками Японии предприятие во имя помощи русскому народу, восстановления в России порядка и укрепления там стабильности [Izao 2003: гл. 1 passim].

Подобные выражения могли разочаровать (если не поставить в тупик) приверженцев односторонней интервенции, при этом они, по крайней мере в текущий момент, вызвали похвалу тех, кто в прошлом относился к интервенции с подозрением. Особенно радовал их новый этап сотрудничества с США, которое, казалось, расцветало пышным цветом. «Tokyo Nichi Nichi» выразила это чувство в редакционной статье от 8 августа. В ней отмечалось, что отношения с США были затуманены прошлыми недоразумениями, но теперь, в случае с Сибирью, этот мрак рассеялся.

> Другими словами, наши честные и достойные намерения касательно интервенции во Владивосток заявлением нашей империи от 2 августа ограничиваются защитой от продвижения Германии на восток и поддержкой чехословацких войск. Таким образом, мы освободим Россию от гнёта Германии. У нас нет цели захватить хоть клочок земли. Поможет ли это [американским] хулителям Японии (hainichi ronsha) впервые понять Японию и отказаться от своих подозрений?[13]

Далее редакционная статья предлагала основанное на тенденциях времён видение внешней политики Японии в послевоенный период.

---

[13] Nichibei Kyōchō // Tokyo Nichi Nichi. 8 августа 1918 года [Henshū 1989, 3: 281–282].

Разумеется, генеральный план империи во внешней политике базируется на англо-японском союзе в дополнение к тому, что дипломаты двух стран называют сотрудничеством между США и Японией. В интервью [журналу] «Outlook» премьер-министр Тэраути говорил о гипотетическом послевоенном альянсе с Германией, что вызвало большой переполох среди многих политиков внутри страны и за рубежом. Если закрыть глаза на премьер-министра Тэраути, подавляющее большинство граждан империи по-прежнему ценит дружеские связи англо-японского союза и люто ненавидит Германию, что естественно, ведь сейчас военное время. Но [эти чувства] окажутся прежними и после войны. Америка вложит всю свою политическую и экономическую мощь в прогресс и развитие человечества и установление мира во всём мире. Если Великобритания и Япония сохранят общие интересы, такой глубокий и постоянный союз будет нерушим. Способствуя сохранению мира в Восточной Азии, он станет ключевым для развития цивилизации.

В последнее время дружба между англичанами и японцами окрепла, и фундамент для их союза стал ещё более основательным. Зная о глубоком взаимопонимании между двумя народами, можно с уверенностью сказать, что сотрудничество между США и Японией будет постоянно укрепляться. Как может Германия предлагать создать центральноевропейскую империю и говорить о надеждах на великие свершения после войны? Ситуацию в мире будут всё больше контролировать три великие державы, Япония, Великобритания и Соединённые Штаты.

Таков был идеал дипломатических отношений, к которому стремились многие японцы, бывшие сторонниками «тенденций времён». Возможно, этот идеал являлся не слишком реалистичным, но именно подобные взгляды на внешнюю политику вместе с идеей превращения Японии в такую же демократическую страну, как Великобритания и Соединённые Штаты, определили новый дискурс о том, как она может стать ведущей державой и распространителем цивилизации.

Ёсино Сакудзо разделял это видение. В ещё одной своей статье в «Chūō Kōron», опубликованной в августе 1918 года, он поделился своими размышлениями о смысле совместной интервенции США и Японии во Владивостоке. По причине цензуры, введённой на комментарии к операциям или решениям генштаба, большие фрагменты текста, иногда даже целые параграфы, оказались вырезаны; однако значительная часть критики целей интервенции и позиции правительства уцелела. Ёсино сомневался в том, что намерения кабинета министров Тэраути, обозначенные в заявлении от 2 августа, действительно совпадали с намерениями Америки. Однако «тенденции времён» заставляли правительство Японии согласиться на условия американцев. «Мы должны понимать дух этого времени: его олицетворяют Великобритания и США. Дух наших времён противоположен безрассудным идеям милитаристской клики» [Yoshino 1995, 5: 351].

Многие японцы приписывали Америке разнообразные эгоистичные мотивы участия в интервенции в Сибири, от желания получить за счёт Японии экономические преимущества до тайной симпатии к большевикам. Но Ёсино отметал подобные догадки.

> Мысль о том, что Америка хочет помешать действиям Японии, очень злит некоторых людей. Но будет ошибкой злиться из-за эгоизма Америки в этом вопросе. Поначалу Америка сопротивлялась интервенции... На мой взгляд, позиция Америки является постоянной, я не вижу никаких перемен. Люди, которые с этим не согласны и переносят собственное ограниченное мышление на мотивы других, путают постоянство с оппортунизмом [Yoshino 1995, 5: 362].

Америка вошла в Великую войну отчасти для того, чтобы поддержать национальное самоопределение. По той же причине она поддерживала независимую Чехословакию и предпринимала действия по спасению чехословацких войск в Сибири [Yoshino 1995, 5: 356–357].

Вопрос истинных мотивов Японии, участвующей в совместной интервенции в Сибири, и то, каким должно быть отношение японских войск к большевикам, продолжали быть предметом дискуссий. Идзуми Тэцу рассмотрел эти вопросы в своей статье об интервенции в «Gaikō Jihō». Он настаивал на том, что действия

Японии в Сибири ограничивались её ролью союзника в борьбе с Германией. Исходя из духа заявления от 2 августа и предложения президента Вильсона об интервенции, Идзуми считал, что войска союзников должны оставаться в окрестностях Владивостока и освободить чехословаков от охраны железной дороги и военных складов с тем, чтобы они могли помочь своим собратьям в западной части России. Хотя изначально планировалось отправить их на Западный фронт, их использование для борьбы с австро-немецкими пленными и сопротивления продвижению немецких сил на восток оказалось вполне уместным [Izumi 1918: 29–37].

Но для этого было необходимо поставить всю Сибирь под контроль союзников. Тогда появлялась возможность создавать дружественные союзникам русские правительства. Борьба с большевиками не упоминалась вообще: то ли потому, что Идзуми не желал вступать с ними в противостояние, то ли потому, что он уже считал их союзниками немцев. Пока чехословаки и русские будут вести бои в Европейской части России, Японии и Соединённым Штатам не придётся использовать большое количество войск: чехи и русские «убьют двух зайцев». Восстановление порядка в Сибири является истинной целью Сибирской интервенции, и следует надеяться, что эта интервенция принесёт много хорошего [Izumi 1918: 36–37].

Однако ощущение того, что интересы и намерения у США и Японии в Сибири совпадают, оказалось недолговечным. Предложение Идзуми подчинить всю Сибирь контролю союзников означало, что он не был против идеи более масштабной интервенции, чем та, которую предполагали Соединённые Штаты. Ко времени публикации статьи попытки воплотить эту идею уже имели место. К середине августа японское правительство решилось на увеличение масштабов вторжения, что подтвердило худшие опасения Хары и многих критиков интервенции, а также вызвало усиление народного гнева, разочарования и недоверия кабинету министров Тэраути.

Хару предупреждали, что подобное может случиться. Когда Япония официально объявила 2 августа о Сибирской интервенции, эту тему сняли с повестки дня Gaikō Chōsakai. Но беспокойство Хары в связи с этим не исчезло. В августе он готовился к ежегодной поездке домой, в Мориоку. 3 августа ему нанёс визит руководитель департамента Азии министерства иностранных дел Комура Кинити. Как Хара отметил в своём дневнике, Комура сказал ему, что

> армейские офицеры среднего звена распространяют планы независимой от США интервенции на случай, если того потребуют обстоятельства. Как я неоднократно говорил на заседаниях совета и как отметил [в заявлении об интервенции] Тэрауи, мы не будет вести кампанию без содействия Соединённых Штатов.

Привычка армии действовать самостоятельно внушала ему беспокойство. «Наши военные офицеры явились причиной множества политических проблем, они приводят меня в замешательство» [Taya 1987: 56–57].

4 августа Хара беседовал с премьер-министром Тэрауи и предостерёг его от каких-либо действий в Сибири без согласования США. 7 августа, перед отправлением в Мориоку, он повторил свои опасения Ито Миёдзи. Хара рассказал Ито о своём разговоре с Тэрауи: «Я попросил, чтобы в моё отсутствие армия сделала всё возможное для поддержания духа сотрудничества с США, и премьер-министр Тэрауи должен об этом знать. Он [Тэрауи] ответил, что согласен со мной и будет крайне осторожен» [Taya 1987: 62]. Вряд ли Тэрауи не был искренен, разделяя беспокойство Хары. Как было указано выше, он всё ещё надеялся ограничиться отправкой в Россию двух дивизий.

Задача по охране Приморской области прежде всего легла на плечи 12-й дивизии под командованием генерала Оой Сигэмото, которая размещалась в Кокуре (Китакюсю). 10 августа одним из первых во Владивосток отправился 14-й полк Кокуры. Несмотря на дождь, собравшиеся в огромную толпу члены союза резервистов, пожарная команда, общество домохозяек и местные школьники провожали солдат до порта и смотрели, как их корабль, «Calcutta Maru», исчезал за горизонтом [Matsuo 1978: 36–41]. Располагавшийся в Оите 72-й пехотный полк получил приказ о мобилизации 2 августа, но вышел в море только 27 августа, после того как компания из местных знаменитостей во главе с губернатором префектуры Оиты с криками «Банзай!» проводила их до железнодорожной станции. Однако по причине «рисовых бунтов», на которых я более подробно остановлюсь ниже, энтузиазм широкой публики по отношению к миссии солдат заметно снизился. На протяжении всего пути следования поезда в Кокуру озлобленные толпы осыпали их ругательствами и задерживали движение. В результате путешествие заняло 13 часов, в три раза больше, чем обычно. 31 августа полк отправился во Владивосток, где он высадился на следующий день и двинулся по железной дороге для выполнения своей задачи по охране Уссурийской части Транссибирской магистрали между Никольском-Уссурийским и Хабаровском. В конце августа и начале сентября к японцам присоединились американские и менее численные британские и французские силы [Yoshida 1993: 111–112; Izao 1998: 261–262].

Японцы согласились на совместную с США интервенцию при одном условии: главнокомандующий в регионе должен быть японцем. Этот пост получил генерал Отани Кикудзо, прибывший во Владивосток 24 августа. Командующий американским экспедиционным корпусом «Сибирь» (АЭКС) генерал Уильям С. Грейвс в конце концов прибыл в начале сентября. Грейвс не ставил под вопрос полномочия Отани как верховного главнокомандующего, но и не спешил ему подчиняться. Упрямо следуя приказу из Вашингтона не вмешиваться во внутренние дела России, он запретил американским солдатам участвовать в антибольшевистских кампаниях — к огромному сожалению японцев, чехословаков, американцев (как у них на родине, так и в Сибири), русских и многих историков последующих лет[14].

---

[14] Крайне уничижительная оценка деятельности Грейвса дана в [Connaughton 1990: 60–63, 113–117, 171–172], но, как я показал в своей статье [Dunscomb 2003], к его действиям можно отнестись более благосклонно.

Выбранное Вильсоном для ограниченной интервенции количество по семь тысяч человек от каждой стороны было приблизительным. Оно не основывалась на размере подразделений, которые, вероятнее всего, отправят в Сибирь. В конце концов, АЭКС, состоявший из присланных из Филиппин 27-го и 31-го пехотных полков и штабных офицеров, стал насчитывать более восьми тысяч человек. Численность японских войск, отправленных в Сибирь, тоже вскоре превысила семь тысяч, но особенности военной организации не имели к этому несоответствию отношения. 14 августа кабинет министров Тэраути объявил об отправке части гарнизона, размещённого на арендованных территориях Южной Маньчжурии, в город Маньчжурию прямо на границе с Россией, у западного рубежа Китайско-Восточной железной дороги. Кабинет министров утверждал, что эти действия не связаны с интервенцией во Владивостоке, но предприняты в соответствии с условиями подписанного в мае японо-китайского соглашения о военном сотрудничестве. Таким должно было быть начало осуществляемой двумя дивизиями более умеренной интервенции, которую представлял себе Тэраути и на которую он пытался получить согласие американцев. Эти войска, следующие за соратниками их главной марионетки Григория Семёнова (а вернее, толкающие их вперёд), тут же начали просачиваться через границу в Забайкальскую область Сибири [Coox 1985: 8–9].

Несмотря на заверения министерства иностранных дел в том, что эти две интервенции не связаны между собой, американцы утверждали, что Япония нарушила обязательства, данные 2 августа в заявлении о начале интервенции [Hara 1989: 398–407]. Но генштаб не просто действовал наперекор пожеланиям Хары и американцев. Вместо операции с привлечением двух дивизий, которую одобрил Тэраути, армия начала полномасштабные наступательные действия. 20 августа из Южной Маньчжурии на север были отправлены новые части. В итоге в Сибирь и Маньчжурию будут отправлены более семидесяти двух тысяч солдат (треть действующих тыловых частей и подразделений). Два японских передовых отряда, один во Владивостоке, другой в Забайкалье, начали встречное движение из противоположных концов Амурской части Транссибирской магистрали с тем, чтобы соединиться в районе Благовещенска [Leong 1973: 132–140]. В качестве основы создаваемой из представителей казачества Белой армии предполагалось использование подразделений облагодетельствованных казачьих атаманов Семёнова и Калмыкова [Hosoya 1960: 47]. К концу октября японская армия захватит всю Транссибирскую железнодорожную магистраль между Владивостоком и Иркутском на западном берегу озера Байкал, Китайско-Восточную железнодорожную дорогу в Северной Маньчжурии, включая Харбин, а также обособленный, но важный с экономической точки зрения город Николаевск в устье реки Амур[15].

Генштаб оправдывал свои действия реализацией «права верховного командования» (*tōsuiken*). Так, перемещать войска по полю боя на своё усмотрение было непреложной прерогативой генштаба. И это будет не последний случай, когда генштаб заявит о своем исключительном праве проводить операции в Сибири. Но когда 30 августа Ито Миёдзи заверил Хару, что армия действовала «без согласия кабинета министров или *Gaikō Chōsakai*», расширенное присутствие войск в Сибири и напряжение, которое оно могло создать в отношениях с Соединёнными Штатами, были не самыми значительными среди проблем страны [Taya 1987: 62–63].

Протесты против высоких цен на рис, часто сопровождающиеся грабежом рисовых магазинов, начались в Фукуяме 1 августа, за день до официального объявления об интервенции, и начали распространяться из сельской местности и небольших городков в большие города. Весь август протесты и восстания в крупных населенных пунктах Японии становились всё более ожесточёнными; с подготовкой к интервенции связывали спекуляции с рисом, в результате которых цены на него взлетали

---

[15] [Takahashi 1985: 24–26; Tobe 1998: 234; Hosoya 1976: 244, 246] указывают как предельную штатную численность 72 400 солдат, в том числе примерно двенадцать тысяч солдат в Северной Маньчжурии.

и возникали новые очаги протестов. В итоге в стране ввели военное положение, а в семьдесят населённых пунктов были отправлены войска для усмирения беспорядков, продолжавшихся до сентября[16].

Всю серьёзность бунтов Хара осознал 15 августа, через день после того, как кабинет министров Тэраути объявил об увеличении масштаба интервенции в Сибири. Хара понимал, что бунты могут ознаменовать собой начало политического кризиса, в результате которого он придёт к власти. Его инстинктивной реакцией было оставаться подальше от всеобщего внимания, не позволить сформироваться всеобщему убеждению в том, что он использует ситуацию в своих целях, и, сохраняя спокойствие, заручиться необходимой поддержкой. Вот почему от Хары не поступило никакой официальной реакции на интервенцию, хотя данные ему обещания были очевидно нарушены.

После отправки войск для усмирения протестующих газеты начали ожесточённую кампанию по обличению кабинета министров Тэраути в его действиях во время бунтов. Это определило их реакцию на все решения правительства относительно Сибири, даже на те, которые принимались с учётом «тенденций времён» в международных делах. 20 августа правительство официально объявило о создании Комитета экономической помощи Сибири (*Rinji Shiberia Keizai Enjō Iinkai*). Номинально комитет копировал намерение Америки «отправить в Сибирь группу торговцев, специалистов по сельскому хозяйству, консультантов по вопросам труда, представителей Красного Креста и Ассоциации молодых христиан», руководителем которой стал в конечном счете Герберт Гувер, «для оказания немедленной экономической помощи местным жителям» [Morley 1954: 294]. Однако с самого начала этот комитет был задуман как «невидимая рука» министерства иностранных дел, заинтересованного в проникновении японской экономики на Дальний Восток России [Morley 1954: 407–413; Saaler 1998: 267–270]. Тем не менее страх проиграть Америке

---

[16] [Inoue, Watanabe 1954: 124–145] дают общие сведения о «рисовых бунтах». [Lewis 1990: гл. 3 passim] является лучшим источником на английском языке.

в битве «за умы и сердца» как в Сибири, так и в Японии заставил его переориентироваться на деятельность более гуманитарного характера [Izao 2003: 30–38].

В крайне враждебной обстановке «рисовых бунтов» кабинет министров Тэраути ничего не выиграл от создания комитета. В день, когда объявили о начале его деятельности, «Osaka Mainichi» выразила мнение, что он окажется лишь бледным подобием американского аналога, и вновь подвергла правительство критике за его действия в сложившейся ситуации. У комитета были амбициозные планы, но авторы редакционной статьи отметили, что «всякая надежда воплотить их в жизнь растаяла, когда кабинет министров столкнулся со вспышкой "рисовых бунтов"»[17].

> В силу сложности международных дел, расторопность в принятии подобающих мер необходима для объединения нации и сохранения международного статуса империи. Но из-за безнравственной и неадекватной враждебности кабинета министров Тэраути к людям и соперничества с другими странами тяжкую миссию помощи России будет так же сложно выполнить, как «оказаться среди высоких гор и пересечь северные моря». Мы наблюдаем за кабинетом министров, думаем об этом, и злость не оставляет нас. Хотя бы ради успеха в международных делах кабинет министров должен поменять курс и найти новый, мудрый путь к сердцам людей, но мы знаем, что у него ничего не получится. И хотя мы понимаем, что необходимо срочно запланировать [помощь России], мы считаем, что сначала должна произойти отставка кабинета министров Тэраути [Henshū 1989].

«Рисовые бунты» не просто являли собой последнюю вспышку народного гнева, в процессе смены периода демократии как протестного движения периодом демократии как системы управления. Они также стали кульминационным моментом в попытках правительства подвергнуть прессу цензуре и контро-

---

[17] Shiberia Keizai Enjo // Osaka Mainichi. 20 августа 1918 года [Henshū 1989, 3: 758–759].

лировать ее. Поэтому следует оценить влияние цензуры на публичные дебаты об интервенции как средство продвижения политических изменений. Сложно с точностью измерить степень этого влияния на негативные комментарии по поводу интервенции или её негативное освещение. Важно отметить, что цензура никогда не была такой жёсткой, как в самом начале сибирской кампании[18]. Кабинет министров Тэраути всегда питал к прессе глубокую неприязнь, и это чувство, конечно, только обострилось в свете нападок СМИ на подход правительства к интервенции.

Согласно последней редакции закона о газетах 1909 года, различные министерства могли устанавливать ограничения на освещение определённых событий. Министерство внутренних дел реализовало эти ограничения главным образом через запрет на продажу оскорбительного издания после его выхода (*hatsubai kinshi*) или запрет на публикацию виновных в нарушении газеты или журнала (*hakkō kinshi*) [Mitchell 1983: гл. 4 passim]. Во время кризиса в Харбине в декабре 1917 года был ненадолго введён запрет на освещение военных действий. Когда в апреле 1918 года шли переговоры по поводу соглашения о военном сотрудничестве с Китаем, под запретом оказалось обсуждение японо-китайского военного взаимодействия, японской военной поддержки Китая и России, мобилизации войск и интервенции [Asahi 1990: 77–79]. В июле 1918 года, ещё до отправки во Владивосток первых групп военных, военное министерство объявило запрет на статьи о своих действиях, о мобилизации войск и даже о самой цензуре. 31 июля министерство внутренних дел ввело полный запрет на освещение интервенции [Asahi 1990: 81]. Информация о ее ходе будет поступать только из официальных правительственных сообщений.

Ни одна газета не пострадала от цензуры в самом начале дебатов об интервенции больше, чем «Osaka Asahi», одна из самых значительных и широко известных газет страны. Ее выпуск от 18 декабря 1917 года был изъят из-за наличия там редакторской

[18] Вывод основан на моём собственном изучении статей, вышедших на протяжении всей интервенции.

статьи о планируемой армией интервенции в Северную Маньчжурию. Продажа выпуска от 23 апреля 1918 года была запрещена по причине материала о действиях армейских офицеров в Сибири. Не избежала подобной участи и «Tokyo Asahi». Продажи ее выпуска от 17 июля 1918 года были запрещены из-за статьи, утверждавшей, что генштаб согласился на ограниченную интервенцию во Владивостоке, планируя при этом полномасштабную интервенцию в Забайкалье [Asahi 1990: 80–81]. Однако исключительную ярость чиновников министерства внутренних дел вызвало освещение газетами «рисовых бунтов» [Inoue, Watanabe 1954: 125]. Реакцией на него правительства стало введение самой суровой цензуры, с какой встречалась японская пресса за всю свою историю, в том числе попытки нанести смертельный удар по «Osaka Asahi»[19].

26 августа 1918 года в намеренно провокационной статье об акции протеста в Осаке была использована фраза китайского поэта «белая радуга пронзила солнце», употребленная в качестве предзнаменования падения императорской династии. Кабинет Тэраути посчитал эту фразу бунтарской. В результате «инцидента с белой радугой» правительство конфисковало тираж с оскорбительной статьёй, на неопределённый срок приостановило выход газеты и начало судебную процедуру по её полному закрытию. В конце концов закрытия удалось избежать, но газету заставили публично извиниться за свои действия, а ее президенту и главному редактору пришлось уволиться[20].

Исследуя освещение Сибирской интервенции в печати, нельзя обойтись без рассмотрения влияния этого инцидента на газетную индустрию. Несмотря на то что попытки закрыть «Asahi» провалились, пресса получила мощный сигнал. Ни одна газета не стала выступать в поддержку или защищать «Asahi», руководствуясь необходимостью отстаивать свободу слова или по другим соображениям. Редакторы и журналисты перестали поддерживать общественный протест. В дальнейшем пресса однозначно

---

[19] Об освещении восстаний в газетах и реакции на него цензуры см. [Mitchell 1983: 176–179; Huffman 1997: 366–370].

[20] Более подробно в [Asahi 1990: 93–116; Sasaki 1999: 247–250].

стала более покорной и осторожной [Huffman 1997: 370]. Следует отметить, что, когда в сентябре 1918 года кабинет министров Хары наконец-то пришёл на смену кабинету министров Тэраути, режим цензуры был ослаблен. В прессе детально освещался отвод войск, начавшийся в декабре 1918 года[21]. И, как мы увидим позже, редакции крупных газет и обозреватели журналов со временем вновь обрели голос.

С началом развертывания войск в подаче крупными японскими газетами материалов о Сибирской интервенции появилась некоторая шизофреничность. Понимание того, что, не считая «рисовых» бунтов, интервенция оказывается чуть ли не главной новостью года, и коммерческие интересы газет заставляли их широко освещать это событие. Судя по высказываниям их редакторов, многие газеты так и не приняли интервенцию и осуждали связанную с ней агрессивную политику армии, но присущий им патриотизм не давал вымещать это разочарование на солдатах. Даже «Osaka Asahi», лютый враг интервенции, отправила во Владивосток специальных корреспондентов с целью создания хвалебных репортажей о действиях японской армии и, на зависть коллегам из Осаки и Токио, могла похвастаться единственным находящимся в Сибири репортером-фотографом [Asahi 1990: 81–82]. Специальные телеграммы «Osaka Mainichi» рассказывали читателям о взятии крупных городов и описывали героические действия солдат, бои в поездах и использование летательных аппаратов (правда, есть подозрение, что статья под названием «Прекрасно написанные официальные отчёты», восхвалявшая качество пресс-релизов главного командования, — «намного лучшее, чем во времена Русско-японской войны», — была написана для того, чтобы заслужить симпатии армии и военно-морского флота)[22].

Ещё до окончания полномочий кабинета министров Тэраути самые резкие в своих высказываниях критики интервенции вновь развязали дискуссию. К середине сентября Исибаси Тандзан уже

---

[21] Обратите внимание на статьи в [Henshū 1989, 3: 290–291].

[22] Эта и другие подобные статьи перепечатаны в [Henshū 1989, 3: 287–289].

начал призывы к выводу войск. Он заявлял, что боевые действия Японии вызывают враждебность русских. Следование за войсками воевавших с большевиками чехословаков на запад, в Сибирь, оказалось бы «авантюрой» с катастрофическими последствиями. Исибаси не предполагал, что отживающий свой век кабинет министров Тэраути сможет остановить интервенцию — надежда была только на его преемника [Ishibashi 1918: 5–6].

Этим преемником станет кабинет министров из числа членов партии Сэйюкай под руководством Хары Такаси. Хара по-прежнему не высказывался об интервенции. Его нежелание более активно противостоять действиям армии и кабинета министров Тэраути было отчасти связано с его природной склонностью не форсировать события, которым не благоволят обстоятельства. Возможно, он сдерживал свое недовольство армией тем соображением, что его публичная критика подольёт масла в огонь разгорающихся по всей стране протестов, особенно теперь, когда они дошли до больших городов Японии. Однако в целом ответ на этот вопрос был вполне прагматичным. В конце августа и в сентябре Хара пытался достичь такой договорённости с армией, которая могла бы позволить ему стать следующим главой партийного кабинета министров.

По иронии судьбы именно тот политик, который столь сильно сопротивлялся интервенции, чувствовал необходимость договориться с теми, кто решительно за неё выступал. Однако найти компромисс с военным ведомством Хара стремился и в предыдущие годы [Kitaoka 1978: 284–285]. Удивляло то, что и важные представители вооружённых сил были убеждены в необходимости договориться с Харой. Среди них были начальник генерального штаба армии Уэхара Юсаку, его заместитель Танака Гиити и руководитель Первого (оперативного) отделения Угаки Казунари. Ключом к пониманию точки зрения армии может стать осознание того, что процесс планирования интервенции заставил руководство армии разочароваться в кабинете министров Тэраути. Генштаб считал Gaikō Chōsakai соперником, страстно желающим отнять у армии контроль над формированием континентальной политики [Kitaoka 1978: 318–320; Tobe 1998: 179–180].

Уэхара даже грозился уйти по этой причине в отставку, и только Ямагате удалось его остановить [Takahashi 1985: 24].

Начало «рисовых бунтов» заставило по крайней мере часть генерального штаба осознать, что армия переживает серьёзнейший и беспрецедентный в своей истории политический кризис. Офицерам, верившим в необходимость единства между армией и народом, было крайне мучительно видеть, как императорские солдаты вступают в жестокие столкновения с гражданскими лицами [Drea 2009: 143]. Но руководство армии по-прежнему намеревалось двигаться к достижению нескольких приоритетных целей. Мы уже упоминали возникшие в начале войны планы по мобилизации: захват Сибири им бы значительно поспособствовал. Эти планы были относительно недавними в отличие от вопроса расширения армии, ставшего актуальным после создания в 1907 году первой императорской концепции обороны [Tobe 1998: 168–171]. Кабинет министров Окумы смог согласовать долгожданное появление двух новых дивизий, но процесс их формирования должен был растянуться на несколько лет. С началом интервенции численность регулярных войск по-прежнему составляла двадцать одну дивизию [Tobe 1998: 171–174][23].

В то лето генштаб под руководством Танаки внёс поправки в императорскую концепцию обороны: потребовались радикальная реорганизация армии и еще большее ее расширение [Drea 2009: 140; Kitaoka 1978: 324–325]. Однако по причине общественного недовольства армией и Сибирской интервенцией, которое выразилось в «рисовых бунтах», провести эти планы через Национальный парламент оказалось невозможно. Поначалу военные надеялись, что высадка войск в Сибири заставит общество сплотиться вокруг армии, но эти надежды быстро растаяли. «Невыносимо жаль, что такое происшествие, как [бунты], было спровоцировано во время отправки войск, — сокрушался Ямагата. — Вернуть поддержку общества — непростая задача» [Dickinson 1999: 200; Sasaki 1999: 26].

---

[23] Две новые дивизии были 19-я и 20-я, постоянно дислоцированные в Корее [Humphreys 1995: 23].

Признать, что причиной недовольства в обществе являлась именно Сибирская интервенция, оказалось трудно. Многие предпочитали перекладывать вину на плохое руководство. Матида Кэиу, командующий 2-й дивизией и давний противник Тэраути, писал Уэхаре 26 августа:

> Кабинет министров Тэраути окончательно лишился поддержки народа, и предпринятая ими интервенция получила очень прохладную реакцию... Конечно, неудивительно, что люди не в восторге от интервенции, когда нет никакого внешнего врага, но всё же не является ли главной причиной потеря общественной поддержки нынешним кабинетом министров? [Takahashi 1985: 28]

Чтобы реализовать планы армии, было необходимо справиться с социальными потрясениями и вступить в союз с политиком, способным получить необходимую поддержку. Этим политиком мог стать только Хара. Сначала нужно было узнать, готов ли Хара к сотрудничеству. 18 августа Танака Гиити встретился с членом партии Сэйюкай Коидзуми Таро. Как Коидзуми сообщил Харе позже, «Генштаб куда более недоволен нынешним правительством, чем это может показаться постороннним, и Танака считает, что необходимо срочно менять ситуацию. Если он не ошибается, появилась возможность избавиться от премьер-министра» [Takahashi 1985: 24].

Главным препятствием такому союзу был не Хара, а Ямагата, рьяный противник партийных кабинетов министров. Данный факт побудил Ито Миёдзи при поддержке министра иностранных дел Гото предложить на пост премьера свою кандидатуру в надежде на то, что его намерение сформировать «всеобъемлющий» кабинет получит одобрение Ямагаты. Надеясь внушить доверие к себе со стороны армии, Ито делал ставку на общественную поддержку интервенции и принятие на внеочередной сессии Национального парламента в конце августа значительного увеличения бюджета [Takahashi 1985: 18–19, 27]. Выделение дополнительных средств было согласовано, однако связываться с Ито никто в армии не хотел. Продолжающееся неприятие обществом интервенции и непризнание любого кабинета министров, не состоящего из членов партии большинства в Национальном парламенте, сделали кандидатуру Ито неподходящей для Ямагаты. Как потенциальный премьер-министр Хара, по крайней мере, разделял склонности Ямагаты в международных делах — в отличие от лидера Кэнсэйкай Като Такааки. После судьбоносного соглашения 1904 года Ямагата и Хара проводили совещания по этому и другим вопросам, и Ямагата не только нашёл в Харе сторонника его собственной позиции имперского реализма, но и выяснил, что Хара приветствовал участие Ямагаты в принятии решений по международным делам [Kawada 1998: гл. 4 passim].

Хара вернулся в Токио в конце августа. 4 сентября вопрос об отправке войск в Забайкальский регион был, наконец, поставлен перед Gaikō Chōsakai. У Хары появилась долгожданная возможность отчитать кабинет министров и военное ведомство за пренебрежение к решению совета и декларации от 2 августа. Для начала он осведомился у министра иностранных дел Гото, не является ли сотрудничество с США основополагающей линией поведения Японии в Сибири. Гото лишь ответил, что «мы не получали жалоб от американцев» на действия Японии. Убеждённый в том, что действовать необходимо в соответствии с требованием времени и обстоятельств, Хара принял слабый и невразумительный ответ Гото. С находящимся при смерти кабинетом министров Тэраути не имело смысла делать из этого проблему, тем более что скоро его положение позволит ему заняться данным вопросом вплотную. Кроме того, более решительный ответ не только ничему не помог бы, но и вызвал бы враждебность со стороны армии [Seki 1994: 64].

Был один вопрос, по которому Хара не мог достичь с генеральным штабом согласия: право кабинета министров осуществлять надзор за военными делами и контролировать их. Безусловно, немедленная отсылка к «праву верховного командования» относительно расширенной интервенции была попыткой предотвратить такое потенциальное вмешательство кабинета министров Хары [Koketsu 1987: 178]. Однако по многим вопросом между двумя структурами сохранялось согласие, и когда посредники между Харой и Танакой, будущим военным министром армии, вели в первой половине сентября предварительные переговоры, они смогли найти общие основания для соглашения о сотрудничестве.

Наконец, 16 сентября в доме Коизуми Таро состоялась секретная встреча Хары и Танаки, на которой они смогли лично обсудить подробности соглашения. Зная её результат, можно с уверенностью сказать, что это была одна из самых судьбоносных встреч в истории довоенной японской политики. Без неё партийное правительство вряд ли стало бы тем, чем оно стало. Переговоры начались с обсуждения Сибирской интервенции. Танака сообщил Харе детали увеличения группировки войск и рассказал о невозможности заранее обсудить вопрос такого увеличения с США. Он заявил о согласии с Харой в том, что сделано все обсуждаемое было неумело и без всякой нужды вызвало враждебность США, но такой уж была никудышная дипломатия тогдашнего кабинета министров. Продолжая встречу, они обсудили общие вопросы обороны. Оказалось, что по большей их части между двумя политиками существовало согласие, в частности, оба считали необходимой военную модернизацию согласно пересмотренной императорской концепции обороны. «В главном наши с Танакой мнения сходятся. Нужно как можно быстрее принять необходимые меры по данному вопросу» [Taya 1987: 67–68].

Во время переговоров политики почувствовали не только необходимость друг в друге, но и хорошее взаимопонимание и готовность к совместной работе. Выступавший за подчинение армии кабинету министров Хара хотел, чтобы Танака вошёл в этот кабинет для ограничения самостоятельности генштаба. Танака согласился на это, потому что Хара был способен помочь ему достичь его собственных целей, в частности, проведения необходимых военных реформ. Танака давно пытался найти способ получить общественную поддержку армии, в том числе и путем создания ассоциации резервистов. События августа и сентября — восстания и протесты, захлестнувшие значительную часть страны, — убедили Танаку в могуществе городских низов. Хара обладал навыками и общественной поддержкой, которые были нужны Танаке для реализации его собственных планов [Koketsu 1987: 175–176; Kitaoka 1978: 314].

«Обращение» Танаки в партийную политику будет подробно рассмотрено ниже. Пока же достаточно будет сказать, что взаимовыгодное сотрудничество оказалось результативным для обоих политиков. Хара получил бесценные ресурсы для начала процесса формирования нового партийного кабинета министров. Он стал тщательно этим заниматься, когда 21 сентября правительство Тэраути официально подало в отставку. Ямагата по-прежнему отказывался выбрать Хару и потратил несколько дней, уговаривая занять пост премьер-минстра Сайондзи Киммоти. Но Сайондзи понимал, что успешно работать сможет только кабинет министров с широкой общественной поддержкой. За исключением Хары, не существовало ни одного конкурентоспособного кандидата. Наконец, 27 сентября Ямагата позволил Харе сформировать правительство из членов партии во всех министерствах, кроме военного, военно-морского и иностранных дел [Kawada 1995: 2–3].

Харе удивительно повезло с людьми, которые возглавляли эти министерства: в целом, они были согласны с его мнением по поводу Сибири и по другим вопросам. Заручившись поддержкой Танаки, Хара мог не беспокоиться о том, что военное министерство дискредитирует позицию кабинета министров. В этом смысле ему повезло и с министром военно-морских сил Като Томосабуро, единственным переизбранным членом кабинета министров Тэраути [Dingman 1976: 52, 58, 61–62]. Хара и Като разделяли мнение о необходимости завершения программы по увеличению военно-морского флота Японии (особенно в свете того, что основная часть выделенных средств будет потрачена на береговые судостроительные верфи, промышленное оборудование и базы, а не только на корпуса военных судов) [Schencking 2005: 214–215]. Оба политика считали необходимым согласование действий с США. Всё это позволяло им благополучно работать вместе, пока вопрос контроля военно-морских вооружений постепенно становился всё более актуальным. Наконец, назначение на пост министра иностранных дел Утиды Ясуя было как нельзя более на руку Харе. Утида был резким критиком российской политики кабинета министров Тэраути, поэтому на фоне конфликта с Гото в июле он и сложил с себя обязанности посла в России. Несмотря на важные дипломатические начинания, предпринятые кабинетом министров Хары, пребывание Утиды в должности министра иностранных дел примечательно прежде всего его желанием оставаться в тени. По всем главным вопросам определяющим было мнение Хары или представителей военно-морского ведомства. При этом Утида был убеждённым сторонником сибирской политики Хары, способствуя тем самым усилиям премьер-министра [Kikuchi 1973: 103–104, 107–108; Uchida 1969: 229].

Инаугурация кабинета министров Хары ознаменовала конец периода имперской демократии как протестного движения и начало периода демократии как системы управления. По этой причине японское общество возлагало на успех Хары большие надежды, одновременно опасаясь, что он не настолько озабочен судьбой народа, чтобы вести желаемую людьми политику. Однако то, как Хара отнёсся к проблеме Сибирской интервенции, продемонстрировало его чуткость к требованиям народа и показало, что «ответственное» правительство способно оправдать те надежды, которые возлагали на него сторонники демократии.

Став премьер-министром, Хара «унаследовал» полномасштабную Сибирскую интервенцию, которая в целом выполнила свои первоначальные задачи. Несмотря на его несогласие с действиями армии на материке, его практичность и нежелание преждевременно форсировать события позволили ему занять в отношении интервенции позицию постепенных изменений. Его первоочередной задачей было остановить её расширение и по возможности максимально согласовать сибирскую политику Японии с сибирской политикой США.

Враждебность общества к расширенному присутствию Японии в Сибири стала серьёзным ударом для тех представителей генштаба армии, которые хотели использовать интервенцию для сплочения нации вокруг всеобщей мобилизации. Но теперь, когда японские части, действовавшие на Владивостокском и Иркутском участках Транссибирской магистрали, соединились в Благовещенске, начальник генштаба Уэхара Юсаку и его новый заместитель Угаки Казунари вознамерились отправить войска ещё дальше на запад. Формально это было необходимо для того, чтобы взаимодействовать с британскими, французскими и чехословацкими войсками в Омске и его окрестностях с целью охраны региона, однако на самом деле амбиции армии этим не ограничивались. В документе под названием «Исследование возможности восстановления Восточного фронта» содержались планы по отправке вглубь России с целью захвата почти всей Сибири практически всей регулярной армии Японии [Koketsu 1987: 184–185].

И Хара, и Танака понимали, что никакой общественной поддержки такая кампания не получит. С точки зрения международной обстановки этот проект тоже выглядел проблематично. 20 августа Соединённые Штаты объявили, что в требованиях Великобритании и Франции отправить войска на запад от Иркутска будет отказано. Выбирая между формальными союзниками и «союзными» США, Хара выбрал последних. Он решил, что интервенция будет ограничиваться согласованной с США зоной [Koketsu 1987]. Эта позиция была одобрена на встрече кабинета министров 15 октября. Через три дня Хара наложил вето на предложение армии отправить в Сибирь ещё четырнадцать тысяч солдат, оправдывая своё решение тем, что выделенных Национальным парламентом в августе средств не хватит, чтобы покрыть стоимость такой отправки [Kawada 1995: 15; Seki 1994: 68; Takakura 1958: 190]. 22 октября вопрос был представлен на рассмотрение Gaikō Chōsakai. Это была первая встреча совета под руководством Хары. Он стал его председателем, Танака и Утида получили должности военного министра и министра иностранных дел. Остальные члены Gaikō Chōsakai не поменялись, даже бывший премьер-министр Тэраути и бывший министр иностранных дел Гото сохранили за собой свои места.

Ход встречи явно продемонстрировал решительное смещение центра тяжести японской политики и международных дел, которое произошло в связи с приходом к власти Хары. Встреча была довольной краткой, и, пусть даже дискуссии по поводу решения не расширять интервенцию имели место, суть намерений кабинета министров, озвученных совету, не подвергалась сомнениям и не менялась. Первым пунктом в повестке дня было предложение пообещать омскому правительству оказывать ему поддержку со стороны Японии. Подразумевалось, что армия сократит помощь своей главной сибирской марионетке, бурятскому казачьему атаману Григорию Семёнову и пресечет его попытки создать в Забайкалье независимую территорию. Такое решение было принято отчасти по причине недовольства других стран поддержкой Семёнова в прошлом [Takakura 1958: 190].

Вторым пунктом повестки дня стало подтверждение решения кабинета министров не допустить ведения японскими войсками боевых действий западнее Иркутска. Танака высказывался за ограничение зоны военных операций на том основании, что в противном случае потребуется значительно больше войск, чем уже задействовано, а правительство попросту не обладает необходимыми для этого ресурсами. Ито Миёдзи и Тэраути были обеспокоены тем, что Великобритания и Франция будут недовольны отказом Японии предоставить требуемую помощь, выполнив тем самым союзнические обязательства, однако ограничение зоны военных операций было одобрено [Kobayashi 1966: 269–278].

Остановив дальнейшее распространение интервенции, Хара одержал свою первую и очень важную победу над генштабом. Но масштаб японской интервенции на Дальнем Востоке России по-прежнему превосходил тот, который хотели видеть или могли принять США. Следующей задачей Хары было привести деятельность Японии в Сибири в соответствие с их пожеланиями. Кардинальное изменение ситуации, произошедшее в ноябре, сыграет ему на руку. Однако новая «союзная» интервенция со всей ясностью укажет ему при этом границы его власти над генштабом.

# Глава 4

# «Международная демократия не может быть соперником демократии национальной»

*Взлёт и падение «союзной» интервенции, ноябрь 1918 — декабрь 1919 года*

Два события конца ноября 1918 года кардинально изменили характер интервенции в Сибири. В связи с завершением 11 ноября Первой мировой войны интервенты лишились повода для своего присутствия в Сибири: им больше не было нужно сдерживать продвижение немецких войск на Дальний Восток России. Через неделю пришло известие о том, что в результате переворота, свергнувшего более демократическое руководство белого правительства в Омске, его новым высшим руководителем стал адмирал Александр Колчак. В качестве главнокомандующего он начал реорганизацию разрозненных сил для нового захвата территории большевиков и потребовал признания своего правительства странами-союзницами.

По окончании войны интервенция в Сибири, сохраняя свой «союзнический» характер, поменяла направленность[1]. С точки

---

[1]   Из последних работ о «союзнической» фазе Сибирской интервенции (рассматривается данный период интервенции в целом или её отдельные аспекты): [Connaughton 1990; Somin 1996; Foglesong 1995; Melton 2001]. Ранние классические работы: [Unterberger 1956; Kennan 1958].

зрения ее стратегии, изживший себя антигерманский акцент сменился не до конца понятной антибольшевистской активностью с оказанием поддержки белому движению. Однако настоящие изменения произошли в самом стане союзников: там всё отчетливее проявлялась непримиримость взглядов на то, чем должны заниматься войска на Дальнем Востоке России. Японцы являлись на тот момент самыми многочисленными в коалиции, и право верховного командования в Сибири принадлежало им, но они не были предоставлены сами себе и часто оказывались вынуждены согласовывать свои действия с пожеланиями их победоносных союзников и нового белого правительства в Омске. Разные взгляды на предполагаемый облик и ориентацию региона по завершении интервенции, не говоря уже о противоречиях в оценке целей и опасностей пребывания в Сибири между самими японцами, крайне осложняли задачу формирования общей политики.

Октябрьское противостояние генштаба и Хары из-за расширения участия Японии в интервенции показало не только решимость последнего сохранять ограниченный масштаб интервенции и действовать в согласии с намерениями США, но также подчеркнуло особую роль нового военного министра — помощника Хары. Как и его противник Уэхара Юсаку, Танака Гиити оказался в армейских рядах значительной фигурой переходного периода. Несмотря на то преимущество, которое он получил, будучи последним из выдающихся ставленников Ямагаты Аритомо и офицером в третьем поколении, Танака весьма отличался от своего наставника. Будучи главным разработчиком первой императорской концепции обороны 1907 года, в которой Россия была названа самым вероятным потенциальным врагом [Koketsu 1987: гл. 2 passim] страны (или по крайней мере армии), Танака разделял мнение Ямагаты по вопросам национальной безопасности и обороны, но был куда более убеждённым унилатералистом, чем тот. С конца 1917 года, являясь заместителем начальника генштаба армии, Танака играл ключевую роль в продвижении полномасштабной интервенции в Сибири.

Танака был профессиональным военным высокого класса, выпускником армейского штабного колледжа с намного более систематическим, чем у старшего политика, но и более узким пониманием военного дела [Tobe 1998: 99, 130, 175]. Кроме всего прочего, это означало, что, сохраняя определенный уровень преданности члену своего клана, он также чувствовал необходимость отстоять независимость армии как бюрократической организации, что отчасти объясняет мотивы его сотрудничества с Харой. Будучи предполагаемым кандидатом в руководители клики Тёсю, которая даже через пятьдесят лет после реставрации Мэйдзи сохраняла значительный контроль над армией, сам Танака без особого энтузиазма относился к влиянию Тёсю и собирался отказаться от ответственности по продолжению этого влияния после ухода Ямагаты [Humphreys 1995: 32–33]. Разумеется, несмотря на свои различия, в глазах общества Танака и Ямагата были единым целым. Также их связывало распространенное мнение о пагубных последствиях сохранения влияния Тёсю. Нового военного министра считали одним из главных врагов партийного правительства [Humphreys 1995: 166–167]. В результате большинство относилось к его вхождению в кабинет министров Хары как к удару по реализации «ответственной политики» [Dickinson 1999: 213].

Как и в случае с другим его бывшим протеже, Кацурой Таро, Ямагате оказалось непросто привыкнуть к стратегическому союзу Танаки с Харой. Танака пошёл на него, потому задолго до Ямагаты понял, что для реализации планов армии необходимо сотрудничество с политическими партиями. «Рисовые бунты» августа и сентября 1918 года показали всю силу народного гнева, вызванного постоянными жертвами, которых требовала оборона страны. Танака укрепился в своём убеждении, что получить общественную поддержку и преодолеть эти противоречия могут только партии. Он был готов принять убеждение Хары в том, что профессиональные военные и партийные политики могут и должны разрабатывать оборонную политику вместе, а площадкой для такого сотрудничества, естественно, должен стать кабинет министров [Taya 1987: 7–8; Kitaoka 1978: 329–330]. Танака так хорошо выучил этот урок, что впоследствии стал лидером Сэйюкай, а после увольнения из армии занял должность премьер-министра [Koketsu 1987: 176–202, 221–246].

В краткосрочной перспективе вхождение Танаки в кабинет министров должно было способствовать освобождению военного министерства от гнёта генерального штаба. В результате событий лета 1918 года, более подробно описанных в следующей главе, Танака и начальник генштаба Уэхара Юсаку пошли разными путями. Чтобы реализовать план военной реформы Танаки, нужно было не просто восстановить главенство военного министерства над генштабом, имевшее место во время долгого пребывания Тэрауги Масатакэ в должности военного министра. Танаке предстояло помочь Харе сделать кабинет министров господствующей силой в управлении японской политикой на континенте. В отношении Сибирской интервенции его первоочередной целью было отменить право верховного командования. Вскоре после своего назначения Танака планировал доказать, что Сибирская интервенция не являлась военной операцией в строгом смысле слова, и намеревался вместе с Харой уменьшить количество японских войск в Сибири. Таким образом Танака надеялся обеспечить контроль не только над действиями сибирской группировки, но и над армией в целом [Dickinson 1999: 214–217; Kitaoka 1978: 326–329].

Хара не хотел позволять армии увеличивать количество отправленных в Сибирь войск, но пока продолжалась война, он не собирался также убеждать генштаб уменьшить это количество. Когда бывший министр иностранных дел Гото в ответ на возражения Хары по поводу расширенного развертывания войск в сентябре заявил, что оно не вызвало протеста со стороны США, он был по крайней мере отчасти прав. Пока продолжалась война, Америка не выражала официального протеста против действий Японии в Сибири, и Хара, в свою очередь, предпочитал не настаивать на рассмотрении данной проблемы [Seki 1994: 68–69]. Ситуация изменилась 16 ноября 1918 года, менее чем через неделю после подписания перемирия, положившего конец военным действиям на Западном фронте. Госсекретарь Роберт Лансинг вручил послу Исии резкую ноту протеста. Он отметил, что Соединённые Штаты предложили Японии совершить интервенцию в Сибири лишь ради нужд «нынешней войны». Теперь, когда она закончилась, «было необходимо указать, насколько реальные военные начинания Японии отличаются от ранее заявленной цели двух правительств»[2]. США высказали возражения против численности отправленных в Сибирь войск, масштаба территорий, на которых они действовали, и против деятельности Японии в Северной Маньчжурии [Hosoya 1961: 78].

Став премьер-министром, Хара лишь укрепился в мнении, что сотрудничество с США необходимо для реализации стратегических интересов Японии. Более того, в связи с окончанием войны многие в Японии (включая Хару) прогнозировали серьёзные экономические трудности и возобновление экономической конкуренции в регионе. И хотя США были главным потенциальным конкурентом Японии, в них видели также важные рынки сбыта и источник капитала [Hosoya 1961: 78]. Хара болезненно воспринял американскую ноту протеста, но, как и окончание «военных» операций, она предоставила ему возможность провозгласить бо́льшую власть над вооружёнными силами.

На посвящённой вопросу участия Японии в новом совместном международном займе Китаю встрече кабинета министров 29 ноября Харе удалось убедить присутствующих в том, что основой внешней политики Японии должно быть сотрудничество с западными державами и прежде всего с США [Fukubu 1996: 766–767]. Заручившись согласием по этому вопросу, он попросил барона Канэко Кэнтаро, бывшего во время Русско-японской войны посредником между японским правительством и Теодором Рузвельтом, спокойно объяснить послу США в Японии Роланду Моррису, что увеличение масштаба интервенции было виной кабинета министров Тэраути и что правительство Хары его не поддерживает. С помощью такого неофициального канала связи Хара сообщил американцам, что планирует уменьшить военное присутствие Японии в Сибири и что сотрудничество с США в Сибири и Китае будет основой политики его правительства. Он

---

[2] Переписка Лансинга с Моррисом, 16 ноября 1918 года, Госдепартамент США (PapersRelating to the Foreign Relations of the United States, 1918, Russia. Том 2. Вашингтон: Государственная типография, 1932. С. 433–434).

также предупредил американцев, что борьба с генштабом по данному вопросу будет трудной. Он надеялся на солидарность и понимание США в процессе решения этой непростой задачи [Taya 1987: 68–69; Hosoya 1961: 78–79].

Взаимодействие Японии и США в Сибири омрачалось действиями казачьего атамана Григория Семёнова в Забайкалье. Как только в регион вошли японские войска, он сформировал в Чите независимую от них сферу своего влияния и проводил на данной территории политику террора, отказываясь подчиниться белому правительству в Омске. Заявляя о своих полномочиях в решении этого вопроса, 12 декабря министр армии Танака написал генералу Отани во Владивосток, приказывая напомнить Семёнову, что, если тот продолжит свои опрометчивые действия или будет слишком рьяно добиваться власти, «японское правительство перестанет оказывать ему помощь.... Его следует предостеречь от дальнейших неблагоразумных действий» [Hosoya 1960: 51].

28 декабря японское правительство заявило о возможности вывода из Сибири примерно двадцати шести тысяч солдат в связи с тем, что основные цели интервенции были достигнуты [Hosoya 1961: 78]. Войска вернулись в Японию в течение нескольких недель. Посол Моррис, помня о предупреждении Хары, посчитал вывод войск важной победой премьер-министра. Он писал госсекретарю:

> Как я это вижу, результаты куда более удовлетворительны, чем я смел надеяться. Харе не только удалось преобразовать сибирскую политику Японии таким образом, что теперь она более соответствует взглядам нашего правительства: он также одержал победу над реакционными взглядами генерального штаба[3].

Послу было бы не менее приятно узнать о курсе правительства Хары в отношении России, одобренном на встрече кабинета

---

3    Переписка Морриса с Лансингом, 29 декабря 1918 года, Госдепартамент США (PapersRelating to the Foreign Relations of the United States, 1918, Russia. Том 2. Вашингтон: Государственная типография, 1932. С. 456–466).

министров 26 января 1919 года. Согласно новой политике, Япония была готова предоставить для восстановления России значительную помощь, но «вооружённое содействие останется на прежнем уровне, если не появится абсолютная необходимость в увеличении военного присутствия». Не имея возможности официально признать белое правительство в Омске, она желала укрепления «автономной организации в Сибири» для противостояния агрессивной политике «центрального Российского правительства». Японское присутствие также должно помочь в упразднении «с целью сохранения порядка российских военных организаций, численность которых превышает необходимую» посредством подчинения омскому правительству «казачьих войск в различных областях Сибири, которым до настоящего момента оказывалась помощь [Григорий Семёнов и Иван Калмыков]». Наконец, японское правительство утверждало, что «вечный мир на Дальнем Востоке будет зависеть от судьбы России на Западе» и что для Японии имеют большое значение победа или поражение правительства большевиков, однако «империи по-прежнему не рекомендуется вести активные действия в европейской части России» [Hosoya 1960: 52–53].

Некоторые другие аспекты новой политики правительства понравились бы американскому послу меньше. Кабинет министров признавал, что «воспользоваться бедами русского народа для присоединения российской территории или монополизации концессий означает засеять семена недовольства в будущем», и всё же существовала надежда на то, что интервенция принесёт выгоду Японии. Кабинет министров выражал желание, чтобы ограничение «особенно в Сибири» на освоение природных ресурсов и организацию коммерческой деятельности и производства иностранцами было снято. Министры надеялись обеспечить беспрепятственное судоходство по реке Амур и хотели, чтобы Владивосток превратился в свободный порт. Они также желали «ликвидировать российские предприятия, оказавшиеся результатом империалистической политики во Внешней Монголии» и намеревались «препятствовать появлению новых подобных предприятий» [Hosoya 1960].

Сокращение военного присутствия в Сибири, имевшее место в январе 1919 года, действительно являлось победой Хары, но масштаб этой победы оставался под вопросом. Количество войск на Дальнем Востоке России (в отличие от Северной Маньчжурии) сократилось примерно наполовину, однако общий характер японской интервенции не изменился. Японские войска продолжали занимать населенные пункты вдоль железной дороги от Владивостока до самого Иркутска, и армия по-прежнему оказывала помощь казацким атаманам Семёнову и Калмыкову — более или менее завуалированно. Хара действительно смог добиться своего без особых жалоб или сопротивления со стороны генштаба, но армия сама была готова пойти на такие уступки. Прежде всего, окончание войны лишило ее повода для отправки на Дальний Восток большого количества войск, и необходимость в них уменьшилась. После частичного вывода войск в Сибири и Северной Маньчжурии оставалось достаточное количество японских военных — порядка двух дивизий, прописанных в оккупационном плане, одобренном генштабом в июне. Их целью была реализация проекта по созданию на Дальнем Востоке России японской экономической области. Направленные на это усилия генштаба и командующих армией в Сибири явно не прекратились. Поэтому между политикой, провозглашаемой кабинетом министров Хары, и тем, что действительно происходило в Сибири в 1919 году, сохранялось напряженное противоречие.

После окончания войны изменилось также восприятие интервенции широкой общественностью. После того как японские войска завершили оккупацию трёх дальневосточных областей Сибири, эта общественность лишилась яркого военного действа, бывшего источником захватывающих новостей. С окончанием Первой мировой войны и заявлением военного министра Танаки о выводе к концу 1918 года из Сибири примерно половины войск, освещение интервенции в прессе и публичные дебаты о ней утратили свою актуальность. И хотя в течение 1919 года она периодически появлялась в новостях, её присутствие уже не было столь масштабным. Вопросы японской политики в Сибири время от времени обсуждались в печати, но в качестве предмета общественных дискуссий интервенцию затмила Парижская мирная конференция — главное наваждение всех политически грамотных японцев того года[4].

Однако имелась часть японского населения, которая на протяжении всей интервенции живо интересовалась судьбой японских солдат на Дальнем Востоке России и в Северной Маньчжурии и беспокоилась о них. Речь идёт о населении маленьких военных городков, где размещались армейские части, которым предстояла переброска в Сибирь. Главной единицей императорской армии во многих отношениях был пехотный полк. Штабы дивизий и бригад располагались во всех значительных населённых пунктах Японии (например, 12-я дивизия размещалась в Кокуре), а вот четыре штатных пехотных полка были разбросаны по маленьким городкам и являлись предметом их гордости, а также местом службы местных отцов и сыновей [Humphreys 1995: 95–96]. Оита, где с 1906 года базировался 72-й пехотный полк, был одним из таких городков. Мы упоминали ранее, что этот полк мобилизовали для участия в интервенции в числе первых. Он прибыл во Владивосток 1 сентября и с этого времени отвечал за безопасность вдоль железнодорожной линии к северу от Никольска-Уссурийского.

В начале весны 1919 года жители городка Нара, в котором размещался 53-й пехотный полк, ощутили некоторое беспокойство. Не имея собственной крупной газеты, жители Нары узнавали часть новостей из газеты «Osaka Asahi». В течение двух лет, когда 53-й полк дислоцировался на материке, было опубликовано около четырёхсот статей о его деятельности, передвижениях (когда такие публикации позволялись) и состоянии личного состава. Газета также писала о стараниях жителей Нары поддер-

---

4  Чтобы понять уровень общественного интереса, сравните 34 страницы статей о Сибири в томе 3 «Taishō Nyūzu Jiten» в 1918 году и шесть страниц в томе 4 в 1919 году (в основном в его конце). Журнал «Taiyō» напечатал 16 статей о Сибири или России в 1918 году (десять только в апреле), 11 в 1919 году (пять в марте), четыре в 1920 году, одну в январе 1921 года и больше ничего. «Gaikō Jihō» отражает непостоянную природу Сибири как новостного повода еще лучше: в 1918 году вышло 14 статей, в 1919-м — четыре, в 1920-м — 18, в 1921-м — пять, в 1922-м — 13.

жать войска, о семьях военных и о возвращении останков солдат, погибших на полях сражений в Приморской области России, Северной Маньчжурии и Корее [Oya 1989: 823].

В городке Мито с 1907 года размещались второй пехотный полк и 14-й инженерный батальон, прикреплённый к 14-й дивизии, базировавшейся в Уцуномии. В 1919 году в полку состояло 104 офицера и 2126 солдат, а в батальоне 16 офицеров и 314 солдат. Эти солдаты были отобраны в префектуре Ибараки из примерно восьми тысяч мужчин призывного возраста, которые считались годными для службы (общее количество мужчин составляло примерно 12 тысяч) и кандидатуры которых рассматривались каждый год. Сам город ежегодно отправлял на военную службу примерно 200–300 человек [Mito Shishi 1995: 253–267]. Жители Мито следили за новостями о своих военных в местных газетах различных политических оттенков, а также в «издании Ибараки» газеты «Tokyo Nichi Nichi». Как и жители Нары, обитатели Мито вскоре должны будут подготовиться к отправке своих солдат в Сибирь.

В начале 1919 года лидеры Японии и сами японцы готовились к установлению нового послевоенного миропорядка, которое должно было произойти на Парижской мирной конференции. В первую очередь их волновал вопрос адаптации своей страны к новым международным реалиям. Он широко обсуждался в общественном пространстве и во многом был связан с действиями Японии в Сибири. Наглядный пример такого обсуждения — эссе Укиты Кадзутами в журнале «Chōsen Kōron» («Корейское обозрение»), названное «Ситуация в мире и подход Японии: какой должна быть послевоенная политика нашей страны?». В начале своих размышлений его автор отметил, что важным итогом войны стало отрицание милитаризма по всему миру и общая поддержка пацифизма. Поэтому всем странам придётся задуматься о контроле над вооружениями, не говоря уже о полном разоружении Германии. При этом Укита настаивал на том, что никакой режим контроля над вооружениями не должен ставить по удар роль Японии в сохранении мира в Восточной Азии и её положение в регионе.

И хотя этот тезис стал сильным доводом в пользу пацифизма, слова Укиты в поддержку демократии произвели куда больший эффект.

> Следующий важный урок, который мы, японцы, извлекли из Великой войны, — отказ людей от мысли, что целью нации является создание так называемой бюрократической системы. Если основа государства — люди, тогда права и интересы людей неразрывно связаны с правами и интересами государства [Ukita 1919: 8].

Вот почему появляется необходимость нового определения смысла государства. Государство должно служить людям, а демократия и конституционная политика — средство достижения этого. Укита утверждал, что такая новая демократия не противоречит японскому национальному политическому устройству.

Однако демократию необходимо развивать не только во внутренних делах, но и во внешней политике. Основа «международной демократии» — национальное самоопределение и уважение к разным народам. Это утверждение имело важное значение для внешней политики Японии, особенно в отношении Китая (как, впрочем, и Сибири). Вывод из поражения Германии состоял в том, что армия и флот Японии не должны превышать размеров, требующихся для сохранения мира в Восточной Азии. Стране следует отказаться от военного решения проблемы Китая. Безрассудное стремление Японии к увеличению своих возможностей и реализации своих интересов в Китае попросту отталкивало от нее китайцев и было чревато конфликтом с Соединёнными Штатами и Великобританией. Решение проблемы — обоюдный учет возможностей и интересов [Ukita 1919: 10].

Укита полагал, что в международной жизни конкуренция должна ограничиться сферами политики, экономики и развития цивилизации. Японии необходимо подражать США и Великобритании и осуществлять цивилизационные процессы в тех частях Азии, которые этими процессами пока не затронуты.

Внутри своих границ Япония должна всегда поддерживать политическое устройство, основанное на имперской демократии (*kōshitsu minponshugi*), а во внешней политике она должна сохранять мир в Восточной Азии как часть всеобщего мира, следуя дипломатической политике сотрудничества, основанной на добродетели и справедливости. Мы понимаем, что международная демократия не может быть соперником демократии национальной [Ukita 1919: 12].

Начавшиеся 18 января переговоры в Париже затронули множество жизненно важных для стран-победительниц и противоречивых при этом вопросов. Японию больше всего интересовало окончательное разрешение ситуации с владениями Германии в Тихом океане и Китае. Главной целью конференции было урегулирование стратегической ситуации в Западной и Центральной Европе, не говоря уже о создании Лиге Наций, поэтому обсуждение тем, которые дел союзников напрямую не касались, как, например, стратегия в отношении России, не предполагалось. Российский вопрос «Большая пятёрка» — Великобритания, Франция, Италия, США и Япония — поднимала в ходе конференции лишь время от времени. По причине разницы в целях перспектива прийти к приемлемой для всех заинтересованных стран стратегии была крайне туманной[5].

Несколько облегчало ситуацию то, что американцы, как и японцы, не совсем понимали, в чём состоит сибирская политика их государства. Примером тому служит разговор, который произошёл весной 1919 года в Сибири между молодым американским командиром и старшим офицером.

Вопрос: Зачем мы в Сибири?

Ответ: Мы в Сибири, чтобы помочь чехам.

В.: Ах вот оно что! Ну что ж, на Уральском фронте большевики вышибают из чехов дух. Значит ли это, что нам нужно сразиться с большевиками?

---

5 [MacMillan 2003: гл. 6 passim] рассказывает о безуспешных попытках воздействовать на Россию.

О.: Ни в коем случае! Ничего подобного делать нельзя!

В.: Но почему нет? Мы же здесь, чтобы помочь чехам?

О.: Да, но мы не должны вмешиваться в российские дела. Видите ли, большевики ведь русские.

В.: Но разве американские войска в Архангельске не воюют с большевиками в открытую? И разве те большевики не русские?

О.: Да, но это другое. В Архангельске нет ничего, кроме боевых действий. Там нет никаких дел, в которые можно вмешаться, если вы понимаете, о чём я. Но здесь таких дел полно, и мы должны изо всех сил стараться в них не влезть.

В.: Может быть, я глуп, но я не понимаю. Разве мы не вмешиваемся в российские дела, когда частично оккупируем несколько русских городов, балуемся с Транссибирской магистралью и всё такое?

О.: Какая глупость! Вовсе нет!

В.: Тогда, может быть, вы объясните, каким образом мы помогаем чехам?

О.: Конечно. Мы помогаем чехам одним своим присутствием.

В.: Тогда почему же чехи просят нас воевать вместе с ними и всё сильнее злятся, когда мы им не помогаем?

О.: Это потому, что чехи не понимают нашей политики.

В.: Но разве наша политика не в том, чтобы помочь чехам?

О.: Нет, наша политика в том, чтобы не вмешиваться в российские дела.

В.: Значит, мы здесь не ради помощи чехам, а для того, чтобы не вмешиваться в дела русских?

О.: Ну, не совсем так.

В.: А если чехи окажутся на грани полного уничтожения большевиками, мы будем воевать вместе с ними?

О.: Нет.

В.: Так почему мы тогда не возвращаемся домой?

О.: Потому что правительство не готово отпустить нас домой.

В.: Но почему же правительство не хочет нашего возвращения?

О.: Оно хочет, чтобы мы остались здесь и помогли чехам [Roberts 1919: 128][6].

В отличие от американцев, императорские сухопутные войска не избегали вооружённых столкновений с партизанами-большевиками, однако исход таких столкновений не всегда был благоприятен. 1 марта военное министерство опубликовало заявление о серьёзных боях между японскими войсками и русскими партизанами 25 и 26 февраля. Жертвами таких боёв 25 февраля стали четыре человека. Нападение на батальон Танаки неподалеку от небольшой деревни, расположенной у железной дороги примерно на полпути между Владивостоком и Хабаровском, оказалось куда более жестоким. Окружённый значительно превосходящими его силами противника, батальон понёс очень серьёзные потери. Пока министерство ожидало новой информации с поля боя, туда отправилось для ухода за ранеными и погребения мёртвых подразделение из четвёртого полевого госпиталя в Спасске-Приморском[7].

2 марта, руководствуясь, как обычно, информацией источника из военного министерства, «Tokyo Nichi Nichi» сообщила, что третий батальон майора Танаки базирующегося в Оите 72-го полка вместе с отрядом полевой артиллерии командира Нисикавы, общей численностью примерно триста человек, подверглись атаке партизан. Бои начались 25 февраля, но максимальной интенсивности достигли примерно в 2 утра 26 февраля, когда батальон был «практически полностью уничтожен» непрерывным огнём из стрелкового оружия. Майор Танака и батальонный

---

6   Робертс, ставший автором бестселлеров, был майором в разведывательном отделении американского экспедиционного корпуса «Сибирь».

7   Tokyo Nichi Nichi. 1 марта 1919 года [Henshū, 4: 1989: 206].

хирург Такемото пропали без вести, а командир Нисикава и заместитель командира лейтенант Сузуки были признаны погибшими. Газета напечатала телеграмму, отправленную с поля боя штабным офицером 12-й дивизии, в которую входил полк. В ней офицер сообщал, что отряд подкрепления обнаружил «горы трупов» из по крайней мере 200 погибших. Оценить потери партизанского отряда, который, вероятно, состоял из пяти или шести тысяч человек, не представлялось возможным[8].

Первые же сообщения об уничтожении батальона Танаки, вызвавшие серьёзную обеспокоенность жителей Оиты, были достаточно достоверны. От своего бригадного командира Танака получил приказ отправиться в селение под названием Скранское и нанести удар по группе партизан, которая, как предполагалось, там находилась. Для этой цели были выделены две пехотные роты и одна артиллерийская, которой руководил командир Нисикава. 25 февраля примерно в четыре утра пехотная рота командира Коды попала в окрестностях Скранского в засаду, и все ее бойцы, за исключением четырёх тяжелораненых, которым удалось скрыться, погибли. Подразделения под командованием Танаки находились в соседней деревне. После того как они были направлены на помощь командиру Коде, от них не поступало никаких вестей.

Занимая утром 26 февраля железнодорожную станцию в деревне Юхта, отряд подкрепления из 14-го пехотного полка попал под обстрел партизан. В процессе его развертывания и закрепления в деревне и на прилегающих к ней высотах по крайней мере три человека из отряда было убито, а партизаны (около двух тысяч человек) к тому моменту уже покинули Юхту. Стало известно, что батальон Танаки был полностью уничтожен. Все, кроме четырёх раненых, в том числе рядового Ямазаки Тийогоро, замёрзли ночью в снегу. С трупов сняли одежду и забрали их оружие. При этом не было известно ни об одной жертве со стороны русских [Yoshida 1993: 111–112; Izao 1998: 261–262; Matsuo 1978: 219–225].

---

8   Tokyo Nichi Nichi. 2 марта 1919 года [Henshū 1989: 206–207].

Бесспорно, так называемый Юхтинский инцидент[9] оказался на тот момент самой тяжёлой битвой японцев в Сибири и самым бесславным поражением императорской армии[10]. Первые сообщения военного министерства легли в основу наскоро подготовленного спецвыпуска «Tokyo Nichi Nichi» от 1 марта, а также последующего более подробного освещения событий. Впоследствии, однако, общественное обсуждение происшествия, в том числе подробности нападения, описание последовавших за ним карательных экспедиций против партизан и реакция на инцидент народных масс полностью исчезли из газет. Инцидент стал для императорской армии серьёзнейшей неудачей, позором, однако она сама же и сообщила о нем. Стало быть, причиной введения цензуры не могло быть унижение армии. Почему же дальнейшее обсуждение инцидента оказалось под запретом?

Трудно сказать с уверенностью, но, возможно, одной из причин тому стало более грозное и опасное для японского правительства событие, которое произошло в тот же день, когда стало известно об уничтожении батальона Танаки. 1 марта студенты и рабочие в количестве примерно миллиона человек вышли на митинги в главных городах Кореи, бывшей тогда японской колонией. Совпавшая по времени с похоронами последнего короля Кореи, эта акция оказалась ответом на призыв Вудро Вильсона к национальному самоопределению, будучи обращенной и к участникам Парижской мирной конференции. Собравшиеся читали вслух фрагменты корейской декларации независимости от Японии. Действия японцев против участников выступлений были стремительными и безжалостными; многих из этих участников убили, несмотря на мирный характер их выступления. В ответ на такую жестокость многие корейцы взялись за оружие,

---

[9] Первые отчёты в газетах ошибочно называют место боя Ютакой (Yutaka). Название инциденту дала Юхта, где отряд подкрепления встретил партизан [Matsuo 1978: 219].

[10] Описание боя также можно найти в «романе» Такахаси «Hahei» (Токио: Asahi Shinbunsha, 1973. Т. 2. С. 411–428); [Matsuo 1978: 230–239] описывает последовавшую за ним 3–4 марта карательную экспедицию.

и масштабные столкновения с оккупантами продолжались на протяжении всего лета, несмотря на всё более суровые наказания за участие в них. В сентябре антияпонские выступления привели к провозглашению корейского правительства в изгнании, а многие корейцы пересекли границу и отправились на Дальний Восток России, где присоединились к отрядам русских партизан [Robinson 2007: 47–49].

Оценить влияние выступлений 1 марта на освещение интервенции или отношение правительства и армии к сибирской политике в целом так же сложно, как измерить влияние на интервенцию газетной цензуры в начале «рисовых бунтов». Цензура, которой подверглось освещение событий в Корее, и особенно военных действий против корейцев, была крайне строгой, но в конечном итоге безрезультатной. Тем временем и в правительстве, и среди неофициальных лиц часто высказывались опасения, связанные с воздействием на колонию граничащей с Кореей большевистской России. Позже мы увидим, что необходимость оставаться в Сибири для обеспечения безопасности материковых и колониальных интересов Японии станет главным оправданием для продления интервенции. Однако трудно сказать, насколько оно было искренним.

Расправа с батальоном Танаки побудила Исибаси Тандзана возобновить свои призывы к выводу войск из Сибири, которые он начал в сентябре 1918 года. В апреле он писал в редакционной статье в «Tōyō Keizai Shinpō»: «Сейчас большинство наших граждан считают Сибирскую интервенцию неудачей. Следует немедленно остановить бессмысленную смерть (*inujishi*) на просторах Сибири наших доблестных воинов, защищающих Отечество» [Ishibashi 1919: 8]. Он сетовал на то, что сейчас, после окончания войны, целью интервенции является не спасение чехословацких войск, а восстановление порядка в Сибири путём уничтожения большевиков. Пока премьер-министр Утида повторял в Национальном парламенте, что Япония не желает вмешиваться во внутренние дела России, Исибаси печально спрашивал: «Если это не вмешательство во внутренние дела России, то что это?» [Ishibashi 1919].

Новость об уничтожении батальона Танаки вызвала особую озабоченность жителей Оиты, встревожились также в Наре и Мито, где сформированные подразделения готовились к отправке. 4 марта 1919 года появилось сообщение о переброске в Маньчжурию 53-го пехотного полка. Вместе с другими подразделениями 15-й дивизии из Тоёхаси полк отправляли на юг этого региона. Дивизия должна была стать ядром Квантунской армии, миссией которой было охранять арендованную территорию Южной Маньчжурии, находившуюся в то время под контролем гражданского губернатора [Coox 1985: 7–8]. Однако жителей Нары предупредили, что существует большая вероятность отправки полка на патрулирование зоны Китайско-Восточной железной дороги. Заместитель командира полка написал семьям солдат и посоветовал им не бояться за безопасность их родных в случае отправки тех на север. Он уверял тех, к кому обращался, в том, что на севере Маньчжурии относительно спокойно, а подходящая зимняя одежда и исправные казармы защитят солдат от холодной зимы. А еще утверждал, что не помнит, когда в последний раз в тех краях бушевала какая-нибудь болезнь [Oya 1989: 824].

Весь март жители Нары, в том числе местные молодёжные организации, женское общество и местное отделение союза резервистов, готовились к торжественным проводам войск. 30 марта первая часть полка, 317 солдат и 15 офицеров, сели в утренний поезд под восхищенными взглядами большой толпы, состоящей из студентов, молодёжи, резервистов и, конечно, членов семей военных. На следующий день они сели на пароход в Кобе и отправились в Далянь, где воспользовались Южно-Маньчжурской железной дорогой, и разместили штаб полка в Харбине. Большие толпы провожали 6 и 7 апреля и остальных солдат и офицеров этого полка. Соединившись с другими подразделениями 19-й бригады в Киото, 15 и 16 апреля они отправились из Осаки в Далянь, прибыв туда 20 апреля, а 25 апреля их отправили на соединение с теми, кто уже находился на месте дислокации [Oya 1989: 825–826].

По прибытии в Харбин полк оказался под руководством генерала Отани, верховного главнокомандующего японских войск во

Владивостоке, и стал официально участвовать в интервенции. Штаб полка и часть его военного контингента останутся в Харбине, а небольшие группы его солдат и офицеров будут рассеяны по всей зоне ответственности полка внутри зоны Китайско-Восточной железной дороги, протянувшейся на юг до Чанчуня, конечной станции Южно-Маньчжурской железной дороги, на запад до Цицикара, а на восток до Пограничного поблизости от российской границы. В середине мая национальное издание «Osaka Asahi» напечатало первые заметки о впечатлениях солдат от новой обстановки; она казалась им весьма экзотичной. Один солдат, при виде отправления из своего полка демобилизованных, представлял себе, как он будет счастлив через два года, когда начнётся его собственный путь домой [Oya 1989: 827].

В отличие от жителей Нары, обитатели Мито с самого начала знали, что их мальчики поедут в Сибирь. 1 апреля второму пехотному полку вместе со всей 14-й дивизией было поручено отправиться на Дальний Восток России. 6 апреля в нижней палате законодательного собрания префектуры Ибараки в Мито состоялось торжественное мероприятие с участием 130 офицеров полка, а также чиновников префектуры и города. 7 апреля полк собрался в своих казармах для инспекционного смотра. Губернатор осыпал солдат почестями за их готовность способствовать «сохранению мира в Восточной Азии». 10 апреля состоялся парад с участием студенческих и молодёжных организаций, ассоциации женщин-патриоток, союза резервистов и местного отделения Красного Креста. Те же самые люди вместе с родственниками солдат и другими жителями города пришли 12 апреля на железнодорожную станцию, чтобы с криками «Банзай!» проводить солдат в Аомори. Полк высадился во Владивостоке и примерно 20 апреля прибыл на поезде в Хабаровск [Mito Shishi 1995: 268–271].

Главной целью 14-й дивизии являлось поддержание безопасности вдоль Амурского и Уссурийского участков Транссибирской магистрали. По причине полученной в ноябре 1918 года американской ноты протеста получилось так, что после отзыва 12-й дивизии 14-й дивизии пришлось делать ее работу, но силами солдат, которых было примерно в два раза меньше — чуть менее девяти тысяч вместо шестнадцати тысяч человек 12-й дивизии. Впоследствии подразделения 14-й дивизии окажутся разбросаны в более чем семидесяти локациях. Одной из таких локаций оказался портовый город Николаевск в устье реки Амур, примерно в четырёхстах милях от штаба дивизии в Хабаровске. Днём 24 мая 3-й батальон 2-го пехотного полка (11-я и 12-я роты) под командованием майора Исикавы Масао отправился вдоль по реке Амур, чтобы занять свои новые позиции. Местная газета сообщила, что солдаты путешествовали в комфорте и у них было много времени для сна, написания писем и вкусной еды. Многие изумлялись огромным, диким и пустым просторам, отмечая, что там до сих пор лежит снег. Путешествие закончилось после полудня 27 мая, после чего новые солдаты сменили две роты 12-й дивизии и 1 июня заступили на службу [Mito Shishi 1995: 271–278].

В ходе «союзной» интервенции противоречия между Японией и США по поводу политики и действий в Сибири постоянно обострялись. Американская нота протеста от 16 ноября 1918 года установила модель отношений, которые преобладали в 1919 году. На жалобы США на действия японцев в Сибири следовали заверения в поддержке и расположении к американской политике со стороны кабинета министров Хары. Однако эти заверения практически не влияли на конкретные действия армии в регионе, а эти проблематичные действия продолжались почти беспрерывно.

Слабым местом американской и японской сибирской политики в первой половине 1919 года стала разная интерпретация целей Межсоюзнического железнодорожного комитета. Создание этого комитета являлось американской инициативой, продолжением американской технической миссии, отправленной в Россию в 1917 году на помощь правительству Керенского. В составе организации были в основном американские железнодорожные управленцы и инженеры, занявшие посты на главных железных дорогах Сибири и Северной Маньчжурии еще до начала интервенции[11]. Для японцев это оказалось тяжёлым ударом: они хоте-

---

[11] [White 1950: гл. 4 passim] предоставляет хороший обзор железнодорожного вопроса.

ли овладеть Китайско-Восточной железной дорогой и Транссибирской магистралью для того, чтобы облегчить свое проникновение в регион. В январе 1919 года кабинет министров Хары сообщил об участии Японии в работе комитета (им руководил американец Джон Ф. Стивенс, и занимался он надзором над Китайско-Восточной железной дорогой и Транссибирской магистралью). Но верховный главнокомандующий японской армией в Сибири генерал Отани, при поддержке генерального штаба, отказался признать власть комитета над действиями японской армии. Например, комитет решил позволить китайцам взять охрану Китайско-Восточной железной дороги на себя. Японская армия не препятствовала входу китайских войск в железнодорожную зону, но отказалась вывести своих солдат, ссылаясь на необходимость защиты линии военной связи. Отправление в Харбин полка из Нары стало результатом данной политики [White 1950: 157–158; Matsusaka 2001: 244–245].

Императорская армия продолжала вмешиваться в функционирование железных дорог и по-прежнему предпринимала военные действия, которые не являлись необходимыми для обеспечения их безопасности, что особенно беспокоило США и составляло серьёзную проблему для Хары. В соответствии с концепцией политики США в Сибири, сейчас, после фазы активных действий, главной целью интервентов должна стать экономическая реабилитация региона, и такая реабилитация требовала нормального функционирования железных дорог. Подобная задача сама по себе являлась достаточно сложной, ведь примерно 60 % всех пассажирских и грузовых вагонов на линии между Омском и Владивостоком были изъяты для размещения беженцев [Roberts 1919: 134]. Американцы считали, что подходящим занятием для армии было сконцентрироваться не на борьбе с партизанами, а на защите от разрушения железных дорог, при этом ни при каких обстоятельствах нельзя допустить вмешательства в их функционирование посторонних сил.

С конца марта до начала июня 1919 года сибирские представители США и Японии вели переговоры, с тем чтобы достичь какого-либо согласия по поводу привлечения японских сил в Сибири к деятельности Межсоюзнического железнодорожного комитета[12]. Однако переговоры закончились разочарованием: японцы продолжали воевать с большевиками. Ещё больше проблем принесло то, что Хара не смог выполнить обязательство своего кабинета министров и прекратить поддержку Семёнова и Калмыкова, двух главных марионеток японской армии в Сибири, которая не желала видеть, как омское правительство укрепляет свою власть по всему региону в ущерб власти японцев. Вот почему японские командиры на местах продолжали взаимодействовать с обоими атаманами и охранять их [Hosoya 1961: 78; Kawada 1995: 15–16]. В зонах своей активности (Семёнов в Забайкалье, Калмыков в районе Хабаровска) эти два атамана постоянно препятствовали движению по железной дороге, нападали на союзнических железнодорожных инженеров, задерживали поезда, срывали отправку оружия и других ценных товаров, предназначенных омскому правительству, и под предлогом борьбы с партизанами терроризировали местное население даже там, где партизан не было.

7 июня 1919 года японская армия в Сибири официально отказалась подчиняться Межсоюзническому железнодорожному комитету, оправдывая свои более масштабные военные операции расширенным толкованием защиты железных дорог. Более того, японцы отказались делать что-либо с Семёновым и Калмыковым по той причине, что это будет вмешательством во внутренние дела России! «Я разочарован обоими ответами», — телеграфировал посол Моррис в Вашингтон.

> Становится ясной действительная невозможность настоящего взаимодействия с японской армией в Сибири через гражданское управление вооружёнными силами. Два меморандума [о взаимодействии с комитетом и о помощи Семёнову и Калмыкову] следует читать вместе; генеральный штаб настаивает на пресечении инициативы, о чём свидетельствуют оба документа. Они не понимают и не допустят

---

[12] Подробности см. в: Papers Relating to the Foreign Relations of the United States, 1919, Russia. С. 551–565.

положения дел, при котором лишатся возможности совершать независимые действия. Именно этот подход, который разделяет не только генеральный штаб, но и любой военный чиновник в его подчинении, вызывает негодование наших представителей в Сибири. Беседы, которые я провёл, очевидно, не улучшили ситуацию, а только прояснили вопрос[13].

Никто так не сочувствовал Моррису, как Хара Такаси. Ни один крупный политик в предвоенный период не старался так активно внедрить принцип гражданского контроля над армией, как он. Попытки контролировать подразделения императорской армии в Сибири — всего лишь один фронт его постоянной борьбы за подчинение генштаба своему правительству, и пока наиболее проблемный. В тот момент кабинет министров рассматривал возможность законного назначения гражданских лиц на должности руководителей военного и военно-морского министерств.

Редакционная статья в «Tokyo Asahi» от 24 июня поддержала старания Хары и отметила, что успех в этом деле крайне необходим стране. Пагубное влияние имеющейся в наличии системы управления чувствовалось со времени распада второго кабинета министров Сайондзи. В связи со сложившейся в мире ситуацией и развитием политических партий принцип политической ответственности требовал, чтобы военное и военно-морское министерства подчинялись гражданской власти. И хотя премьер-министр был одним из множества чиновников в кабинете министров, отсутствие его контроля над руководством армии и военного флота не соответствовало духу конституционной политики. Было трудно согласиться с тем аргументом, что необходимым опытом и административными компетенциями обладают только армейские офицеры, ведь в Великобритании, величайшей морской державе мира, адмиралами руководило гражданское лицо. Представление о том, что военным могут отдавать приказы только другие военные, опровергалось тем фактом, что Ллойд

---

[13] Переписка Морриса с Полком, June 7, 1919 (Papers Relating to the Foreign Relations of the United States, 1919, Russia. C. 565).

Джордж был поставлен выше самого фельдмаршала Китченера. Гражданский контроль над армией был принят в США, Великобритании и Франции, чего нельзя сказать о Германии и России; судьбы этих стран поучительны. Необходимо срочно остановить вредное воздействие вмешательства армии в формирование государственной политики. Больше нельзя допускать, чтобы своими действиями военные могли отменять решения ответственных ведомств. Партийные правительства, основанные на воле народа, не смогут без этого обойтись[14].

Решение общего вопроса о том, как подчинить армию гражданскому контролю, может помочь ответить на конкретный вопрос, который в настоящий момент беспокоил Хару, посла Морриса и редакцию «Tokyo Asahi» — кто на самом деле контролировал войска, ведущие в настоящий момент боевые действия на Дальнем Востоке России и в Северной Маньчжурии? Несмотря на то что японские войска в Сибири были отправлены туда без объявления войны, и не предполагалось, что они будут вести боевые действия, генштаб ревностно охранял «право верховного командования» и не признавал вмешательства со стороны гражданского правительства. В результате явные различия между объявленной политикой японского правительства и реальными действиями японской армии в Сибири постоянно становились причиной напряжения в отношениях Японии с Соединёнными Штатами. Самоотверженные усилия Хары по снятию этого напряжения не дали никакого результата, кроме формального, что посол Моррис и отметил в своём июльском сообщении в Вашингтон.

> Существуют кардинальные различия в целях сибирской политики двух государств. Бывшее милитаристским правительство Тэраути планировало использовать совместную экспедицию во Владивосток прошлым летом как повод для того, чтобы овладеть Китайско-Восточной железной дорогой и таким образом установить свою власть в Северной Маньчжурии и Восточной Сибири. Средства для достижения этой цели оказались неудачны, но сама цель осталась.

---

[14] Rikukaigun Daijin Bunkan Mondai // Tokyo Asahi. 24 июня 1919 года. С. 3.

В Японии есть группа людей, которая признаёт несоответствие этой цели сегодняшнему миропорядку. С ними [премьер-министр] Хара солидарен в теории, но на практике его действия ограничены по-прежнему сильным контролем со стороны военных[15].

Солдаты 53-го пехотного полка из Нары должны были сыграть в реализации планов генштаба в Северной Маньчжурии ключевую роль, но их миссия оказалась трудновыполнимой и затратной в плане человеческих жизней. До мая газеты регулярно писали, что полк находится «в Северной Маньчжурии» (*kita man*), или просто упоминали «наши войска в Маньчжурии» (*tomantai*). Даже первая смерть в этом полку, несчастный случай, унесший 5 мая жизнь 33-летнего повара, ничего не изменила. Газета написала о ней только после возвращения останков мужчины в Нару 23 мая. Однако первая смерть в бою — когда 30 мая солдат 5-й роты был убит во время «стычки» с китайскими войсками в железнодорожной зоне — заставила местную газету написать, что полк был «на фронте» (*shussei*). Отчёт об инциденте был опубликован 8 июня [Oya 1989: 825].

10 июня газета сообщила, что с целью оказания помощи в боях с большевистскими партизанами через границу с Россией в Никольск-Уссурийский, где Китайско-Восточная железная дорога соединялась с Транссибирской магистралью, были срочно отправлены две роты. Указанное место находилось неподалеку от зоны действий 72-го пехотного полка, где в конце февраля партизаны уничтожили батальон Танаки. 14 июня отправленное в Спасск-Приморский подразделение напало на отряд партизан. В результате три партизана были убиты, 36 — ранены, при этом погибли два японца. Рассказ об этом был опубликован в газете 19 июня; заместитель командира при этом отметил: «Конечно, это как настоящая война, и наша задача, действительно, очень тяжёлая». По его просьбе о поддержке солдат газета объявила

---

[15] Переписка Морриса с Лансингом, 30 июля 1919 года, Госдепартамент США (Papers Relating to the Foreign Relations of the United States, 1919, Russia. Вашингтон: Государственная типография, 1932. С. 293–294).

сбор посылок (*imonbukuro*) в места боевых действий. Туда рекомендовалось отправлять, например, карандаши, канцелярские принадлежности, конверты, открытки и полотенца; газета не советовала посылать «журналы, внедряющие опасное мышление, или те, которые могут сбить с толку в плане морали». Периодические столкновения с русскими партизанами, в результате которых гибли японцы, продолжались до тех пор, пока подразделения не вернулись обратно. После их возвращения в начале августа в Харбин газета сообщила, что командир полка гордится своими солдатами [Oya 1989: 828–830].

Менее приемлемой оказалась появившаяся в середине июля в национальном издании «Osaka Asahi» новость о результатах другого столкновения — между полком и китайскими войсками в Маньчжурии. Солдаты первого батальона умудрились ввязаться в стычку с войсками местного китайского гарнизона на станции неподалеку от Харбина. Очень быстро стычка превратилась в двухчасовую перестрелку, в результате которой восемнадцать человек были убиты и несколько ранены (один из них впоследствии умер от ран). Газета осудила «особую жестокость кровожадных китайских войск»; верховное командование, по крайней мере, попыталось избежать подобных инцидентов в дальнейшем. Вследствие протестов «движения 4 мая», во время которых китайские демонстранты осудили версальское решение «Большой пятёрки» поддержать притязания японцев на земли полуострова Шаньдун, ранее арендованные Германией, китайцы стали крайне чувствительны к действиям японцев, которые представлялись угрозой китайскому суверенитету. Верховное командование выпустило приказ избегать ненужных столкновений с китайцами. Тем временем национальное издание «Osaka Asahi» напечатало фотографии погибших и интервью с разгневанными членами их семей, осуждавшими действия китайцев.

Возвращение 20 августа останков солдат в Нару и последовавшая за этим траурная военная церемония на территории казарм полка широко освещались в печати. После этого останки были переданы семьям погибших из Нары и окрестных деревень для отдельных похорон каждого солдата, о которых газеты тоже рассказали. Сопереживая этой грустной литании, читатели национального издания узнавали о новых смертях солдат в России. На смену августу пришёл сентябрь, а сообщения о тех, кто умер в своих харбинских бараках от таких болезней, как холера и скарлатина (всего их оказалось 11), продолжали поступать [Oya 1989: 830–832].

К лету 1919 года 72-й пехотный полк завершил своё путешествие по Приморской области, однако процесс его примирения со своими потерями только начался. В июне полк получил приказ вернуться домой, его возвращение в Оиту состоялось 3 июля. Через месяц после него, 5 августа, в парке Хораи в честь погибших солдат полка было организовано особое богослужение. Вместе с солдатами батальона Танаки их число составляло 394. Желая почтить принесенную полком исключительную жертву, на церемонии лично присутствовал начальник штаба сухопутных войск Уэхара. Другими высокими гостями были командир 12-й дивизии генерал Оой, командир бригады полковник Ямада, командир полка Тадокоро Масаёси и вдова майора Танаки [Yoshida 1993: 112].

На весьма торжественную и грустную церемонию пришли многие жители Оиты. Среди них был и Ямазаки Тийогоро, один из выживших. Как и командир полка Тадокоро, Ямазаки считал, что одного короткого мероприятия недостаточно для того, чтобы почтить память погибших в тот день в снегу. Оба полагали, что необходимо материальное свидетельство такой памяти. Однако убедить общество поставить этим погибшим памятник оказалось нелегкой задачей. Слишком многие японцы согласились с заявлением Исибаси Тандзана о том, что смерть солдат была бессмысленной. Понадобится несколько лет и серьёзная работа с общественностью, чтобы убедить людей в том, что, даже если солдаты погибли в результате провалившейся военной авантюры, их жертва была примером верности своей стране, который стоит помнить. В конце концов Ямазаки и Тадокоро достигнут своих целей. Тадокоро добьётся установки в Оите мемориального камня в честь погибших солдат и офицеров полка. Ямазаки удастся установить каменную табличку в память о батальоне

Танаки на территории храмового комплекса Ясукуни [Izao 1998: 263–299][16].

Подобные истории о 53-м и 72-м полках не попадали в новости национального уровня. В том масштабе, в котором они подавались, известия о действиях в Сибири вызвали в июне небольшую вспышку интереса к безрезультатным дискуссиям союзников о том, признавать или нет правительство адмирала Колчака теперь, когда наступление белых в европейской части России имеет большой успех. В конце концов правительство Колчака решили не признавать, но это не помешало японскому правительству отправить в Омск особого представителя и открыть в Омске, Иркутске, Благовещенске и Хабаровске консульства для того, чтобы оказывать в этих городах помощь японским путешественникам и торговцам[17]. Также распространялась информация об отправке новых дивизий на смену тем, которые уже находились в Сибири. В июне 14-я дивизия из Уцуномии сменила 12-ю дивизию, последний из солдат которой вернулся домой 20 августа. 5-я дивизия из Хиросимы пришла на место 3-й дивизии, что позволило последнему из покинувших Сибирь солдат вернуться домой 29 августа [Henshū 1989, 4: 208].

И все же один солдат 12-й дивизии остался в Сибири. 27 августа было объявлено, что вместо генерала Отани верховным главнокомандующим станет бывший командир этой дивизии генерал Оой Сигэмото. Отани возвращался для того, чтобы стать новым генералом-инспектором общевойсковой подготовки. За четыре недели, прошедших, прежде чем смена кадров стала возможной, ситуация в России изменилась: захват европейской части России чехословаками утратил прежнюю динамику, и началось их долгое, но непрерывное отступление в Сибирь.

26 сентября, по возвращении в Токио, генерал Отани заявил об этом публично. На станции его встретила толпа из примерно двух тысяч человек, в том числе начальник генерального штаба армии Уэхара (однако не военный министр Танака), и Отани

---

[16]  Оба памятника стоят до сих пор.

[17]  Chūgai Shōgyō. 5 июня 1919 года [Henshū 1989, 4: 207].

отправился на встречу с императором в императорский дворец, где дворцовая стража встретила его криками «Банзай!». Потом он встретился с Уэхарой и Танакой, чтобы обсудить ситуацию в Сибири. Пока он ездил по встречам на служебной машине, журналист «Chūgai Shōgyō» взял у него интервью[18].

В интервью генерал отметил, что большевики укрепились в европейской части России, но до сих пор достаточно слабы в Сибири. Он признал, что красные партизаны вели активные действия вдоль Уссурийского и Амурского участков Транссибирской магистрали с марта, и эти действия достигли своего апогея в июле и августе. Конечно, в результате этого страдала железная дорога, но ещё больший вред партизаны наносили жителям той местности, в которой они находились, и союзным войскам. При этом Отани настаивал на том, что масштабные зачистки, проведенные японскими войсками, оказались результативными. На обширной территории проведения операций оставались базы двух или трёх партизанских группировок, но военные приложили все усилия для их подавления. Целью партизан, которых он называл бандитами (dohi), было настроить против белого правительства местных жителей, выгоняя их из собственных деревень [Henshū 1989].

Отани признал, что со времени своей неудачи на Уральском фронте омское правительство оказалось в очень большой опасности. Казалось, что силы красных и белых примерно равны, и пока не настало решающее сражение, было невозможно предугадать его исход. В конечном счете, чтобы выжить, омскому правительству понадобится помощь стран-союзниц. Отани отметил, что с дипломатической точки зрения такая помощь маловероятна. Британцы, французы и американцы уже собирались отправляться домой, если ситуация в скором времени не изменится к лучшему. Боевой дух чехословаков был практически на нуле, и они особенно желали возвращения на родину. Несмотря на то что ничего радостного ситуация не предвещала, Отани

---

[18] Otani Shogun Kaisen // Chūgai Shōgyō. 27 сентября 1919 года [Henshū 1989, 4: 208].

отрицал сообщения о том, что она привела к конфликту между американскими и японскими войсками в Сибири: на самом деле между ними сохранялись довольно дружественные отношения. Однако приближался тот час, когда Японии следовало решить, что она хочет делать в Сибири. Необходимость определиться с государственной политикой в данном регионе оспаривать нельзя. «Как Японии следует отнестись к большевикам? Нужно ли нам вместе с нашими союзниками ограничить зону совместных действий, или Японии следует действовать самостоятельно? Очевидно, нам необходимо задуматься и дать ответ на эти важные вопросы» [Henshū 1989].

Несмотря на столь мрачную оценку ситуации, генерал Отани желал «лично уведомить семьи наших солдат» о состоянии японских войск в Сибири. Он утверждал, что здоровье тех, кто находится там, в порядке, а еды более чем достаточно. Моральное состояние и боевой дух войск на высоте, и они сохраняют порядок и дисциплину [Henshū 1989]. И хотя эти новости, вероятно, обрадовали семьи солдат 53-го пехотного полка, куда менее радостно было прочитать 8 октября в национальном издании «Osaka Asahi» объявление генштаба армии о продлении срока службы поступивших на эту службу в 1917 году солдат из полка Нары, чей срок должен был закончиться в конце ноября. Газета выразила некоторое недовольство этим, ведь на другие полки дивизии, базирующиеся в Цуруге, Оцу и Киото, этот приказ не распространялся и их солдат уволят в запас в положенное время. Более того, как долго продлится служба тех, кому ее срок продлили, не сообщалось [Oya 1989: 832].

10 октября водные коммуникации между Хабаровском и подразделением майора Исикавы, относившимся к находящемуся в Николаевске 2-му пехотному полку из Мито, были прерваны. Впоследствии будет возможно осуществлять почтовую связь по льду посредством собачьих упряжек, но для этого река должна хорошо замёрзнуть, что произойдёт не ранее конца ноября. В городе находились телеграфная станция и подразделение связи императорского военного флота, располагавшее радиостанцией, позволявшей выйти на связь с внешним миром. Однако вскоре

партизаны перерезали телеграфную линию где-то на участке
в 400 миль между Николаевском и Хабаровском, что сделало
опасными даже поездки по льду на собачьих упряжках. В итоге
для связи города с внешним миром осталась только радиостанция
военно-морского флота [Mito Shishi 1995: 278–279].

Политика взаимодействия Хары Такаси и Танаки Гиити в целях
установления контроля над армией в Сибири пока не дала значимых результатов. Однако оба они продолжали действовать
единым фронтом, постоянно пытаясь подчинить себе генштаб
и избегая при этом конфликта с США. Ситуация обострилась
после 5 сентября 1919 года, когда японское правительство официально получило из США ещё одну резкую ноту протеста
[Hosoya 1961: 85–86]. Американцы напомнили об обещании не
вмешиваться во внутренние дела России, которое Япония дала
в начале интервенции. Они заново сформулировали пожелания
относительно Межсоюзнического железнодорожного комитета
и заявили, что этот комитет должен быть главным органом, ко-
ординирующим действия японцев и американцев в Сибири.
Далее нота подчёркивала неспособность Японии подавить действия Семёнова и его собратьев, что наводило американцев на
мысль о том, что подобная поддержка этих действий являлась
обдуманной политикой Японии, за чем США наблюдали «с крайней обеспокоенностью». В конце нота сообщала о необходимости
прийти к полному согласию в отношении политики в регионе,
иначе произойдёт «полный отказ от каких-либо попыток сотрудничать в Сибири»[19].

Кабинет министров Хары составлял ответ на американскую
ноту протеста до 30 октября 1919 года. Посол Моррис назвал этот
ответ «примирительным по духу, но туманным и уклончивым».
По мнению посла, он «представлял собой компромисс между
военным и гражданским сообществами», который может оказаться приемлемым, если улучшится поведение японских солдат,

---

[19] Переписка Лансинга с Атертоном, 30 августа 1919 года, Госдепартамент США
(Papers Relating to the Foreign Relations of the United States, 1919, Russia. Вашингтон: Государственная типография, 1932. С. 573–578).

осуществляющих действия вдоль железной дороги, и если правительство будет придерживаться тех инструкций, которые оно получило, и станет избегать крайне нежелательной для американцев конфронтации. И тем не менее

> я убеждён, что сейчас не имеет смысла абстрактно обсуждать взгляды или цели японского правительства. Я не вижу пользы в том, чтобы улучшать взаимоотношения между Японией и Америкой посредством заявлений о подтверждении выбранной политики; скорее, нам нужно проверить государственные цели Японии... её непосредственными действиями[20].

Нет ничего удивительного в том, что Моррис счел японский ответ на американскую ноту протеста «туманным и уклончивым». Ответ от 30 октября умалчивал (что естественно) о следующем: протест со стороны США заставил кабинет министров Хары переосмыслить цели Японии в Сибири. Почти три месяца после получения ноты протеста военное министерство редактировало сибирскую политику правительства и составляло доклад, который был представлен кабинету министров в декабре. Доклад сообщал, что ресурсы Дальнего Востока России жизненно важны для осуществления экономических и оборонных планов Японии. Но поскольку по причине сложившихся обстоятельств создать там эксклюзивную зону влияния невозможно, документ предлагал сформировать в Сибири некое японо-американо-китайское совладение, при этом каждое государство должно было согласиться на политику открытых дверей и сотрудничество в экономическом развитии региона[21].

Данное предложение вполне соответствовало духу заявленных в январе целей, которые кабинет министров преследовал в Рос-

---

[20] Переписка Морриса с Лансингом, 1 ноября 1919 года, Госдепартамент США (PapersRelating to the Foreign Relations of the United States, 1919, Russia. Вашингтон: Государственная типография, 1932. C. 593–594).

[21] «Tai Shiberia Seisaku», отчёт Министерства армии, 24 декабря 1919 года, Makino Nobuaki Kankei Monjo, документ 414, Kensei Shiryōshitsu, библиотека Национального парламента Японии, Токио.

сии, но оно не имело шансов на одобрение со стороны США по нескольким причинам, первой из которых было спорное допущение, что действия иностранных держав в Сибири функционально эквивалентны их действиям в Китае. Доклад не признавал суверенитета России и не указывал, какое именно политическое образование предлагалось создать на Дальнем Востоке России. Вопрос о том, останется ли Сибирь в составе России или превратится в независимое пограничное государство, был открытым. Согласно докладу, пример прибалтийских стран и Украины показывал, что дальнейший распад России может оказаться неизбежным[22].

Но главной причиной того, что новое политическое предложение ни к чему не привело, было то, что ещё до его окончательного оформления его буквально отбросили на обочину новые события. Несмотря на достигнутый летом значительный военный успех омского правительства, положение самого правительства было крайне шатким. Свержение законного социалистического руководства, в результате которого к власти в ноябре 1918 года пришёл Колчак, отвратило от него потенциальных сторонников в Сибири. Продолжающееся хищничество Семёнова и Калмыкова, которые были заодно с японскими войсками, превратили пассивную враждебность по отношению к белым в активное противостояние им, что привело к росту мощного пробольшевистского партизанского движения. Вмешательство Семёнова и Калмыкова в работу Транссибирской магистрали при потворстве японцев лишало войска белых поставок оружия и всего необходимого и сеяло экономический хаос по всему региону. Сама экономика находилась в крайне беспорядочном состоянии. Из обращения полностью исчезли монеты, и люди довольствовались диким разнообразием бумажных денег или их заменителей вплоть до специальных квитанций магазинов и ресторанов, купонов на государственные облигации и даже почтовых марок!

---

[22] «Tai Shiberia Seisaku», отчёт Министерства армии, 24 декабря 1919 года, Makino Nobuaki Kankei Monjo, документ 414, Kensei Shiryōshitsu, библиотека Национального парламента Японии, Токио.

[Roberts 1919: 134] Войска США не желали отказываться от своей политики невмешательства во внутренние дела России, разочаровав своим бездействием белых и попадая под удар красных партизан, которые рассматривали американскую охрану Транссибирской магистрали как материальную помощь Колчаку. В результате у омского режима отсутствовала база для продвижения своей власти в европейскую часть России, и его контроль над всё более неспокойным населением был определённо недостаточным. Поэтому когда осенью 1919 года Красная армия начала своё контрнаступление, от её натиска омское правительство рассыпалось, как карточный домик. Линии сопротивления силам красных неизменно давали слабину, в связи с чем началось непрерывное отступление белых на восток.

13 ноября 1919 года, накануне падения Омска, «Chūgai Shōgyō» опубликовала статью «Генерал Семёнов», в которой называлась причина этой катастрофы: корреспондент газеты в Омске Ёсихара Гинйи разоблачал главную марионетку Японии в Сибири. «В нашей стране его знают как героя. Наши солдаты и инспекторы по возвращении домой из Сибири называют его новым Чингисханом или Тамерланом, в газетах и публичных речах Семёнова представляют великим человеком». Но «русские ненавидят и презирают Семёнова, и любой человек с Запада, нога которого ступала на землю Сибири, скажет, что это исключительный негодяй, бесчеловечный и крайне опасный для общества»[23]. Ёсихара обвинял офицеров императорской армии (и в Сибири, и в генштабе), а также их гражданских приспешников (furōjin, «дармоеды») в том, что они поддерживали попытки Семёнова создать независимое государство, в котором он сам был бы верховным правителем.

Грядущий крах омского правительства вызвал новый кризис кабинета министров Хары. От предшествовавших ему кризисов того года его отличало вот что: имел место конфликт не между кабмином и генштабом и не между японским правительством и США, а, скорее, внутри самого кабинета министров. Если

---

[23] Semyonofu Shogun // Chūgai Shōgyō. 13 ноября 1919 года [Henshū 1989, 4: 210].

точнее, между военным министром Танакой и министром финансов Такахаси Корэкиё возникли серьёзные противоречия по поводу того, как ответить на разворачивающийся кризис. Танака предпочитал поддержать с помощью японских войск омское правительство; Такахаси склонялся к полному выводу войск из Сибири.

Вопрос увеличения количества войск в Сибири Танака впервые поднял на встрече кабинета министров 21 ноября 1919 года. Он ожидал, что после краха власти белых по всей Сибири начнутся большевистские волнения, и тех войск, которые сейчас находятся там, окажется недостаточно для того, чтобы справиться с подобной ситуацией. Чтобы поддержать находящиеся в Сибири войска, он хотел отправить туда подразделения 13-й дивизии из Такады (около 6000 человек). Министр финансов Такахаси отклонил это предложение сразу. Он считал, что подобное увеличение войск лишь будет способствовать дальнейшим неудачам в Сибири, и не видел никакого тому оправдания. Безусловно, такое решение нельзя было принимать, не посоветовавшись с американцами, при этом понадобится не просто их согласие, а их активная поддержка. Если такой поддержки не будет, войска следует вывести. Министр военно-морских сил Като согласился, что подобные действия нельзя совершать без предварительной договорённости с США; так же считал и Хара. Кроме того, Хара понимал, что, прежде чем делать какие-либо шаги, необходимо заручиться общественной поддержкой и посоветоваться со старшим чиновником Ямагатой [Shinobu 1968: 965–966].

О предложении Танаки увеличить численность войск в Сибири сообщила пресса[24]. Отмечая, что кабмин ещё не принял решения по данному вопросу, «Chūgai Shōgyō» выступила безоговорочно против этого предложения, считая такое увеличение бессмысленным. Газета обратила внимание на то, что предложение Танаки было мотивировано его давнишним желанием защитить интересы Японии в Сибири; авторы статьи остались довольны тем, что премьер-министр Хара не принял этой логики. Газе-

---

[24] Rikusō Sōhei Itan // Jiji Shinpō. 22 ноября 1919 года [Henshū 1989, 4: 212].

та сообщила, что, как и в июле 1918 года, Хара был против увеличения численности войск, и потому встреча кабмина оказалась безрезультатной. Однако срочно принять решение по данному вопросу было крайне важно, что кабинет министров хорошо понимал. Это означало, что Хара, который до сих пор мог перекладывать вину за интервенцию на кабинет министров Тэраути, теперь был вынужден взять всю ответственность за неё на себя[25].

Газета отметила, что первоначальные цели интервенции — результат войны в Европе. Единственная причина для пребывания японских войск в Сибири сейчас — защита «интересов империи» и попытка изгнать из региона «большевистское мышление» с помощью военной силы. Представлялось нереалистичным полагать, что этих целей можно достичь с помощью увеличения численности войск; оставить находящиеся там войска на месте — значит подвергать их риску «заражения» большевизмом. Простая отправка в регион подкрепления не спасёт ситуацию. Найти выход — главная задача страны сейчас; решение проблемы интервенции определит и судьбу кабинета министров Хары. В данном вопросе правительство «должно со всем вниманием отнестись к общественному мнению», ведь ни одно решение, игнорирующее «волю народа» (kokumin no ishi), успеха не принесёт [Henshū 1989].

На следующей встрече кабмина 25 ноября министр иностранных дел Утида сообщил следующее: в ходе неформальной беседы американский посол сказал, что, скорее всего, США не будут увеличивать количество своих войск в Сибири (на самом деле, на неофициальном уровне американское правительство уже давно решило вывести оттуда войска)[26]. Такахаси считал, что единственный выход для японских войск — это тоже уйти. Но Хара пока не был к такому готов; вопрос следовало изучать дальше. Никакой официальной информации от правительства

---

[25] Shiberi Sōhei Muyō // Chūgai Shōgyō. 23 ноября 1919 года [Henshū 1989, 4: 212].

[26] 30 августа Лансинг написал Вильсону, что он считал вопрос выхода из Сибири уже решённым [Hosoya 1961: 85].

США не поступало. Необходимо было отложить решение вопроса об усилении присутствия войск или их выводе до того, как станет ясно, что собираются делать США [Shinobu 1968: 968–969].

24 ноября Хара и Танака уже обсудили вопрос увеличения численности войск в Сибири кулуарно. Хара не только беспокоился о реакции на такое увеличение американцев, но понимал также, что против возможного увеличения потерь людей и денег возвысят голос и сами японцы. Но когда Танака предложил срочно усилить присутствие войск в Северной Маньчжурии посредством отправки туда более четырёх тысяч японских солдат, Хара без колебаний согласился. Этого будет достаточно, чтобы защитить границы от любого поползновения на интересы Японии. Он полагал, что Америка будет не против такого оборонительного хода [Shinobu 1968: 966–967].

Таким образом, становится ясно, насколько серьёзно тревога о том, как отразится создание агрессивного большевистского государства на граничащих с ним владениях Японии, осложнила вопрос дальнейшего нахождения японских войск в Сибири. Ещё в августе Танака озвучил в Gaikō Chōsakai своё беспокойство в связи с тем, что распространение «опасного мышления» может повлиять на зоны континентальных интересов Японии, в частности Корею, но также Маньчжурию и Монголию [Hosoya 1961: 87]. Хара тоже был весьма озабочен этим вопросом. 2 декабря он получил отчёт начальника третьего отделения штаба армии Хосино Сёдзабуро о восприимчивости японских войск и постоянных жителей Сибири к большевистской пропаганде. Хосино обнаружил в войсках тревожный уровень симпатии к коммунистическим идеям и настоятельно рекомендовал их частую ротацию с целью не допустить «заражения» «опасным мышлением» [Shinobu 1968: 978].

Нинагава Арата тоже был обеспокоен тем, что произойдёт, если Сибирь будет оставлена большевикам. В статье от 1 декабря в «Gaikō Jihō» он резко выступил против заявлений о том, что лучший выход для Японии — уйти из региона. Нинагава отметил, что президент Кэнсэйкай Като Такааки уже начал обсуждение возможности вывода войск и многие в Сэйюкай согласны с тем, что распространению большевизма не следует активно сопротивляться. Другие великие державы рассматривали признание правительства большевиков, и граждане этих стран, видимо, были согласны со своими правителями.

Однако Нинагава отрицал идею о том, что Японии нужно изменить свою политику с тем, чтобы соответствовать данной тенденции. «Должна ли Япония оставить адмирала Колчака и его русских последователей, которых мы поддерживали с самого начала, на произвол судьбы? Должны ли мы сейчас пожать руку Ленину и Троцкому, которых мы с самого начала считали врагами?» [Ninakawa 1919: 28–29]. Власть большевиков усиливается, но их мышление не изменилось, и «как и раньше, они представляют собой угрозу для всеобщего мира, и нам не следует прекращать свою борьбу против них».

Те, кто поддерживал вывод японских войск, ошибались. Их численность, наоборот, необходимо увеличить, усиливая при этом помощь тем русским, которые сопротивляются большевикам. Великие державы с самого начала призывали Японию войти в Сибирь для борьбы с большевизмом. Единственное, что претерпело изменение, это ослабевшая воля Запада. «Люди, истощённые пятью годами войны» с Германией, не желали держать солдат на фронте для войны с Россией. «Однако японцы не разделяют усталости европейцев. Японцы начнут бой против несправедливости и будут бороться за правое дело до конца». Японские войска займут место измождённых европейцев и продолжат борьбу. Если они уйдут, то «все страдания и труды наших войск до сегодняшнего момента окажутся бессмысленными, а вся наша поддержка Колчака — безрезультатной» [Ninakawa 1919: 32–33].

В ноябре измождённые европейцы Нинагавы, британцы и французы, уже начали вывод войск, и не только из Сибири, но и из России в целом, включая Архангельск и Крым. Базировавшиеся в Архангельске американские войска покинули его территорию летом. Что предвещало это Сибири? Перед принятием решений о том, как действовать Японии дальше, было необходимо выяснить, что собираются делать американцы. 8 декабря японский посол Сидэхара Кийиро представил государственному секретарю США Лансингу три варианта действий, которые японское правительство хотело обсудить с американцами: первый — укрепить силы обеих стран в Сибири, второй — оставить численность войск на прежнем уровне, третий — вывести все войска. Был запрошен скорый ответ, но к концу 1919 года его все еще не было [Shinobu 1968: 970–971].

Тем временем положение 53-го пехотного полка из Нары становилось всё тяжелее. 27 декабря в условиях приближающегося падения власти белых в Сибири зона действий полка была расширена в западном направлении. Чтобы отразить потенциальную угрозу вторжения Красной армии из Забайкалья (где Семёнов пока удерживал свои позиции), японские войска были распределены на всем протяжении границы с Россией. Пока эта информация не появилась в печати, одно из национальных изданий дало жителям Нары хоть какое-то представление о состоянии их солдат, напечатав интервью с офицером полка, вернувшегося из Маньчжурии 28 декабря. Он отметил, что нападения партизан на японские войска в Сибири усиливались, возрастали и антияпонские настроения на Дальнем Востоке России и в зоне железной дороги. В связи с усилением «дерзости китайских войск» и желанием избегать столкновений, подобных июльскому, полку было запрещено действовать на некоторых территориях [Oya 1989: 833].

Безусловно, 1919 год, начавшийся с надежд и ожиданий от создания послевоенного миропорядка, заканчивался в минорной тональности. Наступающий новый год окажется ещё хуже.

# Глава 5

# «Дать по шапке военному министру»

*Переход к односторонней интервенции,
январь — август 1920 года*

В начале 1920 года по всей Сибири творился полный хаос. В январе глава омского правительства адмирал Колчак был низложен и арестован при попытке покинуть Иркутск. В начале февраля состоялся его допрос, после чего Колчака расстреляли. Сменившие его пробольшевистские эсеры, называвшие себя «демократическим центром», заявили о формировании нового правительства Сибири, однако фактически центральная власть на Дальнем Востоке России отсутствовала. Вместо неё имелся винегрет из местных правительств, некоторые из которых, например Семёнов в Чите, выступали против большевиков, а некоторые — за них (руководство Иркутска, Благовещенска, Владивостока и Хабаровска, где арестовали и казнили марионетку японцев Ивана Калмыкова). По всему региону оказались разбросаны подразделения японских, чехословацких и американских войск, которые старались не участвовать в общем смятении. Остававшийся в Николаевске и сохранявший связь с внешним миром лишь посредством радиосвязи майор Исикава опасался партизан всё больше и больше. 12 января он сообщил жителям города о введении комендантского часа и ограничении права русских на ношение оружия [Mito Shishi 1995: 279].

Мнения в кабинете министров Хары разделились: одни выступали за вывод войск с Дальнего Востока России, другие — за увеличение их численности. Однако разница во взглядах между кабмином и генштабом была куда более серьёзной. В начале 1920 года генштаб по-прежнему собирался реализовать свою опасную политику по мобилизации, полагая, что по окончании войны необходимо подготовиться к решающему сражению на Дальнем Востоке с Великобританией и США [Takahashi 1985: 5–6]. Относительно новое понятие стратегической автаркии стало важной частью представлений генштаба на этот счёт. «Область экономической самодостаточности всегда включала в себя Маньчжурию как свою основную часть. Но если учесть разные варианты, границы данной зоны могут быть расширены на север до Сибири, на запад до Монголии и на юг до долины Янцзы» [Matsusaka 2000: 231]. Если следовать логике данного допущения, то сохранение положения Японии в Сибири являлось абсолютным приоритетом. Разработчики плана генштаба подумывали об увеличении численности войск в Сибири в *десять раз* по сравнению с нынешней [Hosoya 1961: 87]. Очевидно, достижение компромисса в кабмине окажется лишь прелюдией к намного более серьёзной конфронтации с генштабом.

Необходимость подчинить армию кабинету министров вновь дала о себе знать, когда в марте наступила давно ожидаемая рецессия. Несмотря на свою непродолжительность (она закончилась в 1921 году), эта рецессия на страну оказала серьёзное и продолжительное влияние. Объём японской экономической деятельности сократился примерно на восемь процентов по причине спада в работе банков и текстильной промышленности, крайне зависимых от внешних рынков и сильно пострадавших. Сильная дефляция поставила цены на такой низкий уровень, что их повышение произошло только в 1939 году в связи с требованиями военного времени. Ответственность за тяжесть рецессии во многом лежала на кабинете министров Хары, точнее, его налоговой политике. Вместо того чтобы воспользоваться окончанием войны для сокращения расходов правительства и ограничения инфляции, министр финансов Такахаси Корэкиё без особых опасений предложил проект увеличенного бюджета. К 1920 году этот выросший на 50 % бюджет включал в себя, кроме средств на

Сибирскую интервенцию, возросшее финансирование армии и военного флота, а также излюбленных Харой проектов по развитию инфраструктуры в рамках «позитивной политики» [Smethurst 2007: 216–219].

Ухудшение экономической ситуации укрепило веру Хары в то, что основой японской внешней политики должно быть сотрудничество с США, и заставило его осознать, что страна не имеет больше средств для непрерывной гонки вооружений. Мобилизация на случай тотальной войны, которую собирался объявить генштаб, была не только абсолютно не по карману Японии, но и совершенно не соответствовала тогдашней международной атмосфере сотрудничества между странами. Кроме того, Хара понимал, что общество не желало больше поддерживать военные расходы и продолжение военных авантюр. Наконец, Хара совершенно не был готов жертвовать развитием внутренней, гражданской экономики ради увеличения численности армии. К счастью, результаты выборов февраля 1920 года в условиях недавно расширенного электората (хотя до всеобщего избирательного права было ещё далеко) позволили Харе полностью контролировать Национальный парламент, что, в свою очередь, давало ему возможность противостоять генштабу. В результате Хара и Такахаси начали требовать, чтобы военный министр Танака и министр военно-морских сил Като расставили в тратах на дела армии и флота приоритеты. Танака согласился предоставить приоритет в плане трат военному флоту, что очень впечатлило Такахаси, но глубоко оскорбило офицеров генштаба. В свою очередь Като всё более проникался идеей контроля военно-морских вооружений как способа сократить траты и обеспечить безопасность Японии [Smethurst 2007; Kawada 1995: 28–32].

Вопрос военной реформы в целом, как и цензура прессы и «движение 1 марта» в Корее, имел большое влияние на то, как разворачивалась и воспринималась Сибирская интервенция. И хотя в конечном итоге данный вопрос является периферийным по отношению к внутриполитическому аспекту интервенции, необходима дополнительная информация по связанным с ним более общим вопросам. Танака Гиити разделял некоторые взгляды Хары на необходимость подчинить генштаб военному министерству для проведения военной реформы. Его предпринимавшиеся на протяжении 1919 года попытки поставить с помощью отмены права верховного командования находящиеся в Сибири и на континенте войска императорской армии под контроль военного министра — лишь один аспект его всё более ожесточённой борьбы с начальником генерального штаба армии Уэхарой Юсаку.

Являясь соответственно начальником и первым заместителем начальника генштаба, Уэхара и Танака разделяли многие взгляды на армию. Оба чувствовали необходимость ее увеличения и агрессивной континентальной политики, цель которой — расширить права и интересы Японии на материке. Будучи офицерами армии в третьем поколении, и Уэхара, и Танака понимали, что нужно лишить ее возрастных офицеров (почти все они были собратьями Танаки по клану Тёсю) высоких должностей. В начале политического кризиса Тайсё оба военных были убеждены в необходимости укрепления генштаба, а не военного министерства, в целях сохранения независимости армии. Оба в целом соглашались с тем, что общество должно понимать и поддерживать главную миссию армии, хотя Танака проявлял куда большую, чем Уэхара, готовность прибегнуть к помощи политических партий для обеспечения общественной поддержки армии. Наконец, и Уэхара, и Танака считали, что необходимо воспользоваться предоставленной Первой мировой войной возможностью для достижения автаркии [Kitaoka 1978: 77–79, 287–289, 314, 328].

Разделяли Танаку и Уэхару фундаментальные различия во взглядах на то, как опыт Первой мировой войны влиял как на пересмотр японской концепции имперской обороны, так и на базовую структуру армии. По мысли Танаки, урок войны заключался в том, что любой будущий конфликт окажется для Японии, скорее всего, затяжным, требующим мобилизовать все аспекты экономики страны, в том числе и подконтрольные ресурсы на материке, для увеличения небольшой, но современной японской армии до размера, необходимого для победы в таком конфликте. Уэхара полностью отрицал подобные взгляды. Он разделял мнение фракции «духа», согласно которому солдаты императорской армии победят на поле боя, только если предпримут самые решительные наступательные действия и продемонстрируют исключительно японский боевой дух. Но триумф ожидает подобные войска лишь в коротких войнах, в которых превосходящая численность используется для достижения первых решительных побед. Как следствие, Уэхара считал, что и в мирное время Японии необходима большая армия, и выступал против того, чтобы эта армия была снабжена современным вооружением, в том числе авиацией и артиллерией, ведь оно могло снизить уровень того самого духа, который нужен солдатам для победы [Kitaoka 1978: 329–336; Drea 2009: 138–141, 146–148].

Фундаментальные различия во взглядах оказались рельефно высвечены новой редакцией концепции имперской обороны, которая была, наконец, утверждена императором 29 июня 1918 года. Тот факт, что эта концепция включала в себя *оба* видения проблемы, означал, что ни одна из сторон не была готова уступить, но и не могла навязать своё видение другой стороне [Kitaoka 1978: 326; Drea 2009: 140]. Целью перехода Танаки из генштаба на должность военного министра Хары было превращение министерства в организацию, способную воплотить в жизнь видение Танаки. Основой сотрудничества Хары и Танаки по вопросам военной реформы было их согласие в вопросах обороны страны. 1919 год стал большим разочарованием для этих двух политиков, пытавшихся утвердить контроль кабинета министров и отменить доктрину права верховного командования. Постоянные попытки Танаки заставить генштаб признать и реализовать решения кабмина о выводе и перегруппировке войск в Сибири в первой половине 1920 года в конце концов приведут его к конфронтации с Уэхарой, которую Танака инициирует летом того же года [Tazaki 1981: 7–9].

Однако в начале года ещё не был решён вопрос о том, останется ли японская армия в Сибири или ограничит свои потери уже понесёнными и уйдёт. В редакционной статье от 6 января «Jiji Shinpō» выразила решительное неодобрение увеличению численности войск. Газета предположила, что правительство использовало переговоры с США просто в качестве предлога для расширения присутствия в Сибири, и выразила обеспокоенность сведениями о том, что отсутствие ответа США на вопрос о выборе линии поведения может заставить правительство в одностороннем порядке нарастить группировку японских войск для оказания сопротивления продвижению большевиков на восток. Понимая всю опасность, которую вызвало падение омского режима, газета вновь выразила беспокойство, что в своей жажде увеличить численность войск «часть правительства» не осознаёт всё безумие подобного поведения. Имея в виду общий для великих держав «дух невмешательства во внутренние дела России», можно было предположить, что США не одобрят подобную идею[1].

В России по-прежнему царил сумбур, но уже было ясно, что большевики победят. Теперь вопрос заключался в том, признавать ли их *фактическими* правителями России или нет. Попытаться изгнать большевиков из Сибири не представлялось возможным: это привело бы к войне со всей Россией. Вооружённый конфликт с большевиками заставит Японию бросить в Сибирь всю свою военную силу. А если Япония в одностороннем порядке вступит на подобный путь ради защиты своих интересов, это вызовет гнев великих держав. «В сегодняшней ситуации мы должны понять следующее: прежде чем увеличивать численность войск, необходимо получить согласие США». Кроме того, военные действия в Сибири навсегда восстановят русских против Японии. «Нам не следует этого делать» [Henshū 1989].

Кабинет министров Хары по-прежнему ждал ответа американского правительства по поводу ситуации в Сибири, когда 8 января командующий японскими войсками во Владивостоке генерал Оой отправил в Японию срочную телеграмму. Он сообщил, что командующий американскими войсками генерал Грейвс только что информировал его о выводе американского экспедиционного корпуса «Сибирь»! 10 января Грейвс начнёт вывод войск с фронта и соберёт их во Владивостоке, где они будут ждать отправления домой. Из-за серьёзной ошибки в процессе переда-

---

[1]  Sōhei Hantai // Jiji Shinpō. 6 января 1920 года [Henshū 1989, 4: 212].

чи информации официальное сообщение американцев было доставлено японскому правительству только на следующий день. Американский демарш при отсутствии какого-либо согласования поразил кабинет министров Хары как гром среди ясного неба [Hosoya 1961: 88]. Хара был потрясён. «Совершенно непонятно, какими были их причины для такого шага» [Kobayashi 1985: 61]. Действия американского правительства удивляли не только своей поспешностью и бесцеремонностью, но и приводили в крайнее замешательство сторонников сотрудничества с Соединёнными Штатами, ударяя по репутации поборников американо-японского взаимодействия и критиков односторонних действий Японии в Сибири [Kobayashi 1985].

Из-за новостей о выводе американских войск из Сибири официальные лица решили повременить с предложением Танаки узнать мнение США о плане Японии отправить в Маньчжурию дополнительные войска (на тот момент их численность оценивалась примерно в 5200 человек). 9 января Хара и Танака снова встретились для того, чтобы обсудить план дальнейших действий. Хара понимал, что нынешняя политика Японии в Сибири непопулярна и дома, и за границей. Однако, помня об интересах Японии на Дальнем Востоке России, он не рассматривал идею полного вывода войск. Тем более что японским интересам в Маньчжурии и Корее, как считал Хара, угрожали большевики. Если появится подходящее российское правительство, способное содержать регион в порядке, то хорошо, но пока в целях самообороны Японии необходимо остаться в Сибири. Нужно сделать так, чтобы люди поняли это [Shinobu 1968: 973–974].

Танака согласился с тем, что по причине материковых интересов Японии полный вывод войск из Сибири невозможен. Но это не означало, что общая численность войск и их зона действий должны оставаться прежними. Танака отметил, что первоначальная цель Японии в Сибири — спасти застрявшие там чехословацкие войска. Теперь эта задача по большей части выполнена, ведь после падения омского правительства руководство чехословаков заявило, что отправит свои войска домой. Когда эти войска проследуют из Западной Сибири во Владивосток, японцам будет уже не нужно обеспечивать безопасность на линии их отступления. Проблемной для Японии оставалась граничащая с Японским морем и Кореей Приморская область. Значительно меньший воинский контингент, перебазированный и расположенный вокруг Владивостока, справится с задачей охраны этого региона [Shinobu 1968: 974]. Танака обозначил то, что станет основой односторонней японской интервенции в Сибири, — возвращение, по крайней мере формальное, к первоначальной структуре интервенции с центром во Владивостоке, предложенной США, при этом более проблематичная «западная» интервенция в Забайкалье и Амурскую область будет приостановлена. Хара охотно согласился на предложение Танаки. Теперь их задача заключалась в том, чтобы найти способ внедрить эти изменения.

Перед тем как реорганизовать подобным образом Сибирскую интервенцию, следовало завершить множество срочных дел. И прежде всего требовалось уладить разногласия по поводу способа разрешения нынешнего кризиса в Сибири между Танакой и министром финансов Такахаси. 12 января Хара пригласил противоборствующие стороны в свою официальную резиденцию с тем, чтобы найти компромисс, который можно будет представить на встрече кабинета министров на следующий день. Все трое согласились, что сохранять статус-кво в Сибири нельзя, поэтому часть войск необходимо вывести. Такахаси принял основные пункты предложения Танаки о менее масштабной интервенции с центром во Владивостоке и признал необходимость временно усилить ввиду нынешнего хаоса японские войска на Дальнем Востоке России. Этот компромисс был одобрен на встрече кабинета министров на следующий день. Главнокомандующий в Сибири генерал Оой был сдержанно уведомлён об основных намерениях кабинета министров, но всенародно объявили только о временной отправке в Сибирь 13-й дивизии [Shinobu 1968: 977].

Решение американцев уйти с Дальнего Востока России и приоритет Северной Маньчжурии в плане усиления ее японскими войсками означал, что задача 53-го пехотного полка из Нары станет ещё труднее. Две роты этого полка вместе с двумя отрядами пулемётчиков отправили в Приморскую область для того, чтобы заполнить вакуум, образовавшийся по причине ухода американских войск. Эта новая обязанность дополнила уже состоявшееся расширение зоны действий полка. 15 января читатели национального издания «Osaka Asahi» узнали, что для укрепления духа солдат к ним отправится специальная группа поддержки (*imondan*). Однако эта группа должна будет получить перед отправкой разрешение военного министерства и сможет приехать не раньше марта [Oya 1989: 833–834]. Тем временем, чтобы усилить защиту японских солдат в Забайкалье, военное министерство объявило о переброске размещённых в Иркутске войск (город скоро займёт Красная армия) на восток от озера Байкал в Верхнеудинск (Улан-Удэ). Последние японские подразделения покинули Иркутск 19 января[2].

24 января Хара тайно осведомил Ямагату Аритомо о новой политике кабинета министров на Дальнем Востоке России. Ямагата не только согласился с ее содержанием, но и предложил вывести из Сибири все японские войска! Хара возразил, вновь напоминая о своём беспокойстве по поводу угрозы материковым интересам Японии, которую могло представлять собой враждебное большевистское государство [Koketsu 1987: 191–192]. Ямагата оставался в связи с этим более оптимистичным, чем Хара, но тем не менее одобрил новую политику. Теперь, заручившись поддержкой Ямагаты, Хара мог двигаться вперёд. 3 февраля кабмин одобрил более детальный план общей перегруппировки войск в Сибири. Этот представлял собой скорее стратегическое отступление, чем вывод войск, и предполагал отход частей из Забайкальской и Амурской областей Дальнего Востока России, а также из зоны Китайско-Восточной железной дороги до самого Харбина. Это приведёт к возвращению домой значительного числа солдат, что поможет успокоить находящееся в тревоге общество, но на месте останется достаточное количество войск, которое не позволит творящемуся на Дальнем Востоке России хаосу распространиться в Маньчжурию или Корею. И снова кабинет министров решил, что данное изменение в политике

---

[2] Tokyo Asahi. 22 января 1920 года [Henshū 1989, 4: 215].

должно пока оставаться строго конфиденциальным [Nomura 1982: 280–281].

Решение хранить новый политический курс в тайне было принято, несмотря на настойчивые призывы вывести войска, звучавшие на 42-й сессии Национального парламента. Более того, Национальный парламент оказался удобной площадкой правительства для объяснения причин, почему японским войскам следовало оставаться в Сибири даже после ухода американцев. Выступая 22 и 24 января в нижней палате парламента, Хара, Танака и министр иностранных дел Утида подчеркнули необходимость оставаться в Сибири до тех пор, пока регион не покинут чехословацкие войска и там не будет восстановлен порядок, гарантирующий безопасность всем находящимся в регионе японским гражданам [Shinobu 1968: 980–985].

26 января «Tokyo Asahi» выразила крайне критическое отношение к подобному оправданию для сохранения японского присутствия на Дальнем Востоке России. Авторы публикации отметили, что оправдание в виде спасения чехословаков давно исчезло, а США и Великобритания выводили войска в рамках политики невмешательства во внутренние дела России. Даже Франция, обладательница крупного долга, который она не признавала, покинула территорию России. Белые оказались некомпетентны; они захватили все важнейшие большевистские центры Сибири, но при этом проиграли. Что Япония надеялась сделать в одиночку?

> Наблюдая за происходящим, наша страна должна принять твёрдое решение вывести войска и таким образом дать русским свободу определять собственную политику. Что касается проблемы мышления, страха, что большевики на другом берегу могут повлиять на нашу страну, то лучше развивать умы наших граждан посредством совершенствования собственной культуры. Не следует пытаться реализовать дурной план по созданию военных препятствий для других стран, невзирая на мнение всего мира[3].

---

[3] Teppei ha Ichi Dai Kyiimu // Tokyo Asahi. 26 января 1920 года [Henshū 1989, 4: 216–217].

Ёсино Сакудзо был склонен с этим согласиться. Он писал в «Chūō Kōron», что «в рамках политики невмешательства» лучше всего вывести войска полностью. Он не осуждал интервенцию, но и не соглашался с многими японцами, продолжавшими говорить об увеличении численности войск. Вывод войск был предпочтителен, потому что увеличение их численности только усилит опасность столкновения с силами большевиков. Кроме того, общество скептично относилось к призывам увеличить численность войск из-за «опасения необдуманной агрессии милитаристов» и страха, что «это только превратит русский народ во врага» [Yoshino 1995, 6: 82].

Но Ёсино не ощущал, что общество настроено категорически против увеличения численности войск. В зависимости от ситуации, возможно, было бы оправдано большее или меньшее увеличение численности войск; но прежде чем действовать в этом направлении, необходимо объяснить «истинную причину и цели» такого шага. Даже если увеличить численность войск предлагала армия, если бы она открыла свои причины на это, общество бы её поддержало. «Я не могу сказать, что я категорически против увеличения численности войск, но если я не понимаю причин этого, то не могу поддержать этот шаг» [Yoshino 1995, 6: 83].

Чтобы быстро решить указанную проблему, необходимо сделать две вещи.

> Во-первых, мы должны разобраться, насколько оправданно считать большевиков врагами нашего народа. Что такое так называемое большевистское мышление и кто такие так называемые большевики? Считать их врагами, предварительно внимательно их не изучив, — безрассудно. Мы, с нашей противоположной точкой зрения, разве не разбрасываемся словом «большевик» попусту? Следует ли нам ненавидеть большевиков, нужно ли нам от них избавляться, являются ли наши собственные радикально настроенные граждане отдельной проблемой, нужно ли нам делать из них врагов? Необходимо обдумать все эти вопросы.
> Во-вторых, несмотря на наши так называемые имперские интересы в Сибири, вызывает большие сомнения, следует ли нам оставаться такими настойчивыми в своей политике.

> Как много предпринимателей работают под защитой военной полиции в Сибири, как много капитала они туда вложили? Подмасливая жадных до денег реакционных политиков, о каком количестве концессий они просили? Безусловно, они получали эти крайне выгодные концессии для развития будущего Японии, но разве для их получения они не использовали сомнительные методы? Мы пока не знаем правды [Yoshino 1995, 6: 84].

Ёсино утверждал, что, посмотрев на ситуацию отстранённо и объективно, люди (*ippan kokumin*) поняли, что вмешиваться во внутренние дела другой страны — неправильно, а лучшая политика — это вывод войск.

> Если увеличение численности войск необходимо, нам нужны подробные и исчерпывающие объяснения, почему это так. Поддержка сохранения и увеличения численности наших войск со стороны бюрократов и милитаристов должна основываться скорее на долгосрочных интересах страны, чем на классовых интересах промышленников. Прежде чем мы подумаем о чести офицеров или о деньгах, потраченных владельцами капитала, прежде чем мы спросим мнения милитаристов и промышленников (*zaibatsu*) о том, как решить сибирскую проблему, мы должны подумать, что же действительно в интересах нашей страны [Yoshino 1995, 6: 85].

Возможно, кабинет министров Хары держал в тайне свои планы по сокращению войск в Сибири по причине страха, что это решение будет воспринято как уступка общественному мнению. Однако тайное стало явным. 23 февраля «Osaka Mainichi» опубликовала официальное заявление командующего 14-й дивизией генерала Сирамидзу, с которым тот выступил неделю назад перед «населением Амурской области». В заявлении говорилось, что размещённые в области японские войска выполнили свою задачу и будут выведены. Генерал уверял местных жителей, что японская армия покидает Россию с чувством дружбы к русскому народу, желал им долгосрочного мира и выражал надежду, что дружба между русским и японским народом будет продолжаться и дальше[4]. Напор, с которым в этой местности (особенно в Благовещенске) действовали партизаны, говорил о том, что чувство дружбы не было взаимным. На самом деле генерал Сирамидзу не раскрывал намерения вывести войска дивизии, скорее, в качестве реакции на увеличение степени опасности ситуации он объявил, что собирается вернуть в Хабаровск свои расположенные вдалеке от него подразделения и сгруппировать их в окрестностях города [Mito Shishi 1995: 274].

И всё же новость заставила Като Тэйкити из оппозиционной партии Кэнсэйкай задать на следующий день в Национальном парламенте несколько острых вопросов вице-министру армии Яманаси Хандзо. Он отметил, что правительство заявило об отсутствии решения по поводу политики в Сибири, но судя по газетным статьям, у военного руководства уже есть трёхэтапный план вывода войск, и первая его часть — уход из Амурской области. Като хотел знать, правда это или нет. Вице-министр Яманаси ответил, что никакого подробного плана вывода войск из Сибири не было, «что бы ни писали газеты». Возможно, появится необходимость перегруппировать находящиеся там войска, но не следует воспринимать это как намерение полностью вывести японскую армию из Сибири.

Видимо, намекая на присутствие в Приморской области настроенных против Японии корейских партизан, Като отметил: материалы «Osaka Mainichi», «Tokyo Nichi Nichi» и других газет свидетельствовали о том, что войска, расположенные рядом с корейской границей, были окружены большевистскими (*kagekiha*) партизанами. Действительно, имелось по крайней мере одно подразделение, которое оказалось под угрозой полного уничтожения (возможно, при этом имелось в виду подразделение майора Исикавы в Николаевске). Военное руководство продолжало опровергать подобные сведения, но, учитывая частоту их публикаций в СМИ, Като опасался, что они достоверны. Он попросил Яманаси подтвердить или опровергнуть достовер-

---

[4] Kokuryūshū Teppei Seigen // Osaka Mainichi. 23 февраля 1920 года [Henshū 1989, 4: 220].

ность публикаций СМИ, однако вице-министр отказался обсуждать «правдивость или ошибочность этих сообщений каким бы то ни было образом».

Наконец, Като спросил, правда ли, что подразделения 13-й дивизии, отправленной на Дальний Восток России, не смогли продвинуться дальше Владивостока. Если ворота в Сибирь нельзя держать открытыми, не значит ли это, что подразделения, переброшенные в отдалённые районы, находятся в серьёзной опасности? Если японские войска начнут отступать, то не заставит ли это взяться за оружие всех местных большевиков? «Я требую, чтобы правительство выразило своё мнение». Яманаси ответил, что части отправленной во Владивосток 13-й дивизии просто ожидали, пока знакомые с обстановкой командиры решат, куда их лучше отправить. Он отрицал, что участвующие в боевых действиях подразделения опасались общего выступления большевиков в случае частичного вывода японских войск. Яманаси отметил, что в Уссурийском крае, где позиции революционеров были самыми сильными, взаимодействие с японскими войсками было «идеальным». Появление Красной армии в Забайкалье пока только ожидалось[5]. На следующий же день военное министерство сообщило, что находящиеся в Верхнеудинске японские войска будут переброшены в Читу, опорный пункт Семёнова, и таким образом все окрестности озера Байкал будут без боя отданы большевикам[6].

«Tokyo Asahi» также получила новости из Национального парламента. Газета сообщила, что во время недавнего собрания бюджетного комитета его нижней палаты «один из лидеров оппозиции» попросил правительство предоставить следующую информацию: сколько японских солдат погибло на поле боя с начала Сибирской интервенции в 1918 году? Сколько человек умерло по причине болезней за тот же период? Наконец, какова точная сумма потраченных на интервенцию денежных средств

5   Kokuryūshū Teppei Seigen // Osaka Mainichi. 25 февраля 1920 года [Henshū 1989, 4: 220].

6   Tokyo Nichi Nichi. 25 февраля 1920 года [Henshū 1989, 4: 220].

на сегодняшний день? Представители правительства ответили, что по их данным на сегодняшний день на поле боя в Сибири погибли более 1800 солдат, около 500 солдат умерли от болезней (но эта цифра до сих пор уточняется). Что касается финансовых расходов, то согласно отчёту, подготовленному для верхней палаты парламента, прямые и косвенные затраты, в том числе на военные операции, помощь деятелям вроде Семёнова, гуманитарную помощь и так далее, составили более 700 миллионов иен[7].

2 марта кабинет министров официально подтвердил решение Японии, уже единственной оставшейся в Сибири страны-интервента, продлить пребывание своих войск на Дальнем Востоке России; 5 марта решение одобрил Gaikō Chōsakai[8]. Видимо, откровения в Национальном парламенте значительно ослабили необходимость держать всё в тайне, так что о решении совета было позволено сообщать в прессе. Согласно новому плану, японская армия должна была покинуть и город Николаевск.

Решение вступило в силу через несколько дней после первых сообщений о трагедии, возможно, случившейся в Николаевске, которые появились в газетах 1 марта. Сведения были фрагментарными и неполными, но «Tokyo Nichi Nichi» получила сообщение о том, что в один из февральских дней на город вместе с метелью обрушились партизаны. В ходе боя примерно 300 японских солдат, воевавших плечом к плечу с белыми, скорее всего, были убиты. Сообщалось, что город окружили большевики, призывавшие оставшихся в живых сдаться. Однако командование императорской армии во Владивостоке посчитало эти сообщения беспочвенными[9]. Правда о том, что произошло в устье реки Амур, оказалась и более утешительной, и более страшной, чем первоначальные сведения.

---

[7]   Tokyo Asahi. 25 февраля 1920 года [Henshū 1989, 4: 220].

[8]   Как ни странно, учитывая важность этого решения, исследований о том, почему японцы решились на него, очень мало. На английском языке нет ничего, а из японских работ этот вопрос более или менее подробно рассматривает только [Shinobu 1968: 965–980].

[9]   Tokyo Nichi Nichi. 1 марта 1920 года [Henshū 1989, 4: 239].

Николаевск с населением примерно 15 000 человек находился далеко от железной дороги, но был оккупирован японскими войсками одним из первых, поскольку являлся важной базой для промысловых рыбаков, которые вели лов в российских территориальных водах в районе северного Сахалина. Большинство рыбаков уплыли на своих лодках домой до установления ледяного покрова, однако в городе проживало множество японцев. Гарнизон императорской армии состоял из 288 солдат второго пехотного полка, 125 из них служили в 11-й роте, 136 — в 12-й; в гарнизон также входили штабное подразделение из 13 человек и отряд пулемётчиков из 14 человек. Кроме того, к нему относились 14 сотрудников военной полиции, восемь сотрудников военно-медицинской службы армии, шесть связистов и отряд военно-морских сил из 43 человек, в ведении которых находилась радиостанция [Mito Shishi 1995: 281]. Что касается гражданских лиц, в городе было открыто небольшое консульство с некоторым количеством сотрудников во главе с вице-консулом Исидой, с которым проживали члены его семьи. Остальные гражданские были в основном работниками различных японских предприятий города, в том числе являвшегося местной достопримечательностью универмага «Симада». «Торговцы, плотники, столяры, портные, парикмахеры и ювелиры» [Hackemer 1998: 114], а также сотрудники прачечной и женщины из местного борделя составляли японское население города из примерно 700 человек. 50 мужчин из числа гражданских сформировали местный отряд самообороны и сотрудничали с армией [Mito Shishi 1995: 278].

Большинство жителей Николаевска благосклонно относились к большевикам и, как следствие, враждебно к белым и японцам. Падение омского режима лишило возможности действовать находящиеся в городе подразделения белой армии под предводительством полковника Ивана Николаевича Вица. Офицеры дезертировали, а солдаты присоединялись к партизанам. Не совсем ясно, кем именно были эти партизаны. Значительная часть Восточной Сибири погрузилась в хаос, и по её внутренним районам бродили многочисленные вооружённые отряды — красные, белые и просто бандиты. Действовавший в окрестностях Николаевска партизанский отряд под предводительством Якова Ивановича Тряпицына насчитывал от двух до четырёх тысяч человек, его бойцами были несколько сотен китайцев и корейцев. Несмотря на то что в Николаевск Тряпицын был отправлен по приказу революционного комитета Хабаровского Совета для того, чтобы стать командиром красных партизан (так его упорно называли японцы), ознакомившись с последствиями его действий, большевики от него отрекутся. Ради достижения собственных целей объявивший себя анархистом Тряпицын отстранился от всякой верховной власти и начал действовать, по сути, как главарь банды мародёров [Hackemer 1998: 122–124; White 1950: 286–289; Smith 1975: 35].

31 января Тряпицын потребовал передать ему власть над городом. Полковник Виц и майор Исикава отказались ему подчиниться. Вместе с тем начальство Исикавы в штабе 14-й дивизии в Хабаровске не разрешило ему нанести свой собственный опережающий удар. Исикава подтвердил получение сообщения, но по-прежнему опасался нападения. 5 февраля отряд Тряпицына вынырнул из снежной бури и атаковал Чныррахскую крепость, находившуюся на возвышенности, с которой просматривался Николаевск. Несмотря на то что эта крепость являлась одним из ключевых оборонительных сооружений города и в ней имелось несколько крупных артиллерийских орудий, внутри нее находился только персонал военно-морской радиостанции [Hackemer 1998: 114–115]. Радист сообщил:

> Сегодня в 8:00 артиллерия противника заняла огневую позицию в 4500 метрах от станции и с чрезвычайной меткостью открыла по ней огонь. К 17:00 сгорело шесть казарм, и примерно 100 партизан открыли огонь из винтовок по всей окружающей местности. Мы складываем наших храбрых погибших как дрова. Это наше последнее вещание. Пожалуйста, передайте почтение нашим соратникам, когда нас не станет [Mito Shishi 1995: 279–280].

Несмотря на такое мрачное сообщение, часть персонала радиостанции осталась в живых, эти люди смогли преодолеть двухмильный путь до города, но им пришлось не только бросить свои радиопередатчики, но и оставить в полной сохранности артиллерийские орудия крепости [Hackemer 1998: 115]. С потерей радиостанции последняя связь города с окружающим миром прервалась. Японские командиры в Хабаровске отчаянно пытались выйти на связь с какими-либо представителями российской власти для обсуждения с ними соглашения о прекращении огня. Тем временем Тряпицын снова начал требовать, чтобы ему сдали город. Его парламентеров убили белые, и он начал беспорядочный обстрел Николаевска, который закончился 24 февраля. В полной мере наказанные, белые начали переговоры о сдаче города, в этих переговорах участвовал и майор Исикава. 29 февраля к всеобщему одобрению местных жителей войска Тряпицына вошли в Николаевск [Hackemer 1998].

2 марта корреспондент «Tokyo Nichi Nichi» в Цуруге сообщил о разговоре с человеком из командного состава парохода «Пенза», постоянно курсировавшего между Цуругой и Владивостоком. Беседа содержала несколько искажённый, но в целом достоверный пересказ последнего сообщения из Николаевска представителей военно-морского флота, а также сообщение о некоторых выживших, которым удалось вернуться в город. Один из пассажиров корабля, недавно вернувшийся из Хабаровска сотрудник Межсоюзнического железнодорожного комитета, подтвердил, что партизаны окружили город и положение там было очень тяжёлым. Газета заключила, что «нельзя отрицать сообщения о смерти японцев». Ходили слухи о грабежах и убийствах, совершаемых большевиками в Александровске на севере Сахалина; появлялись сведения о том, что в Благовещенске японцы переплывали Амур для того, чтобы попасть в Китай[10]. Пересказывались и другие подробности. Это происходило до тех пор, пока 6 марта «Tokyo Nichi Nichi» не сообщила о переговорах, которые привели к прекращению огня в указанной местности. Газета также напечатала сообщение российской стороны о том, что большинство японцев, убитых в начале боя, погибли в результате стрельбы по своим, отступая в условиях снежной бури!

---

[10] Tokyo Nichi Nichi. 2 марта 1920 года [Henshū 1989, 4: 240].

На следующий день газета сообщила о соглашении, по которому контроль над городом получали партизаны, а белогвардейцы должны были сложить оружие[11].

10 марта в Николаевске майору Исикаве позволили отправить своему руководству в Хабаровске телеграмму и доложить о ситуации. В ответ пришло сообщение с призывом действовать осторожно, но его проигнорировали. Японцы укрылись в здании консульства и других опорных пунктах города. Тряпицын начал задерживать белогвардейцев (в том числе полковника Вица), российских городских чиновников, известных торговцев и их семьи. После быстрых разбирательств большую часть этих людей расстреляли. 10 марта Исикава выразил протест против действий Тряпицына, после чего последний потребовал, чтобы до полудня 13 марта японцы полностью сложили оружие. Беспокоясь о судьбе своих людей и не желая утратить собственные полномочия, майор Исикава решил идти в наступление. Ранним утром 12 марта началась ожесточённая атака на штаб Тряпицына. Никто не питал иллюзий в отношении того, что последует дальше. Несмотря на первоначальное замешательство, красные войска сумели мобилизоваться. Здание консульства, в котором прятались некоторые японцы, попало под массированный артиллерийский удар и загорелось. Вице-консул Исида и его семья совершили самоубийство 13 марта, большинство оставшихся в здании были убиты. По крайней мере часть войск в казармах на северной стороне города смогла продержаться до 18 марта, после чего они были разгромлены. 136 японцев выжили, и их отправили в городскую тюрьму, в которой уже сидели белые. Чтобы освободить место для японцев, белых вывели на лёд реки Амур и зверски убили [Hackemer 1998: 115–117; Hara 1989: 511, мартовские бои описаны на 518–525].

По причине событий в Николаевске подразделения 53-го полка переместили ещё дальше на восток, в поселок Раздольное на Транссибирской магистрали между Владивостоком и Никольском-Уссурийским. Солдаты этих подразделений первыми

---

[11] Tokyo Nichi Nichi. 6, 7 марта 1920 года [Henshū 1989, 4: 240].

встретят группу поддержки, специально отправленную к ним с родины. Эта группа из 25 человек, отобранных в конце февраля, покинула Нару 15 марта, на следующий день села на корабль в Цуруге и прибыла во Владивосток 19 марта. Читатели национального издания могли следить за передвижениями группы по сводкам новостей штабных пунктов: 23 марта она были в Раздольном, на следующий день — в Пограничном, 25 марта в Харбине, 27 марта группа проделала долгий путь на запад в Цицикар перед возвращением в Харбин и отправлением на юг для встречи с солдатами в Чанчуне 30 марта. Один из лидеров группы рассказал о своих впечатлениях в интервью, специально переданном по телеграфу из Чанчуня. На протяжении 500 ли (1200 миль) группа поддержки делила с солдатами их трудности и лишения, коими являлись холод, ветер, скудное питание и сильный враг. Территория между Раздольным и Никольском, «где развевается красный флаг», была самым опасным местом, где им довелось побывать. Группе удалось выбраться оттуда в целости и сохранности, но людям в Японии следует знать, что воинские подразделения, которые размещены в этих местах, находятся в опасном положении. Тем не менее лидер группы заверял, что солдаты были очень рады встрече с соотечественниками, и их приезд повсюду был для военных большой поддержкой [Oya 1989: 834–835].

1 апреля, в тот же день, когда это интервью было опубликовано в газете, призванные в полк в 1919 году — общим числом 900 новых солдат — были спешно посажены на специальный скоростной поезд с тем, чтобы присоединиться к солдатам в Маньчжурии. Газета не могла не отметить мужества, с которым храбрые молодые люди отправлялись на войну (или то, что было очень на неё похоже). Новобранцы прибыли в Харбин 11 апреля, и когда их распределили по разным подразделениям, они заняли место тех 1917 солдат, чей срок службы был продлён осенью. Однако на это ушло некоторое время. Собравшись в Харбине, демобилизованные солдаты смогли уехать домой не раньше 20 июня [Oya 1989: 835–836].

Тогда же в Японии стали появляться сообщения о мартовских боях в Николаевске. 27 марта впервые появилась информация о возобновлении военных действий и одновременных с ними попытках японских и российских властей в Хабаровске их предотвратить, возобновив соглашение о прекращении огня. Из интервью с японским «торговым представителем» в Хабаровске стали известны подробности, из Николаевска приходили сообщения о ходе боёв, о разрушении японского консульства и о решении отправить из Хабаровска по суше группу японцев и русских для возобновления соглашения о прекращении огня. Однако такое путешествие обещало длиться по крайней мере пять или семь дней. Вызывала большие опасения судьба вице-консула, но никто не знал, что произошло. Торговый представитель сказал, что имели место серьёзные потери; он подтверждал известия о гибели вице-консула[12].

Трагедия в Николаевске вызвала глубокое горе и тревогу в Мито и обеспокоенность по всей Японии, добавила работы оказавшимся в затруднительном положении солдатам 53-го пехотного полка в Маньчжурии, но не изменила целей нахождения японских войск на Дальнем Востоке России. Зато для продления их пребывания в Сибири после вывода американских войск появилось отличное оправдание. Обнародование новой Сибирской политики Японии состоялось 31 марта 1920 года, за день до отправки домой последних американских солдат. Во вступлении было сказано, что Япония по-прежнему остаётся верной своей изначальной цели спасения чехословацких войск. Когда они будут окончательно выведены из Сибири, Япония последует их примеру. Однако для вывода войск необходимо выполнение важных дополнительных условий, которые учитывают

географическую связь Сибири с империей... в частности, Восточной Сибири, и возможность превращения Кореи и Маньчжурии в зону конфликта, а также большое число проживающих в Сибири японских граждан и необходимость защиты их жизни и имущества.

---

[12] Tokyo Nichi Nichi. March 27, 30, 1920 [Henshū 1989, 4: 240].

Решение оставить в Сибири японские войска было вызвано исключительно перечисленными соображениями, а не желанием воспользоваться сложившейся там ситуацией.

> Мы открыто заявляем, что, когда ситуация в Сибири стабилизируется, угроза для Кореи и Маньчжурии исчезнет, жизнь и имущество наших граждан будут защищены, свобода передвижения гарантирована, а чехословацкие войска будут полностью выведены, наши войска вскоре покинут Сибирь [Henshū 1989, 4][13].

«Односторонняя» фаза японской интервенции в Сибири началась, когда японский военный духовой оркестр проводил генерала Грейвса и последние американские части, отбывавшие из Владивостока 1 апреля 1920 года. Пройдёт совсем немного времени, прежде чем у оставшихся там японских войск появится ярко выраженное намерение установить благоприятный для Японии режим. Сложно сказать, насколько совершавшиеся наперекор решениям кабинета министров действия в Сибири были скоординированы или санкционированы генштабом. Почти все японские исследователи Сибирской интервенции считают это непреложным фактом, однако документальных доказательств тому не так много[14]. Тем не менее временная привязка и характер действий армии в Сибири более чем достаточны, чтобы продемонстрировать ее постоянное желание вести самодостаточную, единоличную политику. Примечательны бои между японскими и российскими войсками во Владивостоке, которые произошли в ночь с 4 на 5 апреля. Используя в качестве оправдания необходимость предотвратить повторение Николаевского инцидента, японские войска во Владивостоке с середины марта занимали значимые объекты и стратегически важные позиции. Пока разрабатывалось соглашение о сотрудничестве между японскими и русскими войсками, японцы неожиданно атаковали, рассредо-

---

[13] Транспортная свобода означала интернационализацию реки Амур.

[14] [Shinobu 1968: 987–991] — ранний пример; [Hara 1985: гл. 20 passim] — более поздний; [Smith 1975: 33] — показательно для предположений Запада.

точили и разоружили русские войска во Владивостоке и в каждом крупном городе вдоль железной дороги до самого Хабаровска [Shinobu 1968: 987–989]. Корейская часть Владивостока сильно пострадала, по меньшей мере 300 корейцев, связанных с движением за независимость, были убиты и ещё 100 арестовано [Smith 1975: 41]. Также убили многих коммунистических лидеров, остальным удалось бежать, при этом сотрудничать с японцами никто не хотел: им не доверяли и их ненавидели почти все русские. В итоге японцы смогли лишь сильнее ограничить власть уже покорного, но по-прежнему враждебного городского правительства [Smith 1975: 37–45].

В свете неудачных попыток армии сформировать во Владивостоке дружественное марионеточное правительство Исибаси Тандзан вновь выступил с резкой критикой государственной политики. Подобные действия не только вызывали враждебность русских, но и показывали, что с дипломатической точки зрения Япония является страной, которой нельзя доверять. «Откровенно говоря, во всей России или даже в мире, скорее всего, не найдётся ни одного человека, действительно одобряющего наши действия в Сибири». Далее он перечислил недостатки политики интервенции. Интервенция в России, несомненно, являлась вмешательством в её внутренние дела, а защита японских граждан не была изначальной целью интервенции. Считалось, что её жизненно важная цель — не позволить политической нестабильности распространиться из Сибири в Маньчжурию и Корею, но если это означало не допустить распространения «опасного мышления», то как можно достичь подобной цели военным путём? В любом случае попытки вмешаться в гражданскую войну внутри границ другой страны были бессмысленны. В довершение всего, Япония препятствовала переговорам между временным правительством во Владивостоке и правительством в Москве, при этом если она действительно хотела содействовать стабильности на Дальнем Востоке России, то ей стоило приветствовать консолидацию власти в регионе [Ishibashi 1920: 12–13].

Российские власти во Владивостоке были порядком запуганы, но всё равно отказывались сотрудничать. Тем не менее 29 апреля было достигнуто соглашение, запрещающее любым вооружённым отрядам русских вести деятельность внутри зоны, ограниченной тридцатью километрами в обе стороны от железной дороги из Владивостока в Хабаровск, а также от китайской границы. Хара с подозрением отнёсся к первым сообщениям о боевых действиях («Пахнет каким-то заговором со стороны армии в Сибири», — написал он в своём дневнике) [Taya 1987: 83], но тем не менее от них не открестился. Позже в Национальном парламенте Танака оправдал действия армии как необходимые для обеспечения безопасности войск [Fukubu 1996: 786–789].

Дискуссии начала 1920 года о необходимости присутствия японских войск в Сибири в целом основывались на предпосылке, что наступление Красной армии на восток продолжится до тех пор, пока она не достигнет берегов Японского моря. Но в действительности Красная армия не смогла продвинуться дальше Иркутска: этого не позволила война с Польшей и внезапное возрождение военной мощи белых под руководством генерала Врангеля в Крыму. Несмотря на то что пробольшевистские правительства существовали по всему Дальнему Востоку России, кроме Благовещенска, они представляли собой скорее умеренные земства, чем более воинственные Советы. Кроме того, не предпринималось никаких попыток консолидировать эти правительства в Российскую Федерацию — московское правительство Ленина. Напротив, по непосредственному приказу Ленина, различные региональные правительства начали соединяться в структуру, которая позже станет известна как Дальневосточная республика (ДВР). Целью такого соединения являлось создание буферного государства «под демократическим флагом», которое ослабит японские страхи коммунистической экспансии в той мере, которая позволит им вывести свои войска [Smith 1975: 23–26].

Предполагаемая история создания ДВР была известна японцам. Позже Идзуми Тэцу составил обзор предпосылок для появления новой республики. В нём он отметил, что ответственность за ее создание лежит на правительстве Ленина в Москве, но появление буферного государства служит японским интересам в той мере, в какой становится возможным выход из боевых действий японцев и красных, разбросанных по всему региону в результате развала армии белых [Izumi 1920a]. Но зарождение ДВР не заставило генштаб армии вывести японские войска как можно скорее. Напротив, теперь полные безграничного оптимизма, значительных амбиций и решительного оппортунизма (все эти качества лежали в основе имперской экспансии Японии) защитники интервенции из числа военных надеялись заставить новое государство пойти на уступки. Образование ДВР выявило также неэффективность большей части действий японской армии в Сибири. До попытки переворота 4–5 апреля считалось, что столицей новой республики станет Владивосток, однако ее провозглашение состоялось 6 апреля в Верхнеудинске [Smith 1975: 45].

Поначалу кабинет министров планировал приступить к выводу японских войск из Забайкалья весной. Однако правительство не желало начинать его до нормализации ситуации в Николаевске. После первых сообщений о трагедии армию всё более настойчиво призывали сделать что-нибудь для спасения пленных соотечественников, однако попасть в город посреди зимы было практически невозможно. Даже если отбросить вопрос доступности дров, подготовка спасательной миссии из Хабаровска в Николаевск на расстояние более 400 миль по лесу была равносильна снаряжению полярной экспедиции. Снег, лёд, бушующие ветра и температуры под минус 40 градусов, не говоря уже о постоянной опасности со стороны тигров, волков и неведомого количества хищников из числа людей, делали отправку военного подкрепления любого размера невозможной с логистической точки зрения.

После первого нападения партизан в начале февраля генерал Оой потребовал направить в качестве подкрепления для осаждённого гарнизона майора Исикавы бригаду 7-й дивизии под командованием Тамона Дзиро. Однако недоступность региона в связи с замерзанием Татарского пролива заставила генштаб отложить приказ об отправке подкрепления до середины апреля. Даже тогда спасательный отряд смог продвинуться не дальше

Александровска на севере острова Сахалин; пришлось ждать, пока растает лёд на заливе Де-Кастри[15]. Пересечь залив и попасть на материк удалось только 19 мая. В это же время 3-й батальон 2-го пехотного полка (9-я и 10-я роты) под командованием майора Кокубу отправился из Хабаровска в изнурительный поход по суше с целью обеспечить безопасное место высадки. Таким местом стал небольшой портовый город Алексеевка примерно в 150 милях к югу от Николаевска. Основой спасательного отряда станет 25-й пехотный полк из Асахикавы (Хоккайдо) под командованием генерал-майора Цуно. Пока ему было приказано соединиться с войсками, уже сосредоточенными в Алексеевке, и отправиться по суше в Николаевск. Подразделения Третьего флота высадились на берег и присоединились к войскам Цуно 29 мая [Mito Shishi 1995: 284–285].

Естественно, интерес общества к тому, что произошло в Николаевске, был огромен. Прибыв из Цуруги в конце апреля, корреспондент «Osaka Mainichi» Намура Торатакэ узнал из российских источников, что в городе всё ещё находились оставшиеся в живых японцы. Разговор японцев с Тряпицыным по радио 24 апреля подтвердил этот факт [Hackemer 1998: 118]. Намуре удалось примкнуть к спасательному отряду. Он вошел в группу корреспондентов, среди которых был Като Масаси, «прикомандированный журналист» (*jyūgun kisha*) «Ibaraki Shinbun» из города Мито. Като сообщал о крайне медленном продвижении спасательного отряда. Вскрытие зимнего льда заставило его следовать по суше, что было еще труднее, особенно на лошадях. Для предварительной разведки и с целью уточнения сложившейся в городе ситуации использовалась авиация. В итоге отряду удалось войти в Николаевск только 3 июня, и это было слишком поздно. Последние японские узники погибли 24 мая во время поджога их тюрьмы. Оставшаяся часть города была предана огню при отступлении отряда Тряпицына на север. Когда в Николаевск вошли японцы, от него остались лишь обугленные остовы зданий [Mito Shishi 1995: 285; Hara 1985: 536–544].

---

[15] С 1952 года — залив Чихачева. — *Примеч. ред.*

Намура, Като и другие журналисты делились скорбными свидетельствами того, что они увидели в Николаевске. Посетив сгоревшую тюрьму, в которой содержались последние оставшиеся в живых японцы, Като написал:

Сначала в нос попадает ужасный запах, который невозможно забыть. В центре находятся восемь камер. Разбросаны протухшие онигири, всё вокруг в крови. К стене приколочено красное женское бельё, что вызывает настоящее потрясение. На стенах камеры номер два множество надписей: «Никогда не забудьте: 12:00, 24-й день, пятый месяц девятого года Тайсё!» и рядом часовой циферблат, показывающий полдень. Особенно печально то, что кто-то красным карандашом вывел даты с 19 мая до 23 июня и вычёркивал дни вплоть до 24 мая, но с 25 мая никаких отметок уже нет [Mito Shishi 1995: 286–287; Henshū 1989, 4: 245].

Когда японские войска получили контроль над городом, началось расследование обстоятельств инцидента. 10 июня майор Кокубу направил своему руководству в Хабаровске отчет. Посредством телеграммы он с глубоким прискорбием сообщил в штаб 14-й дивизии, что спасение его соратников невозможно. Теперь все его силы были направлены на расследование обстоятельств трагедии. Архив батальона или роты пока не был найден, но дневниковые записи и слова русских свидетельствовали о героической битве, хотя выявить действия отдельных людей представлялось сложным. Майор Исикава, офицер Мизуками и офицер Гото, по всей видимости, были убиты в бою 13 марта. Лейтенант Кавамото отважно сражался до конца, а первый сержант Таяма был серьёзно ранен, после чего умер от ранений. Эту телеграмму опубликовали в газетах Мито 12 июня [Mito Shishi 1995: 286–287].

Правительство вело своё расследование очень неспешно, что вызвало бурю негодования со стороны газет. В отличие от несчастных солдат батальона Танаки, погибших в прошлом году, «мучеников» Николаевска оплакивала вся страна. Описывая их страшную судьбу, СМИ соревновались друг с другом в том, кто приведет больше подробностей резни. Победила «Tokyo Nichi Nichi», обнародовавшая предварительный вариант правительственного отчёта за день до того, как его совместную публикацию осуществили армия и военно-морской флот [Henshū 1989: 247–248][16]. «Osaka Mainichi» воспользовалась рассказом о кровавой бойне очевидца, своего корреспондента в Николаевске, и организовала его информационный тур по всей стране. «Историю трагедии в Николаевске можно рассказать! Листайте фотографии резни!» Ничто более не способно так наглядно отразить смесь корысти, саморекламы и патриотизма в газетном материале о трагедии, как запыхавшийся, состоящий из одного предложения подзаголовок статьи.

> Тщательно изучив следы жестокости, сопровождавшей убийство семисот наших братьев в Николаевске от рук подлых партизан, наш военный корреспондент Намура Торатакэ, специально отправленный в Приморскую область, вскоре вернулся, чтобы как можно скорее сообщить новости шестидесяти миллионам сограждан; он с большим успехом представил свой отчёт по результатам расследования Николаевского инцидента в 17:00 (и повторно в 19:30) в центральном лектории Осаки, где толпа, лавинообразная шеститысячная масса народа, бросила вызов дождю, пытаясь попасть на первое выступление[17].

Надев военную форму, в которой он сопровождал войска, 25 июня Намура вновь представил свой отчёт, на этот раз жителям самого Мито, которых собралось около полутора тысяч [Mito Shishi 1995: 289–290].

Это было на следующий день после торжественной церемонии в честь погибших смертью храбрых солдат 2-го пехотного полка. 9 июня штаб полка в Мито разослал семьям погибших официальные телеграммы с сообщением о судьбе их родных. Группа из

---

[16] Предположительно, произошла утечка информации: язык отчёта весьма сходен с слогом официальной версии.

[17] Noberaretari! Nikko Higeki no Emaki // Osaka Mainichi. 24 июня 1920 года [Henshū 1989, 4: 250–251].

примерно двадцати офицеров военного министерства и штаба 14-й дивизии в Уцуномии получила задание посетить семьи погибших; каждый офицер навестил в среднем 15 семей. Члены Ассоциации женщин-патриоток города Мито и местной ассоциации резервистов также посетили семьи погибших и рассказали местным газетам о скромном материальном положении большинства этих семей [Mito Shishi 1995: 287–288].

23 июня семьи жертв трагедии в Николаевске получили останки погибших и памятные свитки от военного министерства. На следующий день губернатор префектуры Ибараки и старшие офицеры 14-й дивизии возглавили совместную синтоистско-буддийскую поминальную службу в парке Токива. На ней присутствовали министр армии Танака, начальник генштаба Уэхара, генерал Оой, глава общенациональной ассоциации резервистов, губернаторы префектур Тотиги, Сайтама и Гумма и другие высокопоставленные чиновники. Заупокойную службу посетили более 1000 членов семей погибших, около 400 почётных гостей и ещё примерно 1000 обычных наблюдателей. Примерно 6000 учеников начальной и средней школы привели в местные храмы с тем, чтобы они помолились за погибших. Состоялось специальное совместное заседание Национального парламента, на котором премьер-министр Хара выразил соболезнования семьям жертв трагедии [Mito Shishi 1995: 288–289].

12 июля в Мито была совершена особая служба в память о майоре Исикаве и одиннадцати других жителях города. На ней мэр города предложил поставить погибшим памятник. В отличие от жителей Оиты в прошлом году, граждане Мито согласились принять участие в данном предприятии, и к марту 1922 года мемориальный камень был воздвигнут [Mito Shishi 1995: 289–290].

Во время назревающего в Николаевске кризиса правительство показало себя медлительным и неотзывчивым, и после того, как стала известна судьба жертв этого кризиса, накопившийся гнев общества превратился в бурю осуждения кабинета министров и его сибирской политики. Нинагава Арата отметил, что имевшая место в стране и за ее пределами реакция на ужасы резни заставила многих настаивать на необходимости вывода японских

войск с Дальнего Востока России. Однако он был не согласен
с этим. Если бы в городе находилось достаточное число японских
войск, то партизаны никогда не осмелились бы совершить на
него нападение. Те критики правительства, которые спрашивали,
почему подкрепление не прибыло раньше, не поняли главного.
Вопрос заключался в том, почему гарнизон, оставшийся в Николаевске на зиму, оказался недостаточным? [Ninakawa 1920: 8–9]
Исибаси Тандзан подошёл к критике сибирской политики правительства совершенно с другой стороны. Он писал:

> Мне очень больно за судьбу несчастных жертв. И в то же
> время я понимаю, что трагедия произошла в результате
> бездумной политики нашего правительства. Если бы наша
> страна вывела войска из Сибири ранее, трагедия бы не
> произошла. Главной ошибкой была отправка малочислен-
> ного подразделения наших войск вместе с нашими гражда-
> нами в абсолютно изолированный Николаевск.

Однако последовавшие за этим действия правительства показали, как такое стало возможным. Вспомогательные войска, занявшие территорию, начали собирать в порту таможенный сбор.
«С самого начала был очевиден наш подход, не признающий
суверенитет российского правительства». Если подобное поведение продолжится, японцы будут всё чаще становиться жертвами нападений не только в Сибири, но и по всей Восточной Азии
[Ishibashi, Zenshū 1971, 3: 485–486].

Тагава Дайкитиро, член парламента и, подобно Исибаси, убеждённый сторонник демократизации и защитник «адекватного
курса конституционного правительства», принадлежал к узкому
кругу представителей «малого японизма» (shōnihonshugi) [Arima
1999: 97, 235]. В качестве последнего он периодически писал
комментарии для «Tōyō Keizai Shinpō», а события в Николаевске
побудили его исследовать связь между внешней и внутренней
политикой Японии. В своей статье «Николаевский инцидент
и события в Судане» он сравнил политические волнения в результате Николаевского инцидента с кризисом в британской
политике, вызванным зверским убийством в 1888 году солдат

генерала Гордона в Хартуме. Подобно тому, как суданский кризис привел к изменениям в политике Великобритании, Николаевский инцидент может привести к изменениям в политике Японии. Он отметил удивительное сходство между двумя событиями: сначала поступают сообщения о бойне и смертях, за которыми следует длительное молчание, после чего политическая оппозиция заставляет правительство организовать спасательную операцию, однако, прибыв к месту назначения, участники этой операции находят полное разрушение и не находят выживших. Тагава задавался вопросом, окажется ли развитие событий в Японии похожим на последствия суданского кризиса [Tagawa 1920: 23].

Тагава подчеркнул, что крах правительства Глэдстоуна не был связан с Суданским кризисом напрямую: он случился позже, при попытках провести бюджет, раздутый появившейся в результате кризиса необходимостью сохранить империю. Протесты против повышения налогов, которые возглавил лорд Солсбери, привели к краху либерального правительства и возвращению к власти консерваторов. С помощью этой аналогии Тагава показал, что главная опасность для кабинета министров Хары — не провал в результате неспособности прислушаться к призывам преодолеть кризис, а отказ людей нести всё новые и новые тяготы существования в качестве подданных империи. Его намёк на недовольство правительством в связи с последствиями продолжения Сибирской интервенции был довольно прозрачным [Tagawa 1920: 24].

Ёсино Сакудзо мыслил примерно так же, однако его предостережение имело несколько иной характер: он рассматривал интервенцию как одну из «трёх главных внешнеполитических проблем Японии» (две другие — вопрос сохранения концессий в Шаньдуне и судьба англо-японского союза). Его доводы состояли из двух частей. Первая напоминала то, что он написал пять месяцев назад. Вмешательство в дела другой страны неправильно, и большинство людей это понимают. Невозможно найти выход из ситуации, который не вызвал бы враждебность большей части русских. Соединённые Штаты не одобряли действия Японии. Оправдания для продолжения Сибирской интервенции были слабыми, а надежды милитаристов на воспитание дружественной к японцам категории русских — призрачными [Yoshino 1995: 111].

Вторая часть доводов непосредственно касалась политики Японии после Николаевского инцидента. Несмотря на его трагическое содержание, Ёсино считал, что японцам следует воспринимать события бесстрастно и избегать необдуманных действий. Если подобные инциденты повторятся, сторонники продления интервенции, безусловно, воспользуются ими для оправдания своей политики. Общество не должно позволить обращаться с собой подобным образом. Также необходимо проявлять осторожность в ситуации, когда поиски виновных в трагедии могут стать политической тактикой. Выпады против кабинета министров Хары способны оказаться орудием для уничтожения партийного правительства. Требовалась осторожность [Yoshino 1995: 113–114].

Однако резня в Николаевске и насущная необходимость разработать для Сибири и России в целом «политику жизни после катастрофы» привели к требованиям отставки ответственных должностных лиц. И в этом случае понятие ответственности имело явно политическую коннотацию. 22 июня 1920 года «Osaka Mainichi» прямо изложила суть дела в редакционной статье под названием «Способ объяснить ответственность», требуя отставки министра армии Танаки Гиити. Эта отставка не только сделает очевидной личную ответственность министра за трагедию, но также станет важным шагом к установлению «ответственной политики»[18], что созвучно утверждению «Tokyo Asahi» почти годовалой давности.

> В настоящее время мы убеждены, что министр армии должен взять на себя ответственность и уйти в отставку. Руководство армии, очевидно, тоже должно быть призвано к ответу. Тем не менее мы считаем, что груз вины лежит в первую очередь на политиках, поэтому, прежде всего,

---

[18] Sekinin o Akiraka ni Suru Michi // Osaka Mainichi. 22 июня 1920 года [Henshū 1989, 4: 245–246].

нужно дать по шапке военному министру (*sojyō ni noseru*). Можно возразить, что согласно праву верховного командования военный министр ответственности не несёт. Но Сибирской интервенции не сопутствовало объявление войны: решение её начать лежало в области политики. В таком случае само собой разумеется, что вина за тактические ошибки лежит на представителе армии в кабинете министров. Таким образом, мы считаем, что, согласно принципу ответственной политики, отставка военного министра должна быть отправной точкой нашего курса после катастрофы.

Не только «Osaka Mainichi» надеялась на то, что отставка Танаки сделает кабинет министров верховным органом по выработке государственной политики и приведёт к установлению хотя бы частичного контроля правительства над действиями армии. К действиям армии в Сибири относились с презрением, однако никто не заявлял, что за дела в Сибири ответственна в первую очередь армия (таких предположений было много в первые месяцы интервенции). Действительно, для того, чтобы идея ответственной политики сработала, нужно было доказать, что вся ответственность за дела в Сибири лежит на кабинете министров Хары. Но интервенция затягивалась, армию же воспринимали как главное препятствие для вывода войск, вот почему представления стали меняться.

Как ни странно, человеком, желавшим использовать отставку министра армии для установления контроля над японскими войсками на Дальнем Востоке России, был Танака Гиити. Пока пресса бурно требовала, чтобы правительство Хары взяло на себя ответственность за политику в Сибири, кабинет министров и генштаб без лишних слов подходили к моменту истины о том, кто же действительно выстроил японскую политику на Дальнем Востоке России [Tazaki 1981: 5–7]. Из-за Николаевского инцидента вопрос вывода войск из Западной Сибири отложили в долгий ящик. Однако в начале июня кабинет министров вернулся к этой проблеме, а также внёс в повестку дня вопрос о том, какие действия должна предпринять Япония в связи с инцидентом и следует ли начать переговоры с появляющейся на свет Дальневосточной республикой. О намерении вывести японские войска из Западной Сибири было официально заявлено 2 июня[19]. Кабинет министров решил действовать в двух направлениях. Японская армия оккупирует территорию вокруг Николаевска, а также северную часть острова Сахалин, и будет контролировать их до тех пор, пока не появится российское правительство, способное возместить ущерб от инцидента. В то же время, после того как будут выведены последние чехословацкие подразделения, японские войска отступят из Забайкалья и Северной Маньчжурии на западе от Харбина. С Дальневосточной республикой начнутся переговоры о создании между русскими и японскими войсками нейтральной буферной зоны, но эти переговоры не выйдут за рамки указанных исключительно военных вопросов [Shinobu 1968: 999].

Оккупация северного Сахалина и Николаевска в ответ на инцидент началась 3 июля. При этом было заявлено, что вывод войск из области на границе с Кореей или с территории вокруг Хабаровска не планируется: там ещё предстоит восстановить порядок[20]. Новая политика вызвала критику со всех сторон. Правительство ДВР и советское правительство отрицали свою ответственность за инцидент и выступали против захвата русских территорий. Они настаивали на том, что Тряпицын был просто преступником, который действовал самостоятельно, и весьма убедительно заявляли, что ни одно правительство не контролировало город во время инцидента (тем не менее в марте Советы без тени сомнения использовали этот инцидент в качестве примера того, что случится с японскими войсками, если они не уйдут из Сибири) [Hackemer 1998: 124]. Когда в июле власти ДВР схватили Тряпицына, его быстро судили за его действия в Николаевске и расстреляли. США также были недовольны захватом северного Сахалина. Американцы считали, что действия Японии противоречат обещаниям, данным в начале Сибирской интер-

---

19  Osaka Mainichi. 2 июня 1920 года [Henshū 1989, 4: 233].
20  Tokyo Nichi Nichi. 4 июля 1920 года [Henshū 1989, 4: 233].

венции. Отмечалось, что в совместных заявлениях 1918 года нет никакого оправдания подобному нарушению территориальной целостности России. США объявили, что правительство США не признает оккупацию Сахалина никакими нероссийскими властями[21]. Вместе с тем императорская армия роптала на вывод войск из Западной Сибири [Tazaki 1981: 11–12].

Нинагава Арата тоже выступал против предложенного вывода войск. В выпуске «Gaikō Jihō» от 1 августа он писал, что сторонники вывода войск из Сибири не могут понять, что без присутствия японских войск интересы Японии в Приморской области не смогут быть соблюдены, в частности, «важнейшая» для страны рыбная промышленность, а также жизнь и собственность японских граждан будут полностью уничтожены. Это окажется сильнейшим ударом по Японии. Такую выстраданную в Русско-японской войне победу нельзя просто пустить по ветру. Влиятельное положение японских граждан в Сибири, особенно в таких городах, как Владивосток, очень быстро сменится доминированием китайцев и других иммигрантов [Ninakawa 1920: 9].

Но самая большая опасность — позволить создание большевистского государства прямо на границе с Кореей, откуда оно может дестабилизировать власть в Японии. «Разве это не серьёзнейшая угроза самому существованию Японии?» Нинагава совершенно не разделял мысли о том, что Япония не могла воевать с большевиками в одиночку и должна действовать совместно с другими державами. «Этот довод далёк от истины. Посмотрите, что случилось с граничащей с большевиками Польшей. Ей пришлось участвовать в войне, которую полякам помогали вести Великобритания и Франция». Жить в мире со страной, настолько «злодейской и неразумной» в своей внутренней политике, как страна большевиков, было невозможно. «Япония будет бороться

---

[21] Переписка Колби с Сидэхарой, 16 июля 1920 года, Госдепартамент США (PapersRelating to the Foreign Relations of the United States, 1920, Russia. Том 3. Вашингтон, 1936 год. С. 517–519). Это послужило прецедентом для Корделла Халла, объявившего «политику непризнания» США действий Японии в Маньчжурии в 1931 году.

с таким несправедливым государством, и эта отчаянная борьба окажется справедливой» [Ninakawa 1920: 10].

К тому же Япония была явно не единственной осуществлявшей интервенцию страной мира. Великобритания осуществляла интервенцию в Турции, французы — в Сирии; Америка периодически совершала интервенцию в Мексике. Нинагава не понимал логики тех, кто объявлял интервенцию незаконной или аморальной. Он считал, что «совершение интервенции в целях самозащиты, безусловно, оправданно». Согласно статье 11 Устава Лиги Наций, на Японии лежала обязанность бороться с большевиками как с «общим врагом» (*kyōdō no teki*). Оставить им ресурсы Сибири — непозволительная расточительность. «Япония и великие державы должны придерживаться курса на разработку ресурсов Сибири». Однако Нинагава полагал, что заниматься Сибирью должна только Япония, в критике этого положения другими государствами или сопротивлении ему внутри страны нет ни нужды, ни необходимости.

> С помощью своего богатства, власти и интеллекта японцы должны заняться развитием [Сибири] для мира, и следует сказать, что мы не сможем этого добиться, если выведем войска. Сибирь — не американская территория, и Америке не следует вмешиваться в действия Японии [Ninakawa 1920: 12].

Публичные заявления Нинагавы о необходимости остаться в Сибири отражали частные мнения внутри генштаба. В свете продолжающегося сопротивления последнего новому курсу правительства министр армии Танака решил довести дело до конца[22]. К тому моменту он уже был убеждён, что сохранение присутствия войск в Сибири — бессмысленно, ведь оно не помогало достигнуть поставленной цели. Другие великие державы стали относиться к Японии настороженно, что могло поставить её в потенциально опасное положение международной изоляции. Внутри страны продолжение интервенции вызывало недоверие

---

[22] Краткий обзор борьбы кабмина и генштаба смотрите в [Humphreys 1995: 25–29].

народа не только к армии, но и к правительству, на кону стояло само существование кабинета министров. Если Япония надеялась участвовать впоследствии в развитии Сибири, было совершенно необходимо изменить позицию генштаба [Tazaki 1981: 12].

В конечном итоге единственным облечённым властью человеком, который мог способствовать разрешению этого конфликта, был пожилой *genrō* Ямагата Аритомо, что ещё раз (и это был один из последних подобных случаев) продемонстрировало эффективность обращения к старому политику с просьбой выполнить функции посредника и судьи, которые может выполнить только он. Судя по всему, полного разрыва отношений между кабмином и генштабом позволило избежать тем летом только его участие. 12 июня 1920 года Ямагате сообщили мнение кабинета министров, и он с ним согласился. Танака заявил о решимости придерживаться выбранного курса, несмотря на сопротивление генштаба. «Даже если мне придётся уйти в отставку, или если меня заставят уйти в отставку, мы намерены вывести войска» [Tazaki 1981: 9–10].

Угроза отставки Танаки поставила Ямагату перед необходимостью поддержать одну из сторон. Однако *genrō* действовал осторожно. Не желая рисковать судьбой кабинета министров Хары, он подготовил своего заместителя Яманаси Хандзо к тому, чтобы заменить его в случае неудачи [Tazaki 1981: 12–13]. У Танаки была причина надеяться на то, что Ямагата примет его сторону, ведь сам он был человеком Тёсю и последним (после Кацуры Таро и Тэраути Масатакэ) из выдающихся протеже Ямагаты. В свою очередь Уэхара был из Сацумы и никогда не состоял в столь доверительных отношениях с *genrō*. Кроме того, Ямагата был убеждён в неприбыльности интервенции и в том, что она усложняла международное положение Японии, он был согласен на всё, что могло остановить интервенцию. Наконец, противостояние кабинета министров и генштаба не было связано с проблемой независимости вооружённых сил. Вопрос заключался в том, будет ли административное и военное руководство армии контролировать формирование политики в мирное время. Будучи бывшим премьер-министром, два протеже которого стали премьер-министрами сами (он надеялся, что и Танака повторит их судьбу, но обстоятельства, при которых это случилось, поразили бы пожилого *genrō*), Ямагата не собирался уступать ключевую прерогативу министерства армии [Smith 1986: 15–16].

В начале августа 1920 года Танака снова встретился с Ямагатой для того, чтобы постараться поторопить олигарха с его решением, но это оказалось не так просто. Ямагата не хотел отставки Танаки, но и не был пока готов безоговорочно его поддержать. Прежде чем принять решение, Ямагата настоял на участии в дискуссии Хары. 5 августа Танака сообщил Харе о своём разговоре с Ямагатой. «Мнение начальника генштаба Уэхары остаётся прежним, — сказал Танака Харе. — Генштаб требует контроля над Сибирью на основании права верховного командования. Но Сибирь — это не война, а решённый вопрос политики данного правительства». Не имея возможности заставить генштаб изменить свои взгляды, он хотел уйти в отставку [Shinobu 1968: 1002]. Хара настаивал на том, чтобы Танака не принимал бесповоротных решений, пока премьер-министр не поговорит с пожилым *genrō* [Tazaki 1981: 13].

9 августа политики встретились для того, чтобы обсудить ситуацию. Согласились на том, что Танаке нельзя позволить уйти в отставку. Как на следующий день сказал Танаке Хара, он объяснил Ямагате, что Танака обязан остаться.

> Только тот, кто служил в армии, может надеяться на успех в военной реформе, и никто другой. Но если использовать яростный настрой общества против армии, то его сила сделает реформу возможной. Есть те, кто считает, что если реформы увенчаются успехом, армия окажется бессильной, но дело не зайдёт так далеко. В настоящий момент общественное мнение, в том числе и на международном уровне, полагает генштаб синонимом милитаризма. С другой стороны, правительство видят в выгодном свете, и вряд ли наши попытки реформировать генштаб будут неправильно поняты. Если невозможно примирить военных и гражданских, то оборона страны не будет обеспечена. Военные не только ответственны за оборону страны; неуправляемая армия отталкивает от себя людей и не может обеспечить безопасность. Поэтому наша обязанность — усилить обо-

рону страны. Мы живём в такое время, когда довоенный образ мышления уже не актуален. И вряд ли могут быть сомнения в том, что по причине необходимости реформ следует вступить в борьбу с генштабом [Shinobu 1968: 1002].

Однако, будучи прагматичным политиком, Хара беспокоился о том, что, если Танака уйдёт в отставку, общественность не поймёт причины, по которой он это сделал. Министра армии до сих пор публично критиковали за его роль в Николаевском инциденте; правда, 18 июня он и министр военного флота подали в связи с этим инцидентом заявления об отставке, которые Хара не принял. Хара рассуждал так: если Танака сейчас уйдёт, то общество будет считать, что причиной этому Николаевск. Люди не смогут понять более сложную проблему конфронтации между кабинетом министров и генштабом, и бесценная возможность воспользоваться «яростным настроем общества против армии» будет упущена. Это может служить примером того, как прозорливый политический интриган натаскивал будущего армейского политика. Решимость Танаки бороться с генштабом не ослабла, однако он понимал логику Хары и поэтому решил повременить с осуществлением своей угрозы с тем, чтобы гнев по поводу Николаевска остыл [Tazaki 1981: 12, 14]. Итак, первый раунд противостояния между министром армии и начальником генштаба окончился вничью, но борьба будет продолжена.

Хара также был полон решимости довести дело до конца. В данном позднее интервью он объяснил, почему нужно отменить право верховного командования.

Сегодняшний день весьма отличается от прошлого, когда создавалась наша империя. Сохранять право верховного командования в будущем — опасно. Тогда у правительства и трона было множество точек соприкосновения, и полнотой власти обладал император. Но император не имеет прямого отношения к политике. ... Люди, связанные с генштабом, этого не понимают. Они хотят привлечь трон к международным делам, что является большой ошибкой [Tazaki 1981: 16].

Чуть позже Хара обсудил ситуацию с министром военно-морского флота Като. Като поддержал решение Хары отложить конфронтацию до лучших времён, но не смог удержаться от понятной посвященным иронии: «Военно-морской флот давно решил проблему [права верховного командования]. Почему же армия так с ней и не справилась?» [Shinobu 1968: 1003]. С учетом того, что впоследствии руководство военно-морского ведомства отчаянно настаивало на праве верховного командования с тем, чтобы не позволить кабинету министров присоединиться к Лондонскому морскому договору 1930 года, и таким образом способствовало окончательному разрыву между армией и партийным правительством, ирония Като не требует объяснений.

Лето 1920 года оказалось для жителей Мито скорбным: они получили останки убитых в Николаевске. У жителей Нары почти не было новостей о 53-м пехотном полке в Северной Маньчжурии, за исключением кратких сводок о боях начала июля и некотором количестве убитых среди солдат, находящихся в поселке Раздольное Приморской области. Готовилась к отправке следующая группа поддержки войск. 21 августа национальное издание сообщило об отправке этой группы на фронт. Однако на этот раз их путешествие с целью навестить всех солдат полка не будет таким же эпическим, как предыдущее, состоявшееся в марте.

Вывод японских войск из Забайкалья начался 16 августа, и к 24 августа все они оказались за китайской границей. В середине июля 53-й полк получил заблаговременный приказ прикрыть это отступление, после чего уйти вместе с остальными японскими войсками в Харбин. Войска, дислоцированные в городах Маньчжурия и Цицикар, уже были отведены. 31 августа 12-я рота в Мохэ и 5-я рота в Хайларе завершили свою переброску. В тот день «Tokyo Asahi» объявила (хотя сообщение оказалось не совсем корректным), что теперь «к западу от Харбина не осталось ни одного солдата» [Oya 1989: 235].

Григорий Семёнов остался в Чите без японской поддержки, однако, будучи не в состоянии противостоять большевикам в одиночку, покинул город и большую часть своих солдат в конце октября. Появлялись сообщения о том, что он смог бежать благодаря поддержке японской армии, однако на самом деле он воспользовался личным самолетом, который держал специально для этих целей [Henshū 1989, 4: 237–238; Palmer 2009: 101]. После того как находившийся в Чите «камень преткновения» самоустранился, правительство ДВР переехало из Верхнеудинска, с тем чтобы использовать возможности усиления контроля над своими территориями. В начале ноября оно заявят о завершении объединения республики. Тем временем никому не нужные остатки армии Семёнова в течение месяца переходили границу, после чего их разоружили в Маньчжурии и отправили во Владивосток [Smith 1975: 74–80]. Сообщалось, что самого казацкого атамана в начале декабря видели вместе с офицерами японской армии в специальном поезде в Корее[23]. С помощью японцев ему даже удалось попасть 27 ноября в Приморскую область. Он ненадолго прибыл во Владивосток, но протесты со стороны Народного собрания, иностранных послов и, конечно, полное недоверие к нему русского народа заставили атамана следовать дальше. 5 декабря под защитой японцев Семенов отправился в Порт-Артур [Smith 1975: 75]. Может быть, он ещё окажется полезен?

---

[23] Несколько свидетельств описывают этот процесс в [Henshū 1989, 4: 238–239].

# Глава 6

# «Размещение солдат на неопределенный срок бесполезно и губительно»

*На пути к принципиальной готовности к выводу войск, сентябрь 1920 — май 1921 года*

1 сентября 1920 года последние подразделения чехословаков, оказавшихся предлогом для ввода японских войск в Сибирь в августе 1918 года, отправились домой[1]. Идзуми Тэцу написал по этому поводу свою новую и оказавшуюся в конечном итоге последней статью об интервенции, «Проблема Сибири с точки зрения международного права». Статья состояла из трёх разделов: в одном из них рассматривались последствия Николаевского инцидента, в другом — оккупация северного Сахалина, но самый большой раздел был посвящён самой проблеме интервенции. В его начале автор делал общий обзор событий в Сибири, утверждая, что Япония всё время действовала там в статусе союзника и преследовала цели, поставленные Великой войной. Идзуми повсюду настаивал на том, что единственным мотивом Японии была помощь союзникам. «Япония отправила [в Сибирь] значительно большее число войск, чем другие страны, но это было сделано исключительно для спасения чехословаков». Тем не менее

---

[1]  Chekku Gun Tettai Kanryij // Osaka Mainichi. 2 сентября 1920 года [Henshū 1989: 236].

он признал, что отправка войск, в десять раз превышавших численностью американские войска, оказалась «чрезмерной и неудачной»[2].

Обсуждая вопрос допустимости интервенции с точки зрения международного права, Издуми довольно свободно обращался с фактами и хронологией. В разгар событий он заявлял: «Россия потерпела крах, и нет ни одной политической организации, представляющей всех русских». Белое правительство в Омске пыталось утвердить свою власть в Сибири, но ему угрожало распространение влияния Германии на восток (при этом режим Колчака был учреждён через неделю после ноябрьского перемирия). На интервенцию решились для того, чтобы помочь находящимся в опасности чехословацким войскам и воссоздать Восточный фронт войны с Германией (однако и японцы, и американцы отрицали эти цели). В то же время правительство большевиков совершило предательство, подписав в марте 1918 года с Германией сепаратный мир. Союзники решили игнорировать этот шаг, по-прежнему считая Россию союзником, и решились на интервенцию для того, чтобы ей помочь, не нарушая ее суверенитет[3]. «Однако ситуация на войне резко изменилась, и противник был побеждён... но союзники не вывели свои войска из Сибири. Вывод войск отложили до тех пор, когда весь чехословацкий корпус будет освобождён». Когда закончилась война, «цель освобождения сменилась целью прорвать блокаду [чехословаков] большевиками внутри России». Поначалу старания союзников увенчались успехом. «Создание всероссийского правительства близилось к завершению, порядок в Сибири был почти восстановлен, опасность для чехословацких войск устранена, и ожидалось подписание мирного договора». Внезапно «появился фактор, кардинально изменивший цель размещения войск». Что именно это могло быть, не уточнялось, но «люди Сибири потребовали

[2] Izumi Tetsu. Kokusai Hōjō yori mitara Shiberi Mondai // Gaikō Jihō. № 380 (1 сентября 1920 года). P. 46.

[3] Izumi Tetsu. Kokusai Hōjō yori mitara Shiberi Mondai // Gaikō Jihō. № 380 (1 сентября 1920 года). P. 46–47.

вывода [войск], и Америка решила отступить сообразно их требованию»[4].

Однако Япония решила оставить войска в Сибири до тех пор, пока не будут выполнены условия из официального заявления правительства от 31 марта, к которым относились: устранение опасности для Кореи и Маньчжурии, гарантия сохранения жизни и имущества японских граждан, обеспечение свободы передвижения, стабилизация ситуации в приграничных с Японией районах. Далее Идзуми привел объяснения того, как Сибирь, «полностью лишённая какой-либо политической или социальной стабильности», угрожала японским владениям и арендованным территориям, а также жизни и имуществу японских граждан. Он утверждал, что Япония имела право и даже была обязана отправить свои войска в Сибирь для обеспечения выполнения указанных выше условий. Тем не менее Идзуми понимал, что, пытаясь унять беспорядки, Япония рисковала «вызвать подозрения со стороны революционеров и контрреволюционеров... в том, что она вмешивалась в политические дела страны»[5].

Тем не менее «те, кто говорит, что у нашей страны нет права на интервенцию в Сибири в таких обстоятельствах, безусловно, ошибаются». Япония обязана защитить не только своих граждан, но и граждан других стран. В самом деле, ситуация напоминала ту, которая сложилась в 1900 году во время боксёрского восстания. «Если бы массовые волнения не подавили, то оказалось бы невозможно освободить посольства [в Пекине]». Так как беспорядки угрожали миру в Восточной Азии, можно утверждать, что англо-японский союз также являлся оправданием для интервенции. Наконец, имелись и гуманитарные соображения. «Большевики в Сибири показали жестокое отношение к своим согражданам, они замыслили систематически их уничтожать; наша страна взяла на себя наказание тех, кто совершает подобные бесчело-

---

[4]  Izumi Tetsu. Kokusai Hōjō yori mitara Shiberi Mondai // Gaikō Jihō. № 380 (1 сентября 1920 года). P. 47–48.

[5]  Izumi Tetsu. Kokusai Hōjō yori mitara Shiberi Mondai // Gaikō Jihō. № 380 (1 сентября 1920 года). P. 49.

вечные действия». Эта аргументация была похожа на ту, которой в тот момент руководствовались союзники, совершавшие интервенцию для того, чтобы разнять греков и турок[6].

Однако, несмотря на все перечисленные Идзуми законные основания для интервенции, он не мог высказаться в пользу её продолжения. «Размещение войск в Сибири на основании упомянутых причин интервенции — повод для серьёзных сомнений; если наша цель — усмирить беспорядки, то для её достижения нужно отправить ещё больше войск». Но, «имея в виду серьёзные изменения в воззрениях всего мира в результате Великой войны... мы должны помнить об опасности недоверия к нам со стороны цивилизованных наций (*bunmei minzoku*)». Далее Издуми объяснил, что же это за изменения в воззрениях мира.

> Союзники воевали против милитаризма и агрессии, чтобы разные народы могли жить в мире, и чтобы такой прочный мир установился повсеместно; мир для народов означает устранение всех поводов для несправедливости по национальному признаку. Самая большая несправедливость — когда меньшинство угнетает большинство; это избавиться от такого угнетения значит покончить с подобной несправедливостью. Борьбу с внутренними беспорядками в Сибири лучше оставить самим сибирякам. Иностранная интервенция не способствуют устранению этих внутренних беспорядков[7].

По этой причине «размещение войск в Сибири — нецелесообразно». Усиление интервенции вызовет усиление враждебности со стороны русских, и в таком случае «Николаевский инцидент может повториться дважды или трижды, подогревая антияпонские чувства»[8].

7 сентября 1920 года кабинет министров постановил: поскольку обеспечить безопасность войск в Николаевске зимой невозможно,

[6] Izumi Tetsu. Kokusai Hōjō yori mitara Shiberi Mondai // Gaikō Jihō. № 380 (1 сентября 1920 года). P. 50.

[7] Izumi Tetsu. Kokusai Hōjō yori mitara Shiberi Mondai // Gaikō Jihō. № 380 (1 сентября 1920 года). P. 51.

[8] Izumi Tetsu. Kokusai Hōjō yori mitara Shiberi Mondai // Gaikō Jihō. № 380 (1 сентября 1920 года).

их следует оттуда вывести. Было также решено консолидировать войска в контролируемой зоне вокруг Владивостока. Подразделения будут выведены из Хабаровска и отступят к линии вдоль реки Иман, примерно на полпути до Владивостока. В то же время кабмин решил расторгнуть соглашение о военном сотрудничестве с Китаем, которое было подписано в мае 1918 года и благодаря которому армия проводила в Северной Маньчжурии самостоятельные операции. Узнав об этом, генштаб сильно этому воспротивился. Уэхара встретился с Танакой в резиденции министра армии, где последовал обмен резкими репликами [Shinobu 1968: 1004].

Эта перепалка вернула Танаке решимость добиться своего в борьбе с генштабом. 10 сентября он снова подал заявление об отставке и сообщил Харе, что противостояние с Уэхарой не увенчается успехом, если Ямагата не поддержит министра армии открыто. Хара согласился с тем, что это был вопрос выполнения решения кабмина, и если Ямагата не поддержит Танаку, то в отставку уйдёт весь кабинет министров. Оба понимали, что больше всего Ямагата боялся именно этого. Ведь в таком случае, возможно, Харе придётся искать себе преемника, а единственным человеком, который мог получить поддержку общества, на тот момент являлся лидер Кэнсэйкай Като Такааки. Ввиду давнишнего противостояния Ямагаты и Като пожилой *genrō*, конечно, пойдёт на всё, лишь бы не позволить Като стать преемником Хары [Shinobu 1968: 1005].

Танака собирался вынудить Ямагату сделать выбор между ним и Уэхарой, однако он не был готов стать победителем любой ценой. В то время Танака начал рассматривать другое возможное решение проблемы — параллельную отставку Уэхары, если не одновременную с ним самим, то в качестве «услуги за услугу» [Tazaki 1981: 16–17]. Но такой компромисс не имел смысла в случае отсутствия его поддержки Ямагатой. Ответственность за получение помощи Ямагаты пала на Хару, который теперь уже был готов пойти на риск подобного противостояния.

До сегодняшнего момента мы использовали немецкую модель, с правом верховного командования, в основании которого — императорский трон. Но сейчас ситуация совершенно другая. Вся ответственность за формирование политики страны должна лежать на правительстве [Shinobu 1968: 1005].

13 сентября Хара отправился на юг от Токио, в Одавару, с тем чтобы обсудить вопрос с Ямагатой. Хара спросил, сможет ли кто-то стать преемником Танаки, если он уйдёт в отставку. В этом случае в отставку придётся уйти всему правительству, если, конечно, Ямагата не поддержит политику кабинета министров. Когда Хара вновь заявил, что ответственность за формирование государственной политики должна лежать на правительстве, Ямагата с ним согласился. Пожилой политик, наконец, принял окончательное решение и пообещал, что, даже если об отставке Танаки узнает общественность или о ней сообщат императору, Ямагата позаботится о том, чтобы эту отставку не приняли. Обсуждая этот разговор на следующий день, Хара и Танака выразили надежду, что такого уровня поддержки будет достаточно для того, чтобы Уэхара согласился с решением кабмина, однако они не были в этом уверены [Shinobu 1968: 1006].

17 сентября состоялась очередная встреча кабинета министров, на которой было утверждено решение вывести войска из Николаевска и Хабаровска. Для генерала Оой подготовили приказ, на основании которого он мог сделать официальное заявление, с последним он выступил 18 сентября. 20 сентября Танака и Ямагата снова встретились, и на этот раз Ямагата официально потребовал, чтобы Танака отозвал своё заявление об отставке. Танака согласился. Информация о встрече не получила широкой огласки, однако просочилась в армейские круги. Теперь Уэхара будет знать, что в отстаивании права верховного командования больше он не сможет рассчитывать на безоговорочную поддержку Ямагаты. Генштаб подчинился новым указаниям кабинета министров [Shinobu 1968: 1007].

18 сентября генерал Оой заявил о том, что недавно отправленная на материк 13-я дивизия, а также половина 11-й и 14-й дивизий вернутся на родину. Оставшиеся войска двух дивизий будут передислоцированы в окрестности Владивостока, и армия закрепит свои позиции в южной части Приморской области. Для

обеспечения эффективности этих действий необходимо, чтобы войска, размещённые в Хабаровске и Николаевске, были выведены.

В своей редакционной статье от 21 сентября 1920 года «Tokyo Nichi Nichi» саркастически назвала частичный вывод войск полумерой.

> Это зрелище нельзя пропустить: правительство, мечтавшее овладеть огромной территорией трёх дальневосточных областей к востоку от Забайкалья, сегодня планирует размещение неподалеку от Владивостока двух дивизий на клочке земли размером с почтовую марку[9].

Редакционная статья ставила под сомнение основания для продолжения дислокации там войск, заявляя, что российское правительство во Владивостоке вполне способно защитить контролируемую им территорию и в обозримом будущем его вряд ли поглотила бы ДВР. В таком случае «для чего нужно размещать там такое большое количество войск?»

Сохранение присутствия в Сибири оказалось частью провала целой политики — нормализации отношений с русскими.

> В чём смысл размещения такой большой ценой крупного формирования из двух дивизий на ничего не стоящем, маленьком куске земли? Если правительство не способно оперативно объяснить людям смысл размещения войск, предпочтителен их полный вывод; пора призывать к установлению дружественных отношений с соседней страной [Henshū 1989].

Через четыре дня «Osaka Mainichi» напечатала редакционную статью, выдержанную в том же духе и одобрявшую недавно завершённый вывод войск из Забайкалья и Северной Маньчжурии.

> Говоря простыми словами, правительство прислушивается к общественному мнению. Если остановиться на этом более подробно, то люди должны понимать, что попытки армии

---

9    Chūhei Hokei Henben // Tokyo Nichi Nichi. 21 сентября 1920 года [Henshū 1989: 236].

поддержать Семёнова и установить антибольшевистское правление на Дальнем Востоке даже рядом не стояли с безжалостностью власти большевиков. И в то же время абсолютно ясно, что бесконечное размещение войск в Сибири безрезультатно и вредно[10].

Учитывая поддержку газетой летом 1918 года односторонней интервенции, это интересная переориентация. Газета явно признала тот факт, что общество устало от бесконечных обязательств в Сибири и потеряло веру в способность японской армии или её марионеток повлиять на благоприятный исход ситуации.

Однако газета по-прежнему отстаивала интересы Японии и её честь в получении компенсации за Николаевский инцидент. Поэтому она была недовольна анонсированным выводом войск из Хабаровска и Николаевска. Ее редакция с недоверием отнеслась к заявлению правительства о том, что город и местность рядом с устьем реки Амур необходимо покинуть по причине сложностей с содержанием войск во время зимы. Упомянутые земли были захвачены в качестве компенсации за Николаевский инцидент. Значит ли уход с них, что в политике произошли изменения? «В связи с этим [выводом войск] теряет всякую силу заявление нашего правительства о том, что нужно удерживать Сахалин до тех пор, пока [в России] не появится ответственное правительство, способное возместить ущерб». Согласно заявлениям редакторов, вывод войск является ответом кабинета министров Хары на протест американцев, что, в свою очередь, «показывает недостаток веры правительства в собственную политику и досадный страх перед другими государствами».

Однако это последнее свидетельство унилатералистской гордости не идёт ни в какое сравнение с абсолютным неприятием интервенции.

Мы никогда не поддерживали политику оккупации Сахалина. По той причине, что правительство не объясняет своих планов, верить ему становится всё труднее. Не будет

---

[10] Waga Tai Ro Seisaku no Henka // Osaka Mainichi. 25 сентября 1920 года [Henshū 1989: 236–237].

преувеличением сказать, что за время интервенции мы
потратили больше миллиарда иен из государственной
казны и потеряли множество жизней — абсолютно безрезультатно, наиглупейшим образом подогревая антияпонские чувства среди русских, в то время как другие страны
считали нас захватчиками. Разве всё это не служит доказательством провала политики нынешнего правительства?
Правительству пора это признать. Сохранять войска во
Владивостоке и на Сахалине просто для того, чтобы держать
марку? Действия правительства очевидно бессмысленны.

Редакционная статья заканчивалась оглашением принципов
газеты. Они не только целиком противоречили мнению редакции
в 1918 году, но и практически полностью отрицали унилатералистские допущения.

Теперь мы выступаем против вмешательств и вторжений
(*hai-kansdshugi*), а также за дружбу с Россией (*shinroshugi*)
как основу для наших отношений с российским Дальним
Востоком. Наша главная цель — показать неискренность
правительства в его отношении к этим изменениям [в по-
литике]. Правительство хочет защитить себя, потому что
боится критики за провал своей политики.

Соглашение, которого достигли в сентябре кабмин и генштаб,
оказалось не слишком длительным. Однако на этот раз ответственность за его нарушение лежала не на армии. Разгневанный
продолжающимся сопротивлением генштаба и полный решимости вести политику сокращения расходов, министр финансов
Такахаси Корэкиё направил премьер-министру Харе служебную
записку под названием «Личный взгляд на внутреннюю и внешнюю политику страны». Такахаси, конечно, беспокоился об
экономии средств, но главной целью его предложения было за-
крепление определяющей роли в формировании политики кабинета министров [Tobe 1998: 153][11]. В своей записке он отметил:

---

[11] Проект также предусматривал крупные реформы в министерстве образования, главном идеологическом подразделении правительства.

по той причине, что генштаб «сохраняет независимость в военной структуре страны», его действия подрывают доверие к Японии на международном уровне и создают у других стран впечатление, что «наша страна воинственно настроена».

> Армия не только постоянно планирует отправку войск за границу с целью военного вмешательства, но и вторгается в экономику и дипломатию, поэтому у нашей страны нет единой политики.... Так как генштаб армии вмешивается в работу других органов государственной власти, нам следует его упразднить и сплотить руководство армии [под началом министерства армии]. Генштаб военно-морского флота, к счастью, не оказывает столь вредного воздействия, как генштаб армии, но его существование нецелесообразно. Нам нужно ликвидировать оба генштаба одновременно [Smethurst 2007: 220].

Разумеется, служебная записка превратилась в невостребованное письмо, как только она была подана. Нельзя сказать, что Хара абсолютно не разделял мнения Такахаси, однако премьер-министр считал его предложение «нереалистичным». Хара не хотел вступать в ожесточённую политическую борьбу, без которой реализовать предложение Такахаси было невозможно, поскольку она «наживёт нам врагов». Танака сопротивлялся ещё более решительно. Да, он был абсолютно убеждён в том, что министерство армии должно стоять над генштабом и сотрудничать с партиями по вопросам политики, но полная подчинённость армии — это совсем другое. Служебная записка обсуждалась в узком кругу, но Танака раскрыл её содержание Ямагате и генштабу. Обе стороны объявили Харе о своём категорическом несогласии с предложением, и премьер-министр убедил Такахаси отозвать свою служебную записку [Smethurst 2007: 220; Tobe 1998: 153–155; Shinobu 1968: 1008–1009][12].

Данный инцидент лишний раз подтвердил тот факт, что проблема контроля над размещением и действиями императорской

---

[12] Однако армия не забыла об этом инциденте. Убийство Такахаси было одним из первых событий восстания «молодых офицеров» в феврале 1936 года.

армии в Сибири — лишь один из многих спорных вопросов в отношениях кабмина и генштаба армии на фоне попыток Хары внедрить программу военных реформ. Цели Хары в плане подчинения военной политики контролю кабинета министров были более скромны, чем замыслил Такахаси, однако генеральный штаб не желал соглашаться и на это. Несмотря на свою репутацию сторонника политики компромисса, Хара проводил свою линию с большей целеустремлённостью, чем это полагало большинство. За время премьерства Хары должности генерал-губернаторов Квантунской арендованной территории, Тайваня, недавно приобретенных Южнотихоокеанских мандатных территорий (Nan'yō) и (по крайней мере, в теории) Кореи превратились из воинских в гражданские. Значительного успеха удалось достичь в устранении влияния армии на непростую сферу колониального управления (одним из первых шагов нового генерал-губернатора Кореи, отставного адмирала Сайто Макото, был отказ от армейской суровости в пользу куда более либеральной и в конечном счёте намного более эффективной «культурной политики») [Myers, Peattie 1984: 106–107; Robinson 2007: 48–51]. Превращение колониальных администраций в гражданские учреждения наряду с реструктуризацией Южно-Маньчжурской железнодорожной компании позволили Харе передать под покровительство Сэйюкай обширные территории [Matsusaka 2000: 233]. Как уже было сказано, летом 1919 года кабинет министров обсуждал перспективу назначения гражданских лиц на должности министров армии и военного флота. В результате в конце 1921 года, когда адмирал Като уезжал в США для участия в Вашингтонской конференции, Хара временно занимал должность министра военно-морских сил. Возможно, этот ход Хары стал причиной его убийства [Tobe 1998: 155–158][13].

---

[13] По вопросу гражданских министров армии было составлено четыре программных документа: «Rekkoku Rikugun Daijin Shikaku nitsuite» (1919?), «Rikukaigun Daijin no Jimu Kanri o Naikaku Sōri Daijin o shite Jisshi seshimuru no Gi nikansuru Iken» (1919?), «Kakushō Daijin no Koshō ni Yoru Rinji Sekkō to Jimu Kanri to no Sōi nikansuru Ken» (1919?) (Tanaka Giichi Monjo. Kensei Shiryōshitsu, Библиотека Национального парламента, Токио).

Но он не собирался провоцировать армию непрерывно, и в некоторых вопросах с ним оказалось возможно найти общий язык. Одной из таких точек соприкосновения стала Маньчжурия, на территории которой внезапно возникла интригующая и в конечном счете судьбоносная возможность. Официально Чжан Цзолинь являлся «главным инспектором Трёх восточных провинций» Маньчжурии, однако в действительности он был типичным китайским «военным правителем», пришедшим к власти после падения первой республики. Его влияние в настоящий момент возрастало; его войска сыграли важную роль в свержении группировки, контролирующей Пекин. Чувствуя необходимость поддержки, осенью 1920 года он обратился к японцам, чтобы узнать, не захотят ли они поддержать его планы по укреплению контроля над Маньчжурией, а со временем, возможно, и над всем Китаем [Matsusaka 2000: 258–260].

В это нелёгкое для развития японского империализма время появление Чжана было похоже на дар небес ярым экспансионистам. Но он мог сослужить службу и такому человеку, как Хара Такаси, пусть и в меньшей степени. Хара твёрдо верил в политику сотрудничества с великими державами в Сибири и Китае, но Маньчжурия, несомненно, представляла собой особый случай. В отличие от некоторых (например, Мацуоки Ёсукэ), Хара не отрицал, что данный регион относится к Китаю, и вместе с тем он был абсолютно убеждён в том, что имперские интересы Японии заставляют относиться к этому региону иначе, чем к Китаю южнее Великой стены. В итоге, когда Хара получил одобренное Танакой предложение армии по оказанию поддержки Чжану, он с готовностью его принял [Matsusaka 2000: 261–262].

Одной из причин для такого решения было желание Хары пойти после ожесточённой борьбы последних нескольких месяцев навстречу генштабу. Но и взаимодействие с Чжаном, безусловно, являлось полезным, пусть и в ограниченном объёме.

Правда состоит в том, что для того, чтобы укрепить свою власть, Чжану нужна поддержка Японии. Со своей стороны нам стоит хорошо к нему относиться, если мы хотим укре-

пить свои позиции в Трёх восточных провинциях. По
счастливой случайности интересы обеих сторон в данном
вопросе совпадают [Matsusaka 2000: 261].

Уже сейчас Чжан мог кое в чём помочь — а именно, закрыть
глаза на действия японской армии против корейских партизан,
которые, не без помощи большевиков, начали боевые действия
в районе реки Туманган[14]. Чжан заявил, что ему придётся выразить протест против подобных действий, но в конфликт он
вмешиваться не будет. Этим Чжан мог оказать ценнейшее содействие. «Думаю, — сказал Хара, — что в нынешней ситуации
нужно установить связь с Чжаном, чтобы защитить нашу власть
в Корее и Маньчжурии» [Matsusaka 2000].

Борьба с упомянутыми корейскими партизанами стала ещё
одной обязанностью 53-го пехотного полка. 23 октября национальное издание «Osaka Asahi» сообщило читателям, что 14 октября в 19:30 часть полка покинула Харбин для того, чтобы подавить (tōbatsu) врага. За два года освещения деятельности полка
газета впервые не указала численность войск, зону операций
и какого врага нужно было «подавить» — по цензурным соображениям. Решение отправить войска для усмирения корейских
партизан было вызвано инцидентом в Хуньчуне, начало кото-
му было положено 2 октября. Части 19-й и 20-й дивизий, размещённых в Корее, пересекли китайскую границу с тем, чтобы
принять меры против корейских партизан. Подразделение полка
из Нары, 11-ю роту 3-го батальона, с четырьмя пулемётами отправили в Хайлинь в качестве подкрепления [Oya 1989: 836–837].
Из-за специфики боевых действий и планов Чжан Цзолиня выразить протест против действий Японии, никак их не предотвра-
щая, долго держать военную операцию в тайне было невозможно.
Публикуя 31 октября информацию о развитии событий, газета
сообщила, что солдаты 53-го пехотного полка сражались на поле
боя с «корейцами, находящимися вне закона» (futei Senjin).

О различных операциях против корейцев газета писала весь
ноябрь, особенно после случая 7 ноября, когда японский отряд

---

[14] С 1972 года — Туманная. — *Примеч. ред.*

войсковой разведки из пяти солдат и одного офицера попал в засаду и был уничтожен корейскими партизанами. Специальное «подразделение Мурата», отправленное для выявления и ликвидации ответственных за это корейцев, завершит свою миссию (как выяснится, потерпевшую неудачу) и вернётся в свои казармы в Харбине лишь в конце месяца. Однако 15 ноября полк пересек важный рубеж: руководство во Владивостоке вернуло его в подчинение Квантунской армии для того, чтобы лучше согласовывать совместные действия полка и подразделений, воюющих с корейскими партизанами, обеспечивая таким образом безопасность колонии. В любом случае участие полка из Нары в Сибирской интервенции было окончено [Oya 1989: 837–838].

Участие в этой интервенции 2-го пехотного полка из Нары также подходило к концу. Покинув Хабаровск, полк освободился от своих задач по ведению военных действий на окружающей город территории. В конце октября началась переброска уцелевших солдат полка в Японию. Они возвратились в родные казармы к середине ноября. 307 солдат, убитых в Николаевске, составили примерно половину потерь 14-й дивизии за время ее пребывания в Сибири. В процессе выполнения приказа дивизия потеряла 557 человек на поле боя; ещё 112 умерли от болезней. Потери 14-й дивизии более чем в два раза превышали потери куда более крупной 12-й дивизии, которую она сменила весной 1919 года. Ещё 564 солдата были демобилизованы во время пребывания в Сибири как по разным причинам негодные к воинской службе [Mito Shishi 1995: 276–277, 292].

«Переподчинение» 53-го полка и его возвращение под контроль Квантунской армии говорило о важных изменениях во взглядах японцев на главное стратегическое разделение труда в регионе. Действия полка и всех других частей императорской армии в Северной Маньчжурии отныне не были связаны с тем, что происходило во Владивостоке. С 1918 года Сибирь и Северная Маньчжурия представляли собой единый театр военных действий: их соединяла Китайско-Восточная железная дорога, контролируемая Россией. Упомянутые изменения свидетельствовали о том, что появилось новое понимание, согласно которому всё, что происходило в Северной Маньчжурии, и особенно в зоне КВЖД, было, по сути, связано скорее с японскими интересами в Маньчжурии, нежели в России. Чтобы сохранить добрые отношения с другими державами, возможно, придётся пожертвовать некоторыми интересами в России. Однако судьба Японии в Северной Маньчжурии была тесно связана с её жизненно важными интересами в Южной Маньчжурии и Корее. Пришло время вновь объединить эти интересы.

В тот же день, когда 53-й пехотный полк был возвращён Квантунской армии, командующий японскими войсками во Владивостоке генерал Оой сообщил, что ему придётся принять меры для того, чтобы не допустить распространения беспорядков в его зоне ответственности. Он был полон решимости активизировать действия по подавлению коммунистических агитаторов, рассеянных по Приморской области. Генерал Оой дал понять, что если не получится воздействовать на них мягко, то он готов установить в районах, контролируемых японскими войсками, военную власть. Это вызвало большое беспокойство в министерстве армии: позволить генералу совершить подобные действия было ни в коем случае нельзя. К Оой отправили вице-министра армии Яманаси, который должен был попросить командующего пересмотреть своё решение в свете тех проблем, которые оно неизбежно вызовет. В данной ситуации генерал оказался гибким. Позже он сообщил Танаке, что чувствовал «свободу готовиться и к миру, и к войне — смотря что более целесообразно для нашей политики» [Momose 1984: 88].

На встрече Хары и Ямагаты 9 декабря старший политик выразил беспокойство безрезультатностью интервенции, спросив: «В связи с тем, что подход Америки и Англии [в отношении уместности продолжения японской интервенции] изменился, не лучше ли будет вывести войска из Владивостока?» Конечно, старший политик не впервые рекомендовал полный вывод войск с Дальнего Востока России. Утверждая, что оккупация Сахалина должна продолжаться ради возмещения ущерба за события в Николаевске, Ямагата желал при этом, чтобы Хара и Танака переосмыслили целесообразность вывода войск из Владивостока в случае, если это можно сделать, не подвергая опасности жизнь и средства к существованию японских жителей города. В свою очередь Хара, всегда чуткий к мнению Америки и Великобритании, заверил Ямагату, что эти страны не возражают против присутствия Японии в Сибири. Он также сомневался в том, что ситуация в Приморской области достаточно стабильна для того, чтобы идти сейчас на риск и выводить войска. Кроме того, в его понимании вопрос ухода из Сибири становился всё более связан с вопросом признания или непризнания правительства Дальневосточной республики. К такому шагу он пока не был готов. Тем не менее Хара пообещал Ямагате отнестись к ситуации со всей серьёзностью [Tazaki 1981: 22].

Беспокойство Ямагаты относительно возможной враждебности Великобритании и США заронило в сознание Хары зерно сомнения, которое начало медленно прорастать. До сих пор, пытаясь уменьшить масштаб интервенции до управляемого размера, Хара не считал полный вывод войск реальной возможностью. Однако ещё 10 октября британцы информировали Японию о своих переговорах с советским правительством с целью заключить торговый договор. Если союзница Японии смогла установить с Лениным дружеские отношения, она может враждебно отнестись к бесконечному продолжению японской интервенции. О недовольстве японской интервенцией Америки было известно доподлинно. Не возрастёт ли оно в связи с отсутствием какой-либо перспективы окончания этой интервенции? Старый имперский реалист Ямагата, конечно, понимал, что продолжать интервенцию перед лицом подобной враждебности невозможно. 10 декабря Хара пообщался с Танакой перед тем, как министр армии отправился в Одавару. Он передал ему суждение Ямагаты о мудрости вывода войск. «Это проблематично, — ответил Танака, — учитывая нынешнюю ситуацию в Хуньчуне, вывод войск невозможен» [Momose 1984: 87].

8 января 1921 года Тагава Дайкитиро опубликовал в «Tōyō Keizai Shinpō» одно из своих типичных рассуждений. Он предположил, что «бессмысленная интервенция» на Дальнем Востоке России может обречь на неудачу премьер-министра Хару подоб-

но тому, как проблема с уставом Лиги Наций обрекла на неудачу президента Вудро Вильсона. Тагава отметил, что настойчивое требование Вильсона ратифицировать Версальский мирный договор при наличии в качестве приложения к нему устава Лиги Наций без поправок вызвало негативную реакцию, которая оказалась для демократической партии смертельным ударом. Теперь, с приходом администрации Уоррена Гардинга, которая должна вступить в свои права в марте, Америке грозило погружение в изоляционизм. Для Тагавы, убеждённого сторонника вильсоновского интернационализма и тесного сотрудничества с США, это выглядело удручающе. Будущее сотрудничество между США и Японией представлялось если не бесперспективным, то по крайней мере туманным[15].

Но больше всего Тагава беспокоился о судьбе Хары и партийной политики в Японии. Тагава считал, что, если кабинет министров Хары потерпит крах, это случится по одной из двух причин. «Либо будет расти недовольство выстроенной лично Харой правительственной системой, либо политика его правительства настолько опротивеет людям, что они с нетерпением будут ждать его отставки». Это создаст проблемы демократическому процессу в Японии: если недовольство общества такими событиями, как интервенция, достигнет крайней точки и заставит Хару уйти в отставку, в политической жизни страны образуется вакуум, который будет некому заполнить. Альтернатива политике Вильсона в Америке была ясна, о Японии сказать такое было нельзя. Население не могло обеспечить преемника Харе. Отставки по политическим соображениям одного непопулярного премьер-министра сейчас недостаточно для того, чтобы на смену ему пришёл внушающий доверие кабинет министров или чтобы следующий такой кабинет любой политической принадлежности действовал в согласии с волей народа[16].

---

[15] Tagawa Daikichirō. Uiruson to Hara Takashi Shi // Tōyō Keizai Shinpō. № 929 (8 января 1920 года). С. 12.

[16] Tagawa Daikichirō. Uiruson to Hara Takashi Shi // Tōyō Keizai Shinpō. № 929 (8 января 1920 года). С. 12.

В некотором смысле Хара оказался той же дилеммой, что и его предшественник Тэраути Масатакэ осенью 1917 года. Как сделать так, чтобы все, кто оказывает на процесс влияние, приняли участие в формировании политики на достаточно ранней стадии, чтобы успеть довести дело до конца? Тэраути требовалось участие политических партий Национального парламента. Он действовал с помощью Gaikō Chōsakai. Получить поддержку всех заинтересованных сторон не удалось (Като Такааки из Кэнсэйкай неприкрыто уклонялся от общих решений), однако благодаря созданию Gaikō Chōsakai в формирование японской внешней политики решительно включился Хара.

Одобрение советом политических решений кабинета министров несло некоторую пользу. В 1919 году, безусловно, совет оставался влиятельным органом в рассмотрении таких вопросов, как Парижская мирная конференция. Но возможность Gaikō Chōsakai приносить практическую пользу иссякала. Хара оказался главой кабинета министров, которым, принадлежа к убедительному парламентскому большинству, он мог управлять, апеллируя к партийной дисциплине. Даже те должности министров, на которые его партия не могла притязать (армия, военно-морской флот, министерство иностранных дел), занимали люди, если не преданные Харе лично, то, по крайней мере, мыслящие сходно с ним в вопросах обороны и внешней политики. Остальные, представляющие в Gaikō Chōsakai различные организации, не имели власти блокировать или срывать инициативы кабинета министров. Проще говоря, совет лишился лидирующего положения в формировании оборонной или внешней политики. Ключевая система связей вновь сместилась. Но куда?

Хара прекрасно понимал, что развитие японского империализма достигло решающей фазы.

> Если, как обещала новая демократия, старому порядку пришёл конец, стране больше не стоит настаивать на агрессивно экспансионистской политике. С незначительными поправками Япония может «любезно» отказаться от некоторых недавних притязаний в Китае. Взвесив всё, умеренные

центристы посчитали приспособление к новому порядку приемлемым, а снижение влияния армии сделало подобный курс политически оправданным [Matsusaka 2000: 228].

Решение множества спорных вопросов, с которыми Япония столкнулась к тому времени в Восточной Азии, например, план действий в связи с интересами империи на Шаньдуне и в Маньчжурии, не говоря уже о проблеме вывода войск из Сибири, потребует консультаций с многочисленными игроками японской политики, в том числе и с военными, отвечающими за соблюдение интересов страны на материке.

Следуя той же логике, Хара, безусловно, не желал повторения сценария Gaikō Chōsakai. Он не хотел, чтобы появился подобный ему человек и узурпировал процесс. Консультации по вопросам континентальной политики необходимы, при этом верховная власть принадлежит кабинету министров. Притязание на власть, подобное тому, которое продемонстрировал он, является в японской политической истории беспрецедентным. Стремление к этой власти заставило Хару пойти на ещё более смелый шаг. С решением кабинета министров вывести войска из Сибири вряд ли согласится начальник генштаба Уэхара. Поэтому по согласованию с Танакой и Ямагатой Хара будет проводить данную политику без его участия. Политический курс кабинета министров не входит в компетенцию генштаба, дискуссии между кабмином и ответственными должностными лицами на материке тоже не должны его касаться [Momose 1984: 88].

11 января 1921 года Хара сделал в этом направлении первый пробный шаг. Перед плановым совещанием кабинета министров он, Танака и министр иностранных дел Утида встретились с генералом Оба, командующим войсками императорской армии в Корее, генералом Каваи, новым командующим Квантунской армией, и недавно назначенным командующим войсками во Владивостоке Татибаной Коитиро. Несмотря на желание начальника генштаба Уэхары сделать его генеральным инспектором общевойсковой подготовки, Татибану перевели из командования Квантунской армии на место генерала Оой, которого отозвали

6 января. Генералов спросили об их отношении к выводу войск из Сибири. Они оказались против, что не было удивительным. При этом они согласились с тем, что с представителями Дальневосточной республики необходимо начать переговоры для того, чтобы обеспечить Японии выгодное положение в Сибири на случай, если японским войскам когда-нибудь придётся её покинуть[17].

Министр армии Танака сообщил генералам о решении кабинета министров: в целях обороны империи выводить войска императорской армии из Приморской области в настоящий момент нельзя. Главной причиной он назвал недоверие к читинскому правительству: имелись серьёзные подозрения, что его контролировала Москва. Если японцы отступят, коммунисты, возможно, вскоре смогут соединиться с корейскими повстанцами. Отмечалось, что нынешняя власть во Владивостоке не питает к японцам тёплых чувств, впрочем, лидеров ДВР многие представители этой власти тоже не особо уважали. Оба правительства претендовали на власть над всем Дальним Востоком России. Лишь в декабре представители Приморской областной земской управы во Владивостоке согласились (некоторые — с большим нежеланием) признать читинское правительство, однако они продолжали уклоняться от прямого перехода под его власть. Вывод войск в данный момент был неактуален, однако на встрече Хара вновь повторил своё требование недопущения того, чтобы в конфликте между Читой и Владивостоком японские войска принимали чью-либо сторону [Tazaki 1981: 22–23; Momose 1984: 88–89; Smith 1975: 67–71].

Генерал Татибана приступил к исполнению своих обязанностей командующего войсками императорской армии во Владивостоке 29 января. Генерал Оой вернулся домой 7 февраля. На пресс-конференции он утверждал, что положение японской армии

---

[17] Согласно [Momose 1984: 89], это означает, что никто в кабинете министров Хары не рассчитывал на быстрый вывод войск. Танака не стал бы назначать на такую должность старшего по званию Татибану, зная, что того придётся скоро вернуть назад.

в Сибири оставалось хорошим. Отметив, что правительство Дальневосточной республики скоро созовёт учредительное собрание, он утверждал:

> Наши войска не вмешиваются в партийную политику России. Они независимы, занимаются в первую очередь обеспечением безопасности наших граждан, поддержанием стабильности на оккупированной территории и защитой договорных прав, полученных в результате имевших место соглашений с Россией.

Он надеялся, что учредительное собрание в Чите сформирует законное правительство, которое принесет жителям Дальнего Востока России истинную демократию [Momose 1984: 89].

Министр иностранных дел Утида также интересовался учредительным собранием в Чите и инаугурацией официального правительства Дальневосточной республики. В отличие от Хары или Танаки, Утида не был близок с Ямагатой, но от Сайондзи Киммоти и других он узнал, что старший политик тоже был за вывод войск. Утида никогда не поддерживал интервенцию в Сибири; не был он и большим сторонником продолжения оккупации Приморской области. Он продолжал преданно защищать позицию правительства в Национальном парламенте и не отказывался от поиска потенциальных возможностей выхода Японии из столь безуспешного предприятия. В случае укрепления положения ДВР такая возможность могла появиться.

Представителем министерства иностранных дел во Владивостоке был Кикуикэ Ёсио. Ещё в декабре, в то самое время, когда Ямагата предлагал Харе и Танаке полный вывод войск, Кикуикэ сообщил о своей встрече с заместителем министра иностранных дел ДВР И. С. Кожевниковым. Тот сказал Кикуикэ, что ДВР намерена выполнять условия соглашения от 29 апреля, которое под угрозой применения оружия со стороны армии подписала Приморская областная земская управа, если это поспособствует выводу японских войск. В тот раз ответа на это не поступило. Однако через месяц, 13 января, Кикуикэ сообщил Утиде, что ДВР желает подписать с Японией торговый договор. 18 января в адресованном непосредственно Утиде сообщении министр иностранных дел республики дал понять, что если Япония выведет войска и прекратит интервенцию, то республика примет её дипломатических представителей. Поскольку ДВР признает правительство во Владивостоке и обеспечит стабильность в регионе, Японии больше нет необходимости оставаться в Сибири. Утида дал Кикуикэ приказ отклонить это предложение 26 января [Momose 1984: 90].

Открытие 22 января 44-й сессии Национального парламента подарило оппозиционной партии Кэнсэйкай множество возможностей создать проблемы кабинету министров Хары. Партия требовала положить конец Сибирской интервенции. Харе и Утиде пришлось взять защиту правительственной политики на себя. На открытии сессии Утида заявил, что «правительство империи надеется на установление на всей территории [Дальнего Востока России] твёрдого порядка», но никак не дал понять, что это произойдёт в скором времени. 24 января во время выступления перед полным составом верхней палаты парламента Харе пришлось дать отпор Като Такааки, заявившему, что «[кабинет министров Хары], развязав чудовищную войну, напрасно принёс в жертву наших храбрых офицеров и солдат на покрытых льдом равнинах Сибири» [Humphreys 1995: 44]. Като требовал полного вывода войск. Хара исключил подобную возможность на том основании, что угроза японским гражданам была слишком велика, а риск проникновения коммунистов на территорию мятежной Кореи (столкновения в Хуньчуне все еще продолжались) — непозволительно высок. Он снова озвучил позицию правительства, заключавшуюся в том, что, пока политическая ситуация в регионе не стабилизируется, вывод войск невозможен [Momose 1984: 92].

Бюджетный комитет нижней палаты парламента был у членов Кэнсэйкай любимой площадкой того, чтобы задавать министрам трудные вопросы. Хамагути Осати спросил, не являлось ли содержание японских войск в Сибири после ухода оттуда всех союзников свидетельством того, что Япония — милитаристское государство? Данное утверждение опроверг во время одного из своих нечастых визитов в парламент на протяжении той сессии министр армии Танака. Харе выпало опровергнуть заявление Хамагути о том, что угрозу Корее лучше отразить с помощью ввода на ее территорию находящихся во Владивостоке войск. Через несколько дней Мотизукэ Котаро спросил Утиду, является ли содержание японских войск в Сибири необходимым. Министр иностранных дел, как подобает, ответил, что, если эти войска отступят, а Владивосток «станет красным», под угрозой окажутся Маньчжурия и Корея [Momose 1984: 92–93].

Грядущее учредительное собрание и перспектива формирования ДВР на, судя по всему, более стабильной основе заставили некоторых членов оппозиции предположить, что надежды на урегулирование проблем региона больше, чем это допускало правительство. Вероятнее всего, признание республики (в настоящий момент ДВР была признана только Москвой) откроет перспективы торговли и обеспечит спокойствие на Дальнем Востоке России. Мотизуки и Утида провели по этому вопросу несколько туров дебатов. Говоря о переговорах, которые привели к созданию зоны безопасности, позволившей в июле вывести войска из Забайкалья, Мотизуки спросил, не предоставило ли это возможность для признания республики. Утида ответил, что упомянутые переговоры касались лишь военной стороны вопроса. Отвечая на вопрос Мотизуки, почему правительство не вступало в торговые отношения с ДВР, Утида сказал, что торговать с государством, которое не признаёшь, невозможно, а Япония ДВР не признавала. В бюджетном комитете верхней палаты Еги Цубаса спросил Утиду, не предвещало ли создание ДВР грядущего установления стабильности в регионе. Утида ответил, что в ближайшем будущем не видит перспектив стабилизации такого уровня, при котором возможен вывод войск. Само по себе проведение учредительного собрания не означало действительного установления стабильности в регионе [Momose 1984].

Долгожданное учредительное собрание открылось в Чите 12 февраля 1921 года. Первый председатель правительства республики Александр Михайлович Краснощёков ясно дал понять, что делегатам этого собрания предстоит разработать конституцию для либерально-демократического режима с капиталистической экономикой (таким образом, радикалы, желавшие, вопреки приказам Ленина, привести к власти похожее на советское правительство, оставались не у дел). Он также воспользовался случаем для того, чтобы повторить своё требование вывода с территории республики всех иностранных войск. Собрание продолжало свою работу в течение следующих шести недель, и за это время предпринимались многочисленные попытки убедить японское правительство прислушаться к призывам Краснощёкова. Во время остановки в Харбине на пути во Владивосток заместитель министра иностранных дел Кожевников сказал журналистам, что ДВР была создана для разделения японской и советской армий. В случае вывода японских войск, которого, по его словам, с нетерпением ждал японский народ, Япония сможет быстро ввести их обратно, если РСФСР нарушит целостность территории республики [Momose 1984: 90–91].

11 марта Кожевников снова встретился с Кикуикэ во Владивостоке для того, чтобы обсудить вопрос вывода войск и возможное торговое соглашение. Собеседники не слышали друг друга: Кожевников утверждал, что торговый договор нельзя обсуждать до тех пор, пока не выведены войска, а Кикуикэ заявлял, что вывод войск невозможен до тех пор, пока нет договорённости о торговом соглашении. 22 марта работа учредительного собрания была завершена. Перед возвращением домой делегаты опубликовали обращения к правительствам Китая, Японии и США. Они выразили сочувствие Китаю, который также являлся жертвой империалистической агрессии, и надеялись на признание ДВР китайским правительством. От Японии они снова потребовали вывести войска с территории республики. В послании США они указали на то, что народ Сибири по-прежнему страдает от тирании японцев, и просили американцев помочь им убедить Японию вывести свои войска. На следующий день Кожевников снова встретился с Кикуикэ, чтобы предложить японскому правительству отправить в Читу своего представителя. В начале апреля экземпляры новой конституции республики были отправлены китайскому правительству и многим иностранным дипломатам, находящимся в Пекине [Momose 1984].

24 марта издание Ямато «Osaka Asahi» сообщило, что дислоцирование 53-го пехотного полка закончится и его первые подразделения вернутся в Нару 16 апреля. Активизировались приготовления к встрече солдат, которые начались ещё в январе, когда появились первые сведения о завершении их срока службы. 5 апреля 1921 года 53-й пехотный полк был официально освобождён от своих обязанностей пришедшим ему на смену 18-м полком 16-й дивизии. Двумя формированиями полк покинул Харбин 6 и 7 апреля. Путь домой через Далянь занял 10 дней; казалось, что 16 и 17 апреля солдат встречал на железнодорожной станции весь город. За весь период службы полк потерял 61 человека: 26 были убиты в бою, три скончались от ранений, 30 — от болезней, двое погибли в результате несчастного случая. Торжественную церемонию в честь погибших посетили по крайней мере 3200 человек. Полк понёс тяжёлые потери, но участь убитых горем семей Оиты и Мито была ещё тяжелей [Oya 1989: 838–839].

Итоги учредительного собрания в Чите Япония официально не комментировала. В Национальном парламенте Хара продолжал (он делал это с января) настаивать на том, что вывод войск невозможен. Ничто в его общественной и личной корреспонденции не предвещало никаких изменений. Министерство армии, представленное в первую очередь вице-министром Яманаси, тоже было непреклонно. 18 марта Утиде вновь пришлось отбиваться от призывов признать ДВР после завершения работы учредительного собрания. Он ответил, что правительство империи в настоящий момент не может пойти на такой шаг, в связи с чем вывод японских войск из Сибири невозможен. В качестве уступки он впервые допустил, что когда-нибудь такой шаг окажется реальным [Momose 1984: 93–94].

Несмотря на столь мрачные перспективы, на встрече кабинета министров 8 апреля 1921 года обсуждалось и было одобрено предложение полностью вывести войска с Дальнего Востока России. Что же стало причиной столь разительных перемен? Конечно, их нельзя отнести только на счет общественного мнения, которое и без дополнительных аргументов из Читы стояло за вывод войск. Думается, такой причиной стало множество факторов, каждый из которых по-разному влиял на ключевых игроков. Для Хары и Утиды создание внешне стабильной, рассчитанной на долгосрочную перспективу Дальневосточной республики являлось реальностью, которую просто невозможно игнорировать. То, что к 6 апреля в целом подошли к концу Хуньчуньские события и уничтожение корейских партизан в Китае, также вызвало у них новый всплеск энтузиазма по поводу войск. Один из существенных поводов для беспокойства Танаки перестал им быть. Однако главная причина внезапной решимости кабмина вывести войска была связана с самим министром армии, который собирался подать заявление об отставке в третий раз [Momose 1984: 94].

Танака был нездоров. В феврале он перенёс серьёзный сердечный приступ, из-за чего смог посетить лишь несколько заседаний Национального парламента. До 8 апреля он не присутствовал на собраниях кабинета министров и Gaikō Chōsakai в течение нескольких недель [Tazaki 1981: 23–24]. Сообщив Ямагате о своём намерении покинуть кабинет министров на его собрании 3 апреля, он назвал главной причиной своего ухода в отставку проблемы со здоровьем. В отличие от прошлых попыток такого ухода, в этот раз Танака не пытался использовать его в качестве уловки, которая заставит генштаб пойти на уступки: он на самом деле хотел покинуть правительство. Но это совсем не значило, что он не желал некоей компенсации за свой уход.

Новообретённая решимость Танаки завершить Сибирскую интервенцию имела несколько причин. Одна из них, безусловно, состояла в том, что продолжение нахождения императорской армии в Сибири постепенно разрушало боевой дух и дисциплину солдат. Об этом свидетельствовали несколько выявленных случаев контрабанды, участившиеся случаи невыполнения приказов и более серьёзный «инцидент с Лэнгдоном», в ходе которого японский часовой застрелил во Владивостоке американского лейтенанта флота. Вторая причина — усталость от атак генштаба и желание своим увольнением добиться отставки его начальника Уэхары [Koketsu 1987: 194]. Но главной причиной всё же было желание оставить после себя некое наследие. Поскольку Танака считал себя главным инициатором Сибирской интервенции, он хотел, чтобы она завершилась на его глазах, а не осталась неразрешенной проблемой, в которой завязнет его преемник. Чем быстрее японские войска будут выведены с Дальнего Востока России, тем быстрее он сможет уйти в отставку [Momose 1984: 94].

Ямагата сообщил Харе о планах Танаки, когда 4 апреля премьер-министр приехал к старшему политику в Одавару. Новость вызвала неоднозначную реакцию Хары.

> Проблемы со здоровьем Танаки действительно огорчают, и по-дружески я бы отправил его спокойно лечиться. Но если кабинет министров позволит ему сейчас уйти, то появится удручающее ощущение кризиса. В любом случае мне нужно обсудить с ним сложившуюся ситуацию [Tazaki 1981: 24].

На встрече Хара уговаривал Танаку продержаться ещё несколько месяцев. Танака сказал, что не хочет покидать правительство в критический момент, но состояние здоровья не оставляет ему выбора. Он пообещал Харе, что будет держаться до последнего [Tazaki 1981: 24–25].

Всё это подготовило почву для состоявшегося 8 апреля собрания кабинета министров, на котором обсуждался полный вывод войск из Сибири и с полуострова Шаньдун. Хара утверждал, что появилась возможность реализовать в Сибири «мудрую политику» и продумать подход правительства к России и ДВР. Министерство иностранных дел предоставило оценку сложившейся ситуации, отметив, что ДВР не раз требовала вывода японских войск с территории республики, обещая, что вскоре за ним последует торговое соглашение. На международном уровне резко против интервенции выступали США; общественное мнение внутри страны настаивало на скорейшем выводе войск и установлении торговых отношений. По оценке министерства иностранных дел, к лету торговые соглашения с РСФСР подпишут Великобритания и Германия, а переговоры о заключении подобных соглашений начнут Италия и Китай. Игнорирование России, чей международный статус повышался, могло поставить Японию в опасное положение. Россия и Китай могли начать действовать в Северной Маньчжурии и особенно в ДВР в ущерб японским интересам. Соглашение о сотрудничестве с ДВР могло этому помешать. Все присутствовавшие на встрече кабинета министров согласились с тем, что ситуация в Сибири была бесперспективной, а продолжение оккупации — бессмысленным [Momose 1984: 96].

Обсуждение Сибири и японских интересов в Шаньдуне выявило необходимость осуществления многосторонней политики на континенте в целом. Сибирь, Шаньдун, Маньчжурия — требовалось обсудить всё, выработав при этом единый правительственный политический курс. 24 апреля Танака в официальном порядке поручил Харе, министру иностранных дел Утиде и министру военно-морских сил Като подготовить проект охватывающей все ее аспекты континентальной политики; сам он также присоединился к рабочей группе. Проект был представлен кабинету министров 10 мая. К тому моменту кабмин решился на полный вывод войск из Сибири. Но он постановил, что до принятия окончательного решения об этом Танака и Утида должны сообщить ответственным должностным лицам на материке о планах правительства, с тем чтобы узнать их мнение. Так возникла инициатива проведения 16–25 мая так называемой Восточной конференции. Целью этой конференции стало проведение дискуссий; кабинет министров оставлял за собой право выносить окончательные политические решения [Momose 1984: 95–96].

Решение о выводе войск из Сибири — это одно. А найти способ сделать это, не подвергая войска опасности, и вознаградить страну за её усилия — совсем другое. В официальном заявлении от 31 марта правительство сформулировало условия вывода войск:

> Мы открыто заявляем, что, когда ситуация в Сибири стабилизируется, угроза для Кореи и Маньчжурии исчезнет, жизнь и имущество наших граждан будут защищены, свобода передвижения гарантирована, а чехословацкие войска будут полностью выведены, наши войска вскоре покинут Сибирь.

К тому моменту было беспрекословно выполнено только последнее условие. Поэтому следовало решить, какие очертания должны принять условия невыполненные.

В тот момент Хара уже был уверен, что японская армия должна покинуть Сибирь, но даже он не был готов отказаться от некой компенсации за вывод войск. Он всегда поддерживал политический курс, дающий Японии хоть какой-то (возможно, очень значительный) доступ к запасам сырья, ресурсам и потенциальным рынкам Дальнего Востока России. В январе 1919 года его кабинет министров одобрил политику, которая в целом соответствовала пожеланиям США, но тем не менее была ориентирована на

> устранение существующих ограничений или барьеров для развития природных [ре]сурсов, ведения бизнеса и работы промышленности в России, особенно в Сибири, и на содействие проживанию иностранных граждан, их предпринимательской деятельности и зарубежным инвестициям на основе доктрины равных возможностей [открытых дверей] [Hosoya 1960: 53].

Достигнуть этих целей должны были помочь переговоры с Дальневосточной республикой.

Вероятно, отношение Хары к ДВР уподоблялось его отношению к Чжан Цзолиню в Маньчжурии [Matsusaka 2000: 262]. Точно так же, как «главный инспектор Трёх восточных провинций» являлся человеком, способным обещать и предоставлять ресурсы своего региона, правительство трёх провинций, составлявших Дальневосточную республику, являлось ответственной стороной, с которой можно торговаться (в этом состояла суть профессии Хары) и у которой можно выменять что-то так, чтобы вывести японские войска, но при этом сохранить на ее территории японское влияние. Хара не меньше других знал о сомнительном происхождении ДВР и её неопределенной связи с Москвой, но, судя по всему, он, как и многие японцы (особенно те, кто надеялся обеспечить себе на Дальнем Востоке России некий плацдарм), принимал независимость руководства ДВР, которую демонстрировали результаты учредительного собрания в Чите, за чистую монету.

13 мая на встрече кабинета министров Утида предложил провести с ДВР неформальные переговоры, чтобы создать благоприятные условия для полного вывода японских войск. Он назвал восемь условий, которые ДВР должна принять, с тем чтобы вывод войск стал возможен. ДВР обязана сохранять демократическую капиталистическую форму правления. Она должна прекратить антияпонскую пропаганду и не должна позволять использовать свою территорию мятежным корейцам. Кроме того, ДВР должна уважать все закреплённые в договорах права Японии на Дальнем Востоке России и защищать права и имущество японских граждан, которые там живут. Иностранцам необходимо позволить свободный въезд на территорию ДВР, чтобы там жить и владеть имуществом. Республике запрещается предпринимать действия, способные оказаться военной угрозой Японии. Владивосток должен стать портом, открытым для торговли. Наконец, правительство ДВР обязано сотрудничать с Японией для проведения обмена консульскими и торговыми работниками и взять на себя ответственность за Николаевский инцидент. Если Читинское правительство согласится на данные условия, Япония готова вывести свои войска [Momose 1984: 96–97][18].

В тот же вечер «Tokyo Asahi» сообщила о решении кабинета министров внести важные изменения в сибирскую политику правительства. По данным газеты, необходимость убрать расходы на «бессмысленную» интервенцию из следующего бюджета заставила правительство собрать конференцию, на которой будет принято решение о дальнейших действиях в связи с требованиями ДВР о полном выводе японских войск. В обмен на обещание Японии вывести все свои войска с Дальнего Востока России

---

[18] Не были включены два дополнительных условия: возместить японским гражданам ущерб, понесённый ими во время массовых волнений в Сибири, и дать иностранцам равные права на разработку месторождений полезных ископаемых и владение лесом. Таким образом японцы хотели пресечь попытки ДВР дать преимущественные права США.

правительство намеревалось заручиться согласием ДВР соблюсти определённые условия. Далее газета перечислила все восемь условий, которые кабинет министров утвердил в качестве компенсации за вывод войск [Momose 1984: 96].

Время подачи материала и инсайдерские подробности указывают на то, что есть большая вероятность преднамеренного раскрытия информации о решении кабинета министров. Трудно определить, на ком именно лежала ответственность за утечку этой информации и каковы были его мотивы. Существовало предположение, согласно которому такое нарушение конфиденциальности являлось умышленной попыткой предупредить армию о том, что её ожидало. В противном случае раскрытие намерений правительства на Восточной конференции привело бы армию в полный и тяжёлый ступор [Momose 1984]. Бесспорно, целевой аудиторией утечки информации являлась армия, однако другой возможной мотивацией было желание Хары использовать «яростный настрой общества» для того, чтобы обеспечить себе поддержку в грядущем противостоянии с генштабом. Перечисленные условия указывали на то, что кабмин не собирался уходить с Дальнего Востока России с пустыми руками (в самом деле, такие условия мог поставить победитель поверженному врагу). Однако правительство недвусмысленно заявило, что японские войска будут выведены.

Генштаб продолжал яростно сопротивляться этому предложению. И не только генштаб: командующий японскими войсками во Владивостоке тоже был против вывода войск. Прибыв 9 мая в Цуругу, чтобы подготовиться к грядущей конференции, генерал Татибана сказал журналисту: «Защитники вывода войск наделали в последнее время много шума, но в действительности мы не можем такое даже помыслить». Визиты 11 и 12 мая к начальнику и заместителю начальника генштаба подтвердили тот факт, что те не желали и не планировали уход из Сибири. Однако во время визита к Танаке 13 мая (в тот день тот отсутствовал на встрече кабмина из-за проблем со здоровьем) Татибане сообщили о намерениях кабмина и условиях, на которых правительство согласится вывести войска [Momose 1984: 97].

Благодаря рассказу «Tokyo Asahi» о предстоящей конференции общественность оказала на армию серьёзное давление с тем, чтобы та подчинилась решению кабинета министров. Кроме того, в общественном сознании обозначились важнейшие перемены. Существовало общее понимание того, что успеху Сибирской политики правительства помешали действия в Сибири генштаба и армии, однако публика (как и в случае Николаевского инцидента год назад) продолжала настаивать на том, что основная ответственность за провалы в Сибири лежит на кабинете министров. Теперь же появилась готовность признать, до какой степени «военная дипломатия» усугубляла проблемы правительства. Публикации газет были полны надежд на результаты конференции и вместе с тем жаловались на недоброжелательность армии, особенно Татибаны. Тот попытался смягчить это отношение следующим заявлением: «Военное руководство никогда не вмешивалось в дела министерства иностранных дел, потому что знало о негативных последствиях так называемой военной дипломатии». Однако продолжение его высказывания сделало заверения генерала малоубедительными: «Если военные когда-либо играли в Сибири роль дипломатов, то только лишь потому, что министерство иностранных дел оказалось не в состоянии предпринять необходимые шаги для поддержания престижа страны и охраны её интересов» [Momose 1984: 97; Smith 1975: 96].

Создавалось впечатление, что старт состоявшейся в мае 1921 года Восточной конференции дала встреча кабинета министров 8 апреля, но в действительности Хара вынашивал идею такой конференции в течение нескольких месяцев, и не только для координации Сибирской политики. Всё большее беспокойство Хары вызывал факт отсутствия официальной структуры, координирующей действия правительства и военного руководства внутри Японии с одной стороны и управляющих различными колониальными владениями и представителей армии за рубежом — с другой. Также становилось очевидно, что большой объём вопросов, сопровождающих вопрос Сибири (большинство из них были связаны с имперской политикой в Китае и Маньчжурии), требовал совместного урегулирования мировыми державами. Перед тем как выйти на международный уровень, Японии было жизненно необходимо определить по всем этим вопросам собственную позицию и добиться в ней единодушия. Кроме того, Хара понимал, что у него есть возможность воспользоваться «тенденциями времён» и оказать, как хотелось бы ему надеяться, продолжительное воздействие на внешнюю политику Японии.

> Старая логика империи и обороны страны почти разрушена, новая [логика стратегической автаркии] ещё не набрала силу, а престиж армии находится на самом низком уровне за всю ее историю. Поэтому у умеренных центристов впервые появилась возможность нанести удар по самому основанию позиции активистов [Matsusaka 2000: 240].

Конференция не только поможет всем политическим игрокам прийти к общему знаменателю, но также укрепит власть кабинета министров над колониальными и другими владениями Японии. Хара надеялся, что она станет ежегодной [Nomura 1982: 284–287].

Конференция началась 16 мая; её в полном составе посетил кабинет министров вместе с его генеральным секретарём Такахаси и руководителем его законодательного комитета Йокотой. Присутствовали генерал-губернатор Кореи Сайто, его заместитель по политическим делам Мизуно и военный руководитель Оба, а также управляющий Квантунской арендованной территорией Ямагата и командующий Квантунской армией Каваи. Кроме того, конференцию посетили генерал Юи, командующий японскими войсками в Циндао, посол в Китае Обата, генеральный консул в Мукдене Акацука и генерал Татибана, командующий армией в Сибири. Примечательно, что на собрании отсутствовал начальник генштаба Уэхара: кабмин утверждал, что обсуждаемые на конференции вопросы, в том числе вывод войск из Сибири и Шаньдуна, не относились к компетенции военного командования [Momose 1984: 97].

Конференция должна была обсудить проблему вывода войск из Приморской области и Северной Маньчжурии, а также переговоры с Дальневосточной республикой. Также планировалось рассмотреть вопрос вывода войск из Шаньдуна, учитывая «растущий консенсус между высшими должностными лицами, [которые] предпочитали... полностью отречься от сферы интересов в данной провинции» [Matsusaka 2000: 262]. Премьер-министр сообщил участникам конференции, что они собрались здесь для того, чтобы узнать о решении кабинета министров вывести войска из Сибири и Шаньдуна, а также обменяться мнениями по поводу условий, на которых это будет сделано. Когда генералы Татибана и Каваи выступили против вывода войск, Хара сказал им, что политика правительства по данному вопросу уже определена [Momose 1984: 97].

Хара был абсолютно бескомпромиссен.

> В случае успеха эта встреча в широком смысле ратифицирует общее отступление империи в Восточной Азии, которое умеренные центристы считали необходимым для адаптации Японии к новому порядку. Участники встречи приняли общий курс данной политики, пусть в некоторых случаях и неохотно, но Хара добивался чёткого понимания по всему обсуждаемому комплексу мер [Matsusaka 2000: 262].

Хара не искал альтернативных стратегий или других вариантов политики [Nomura 1982: 284; Momose 1984: 98]. Уловив основной посыл встречи, генерал-губернатор Сайто и командующий корейской армией Оба предположили, что после ухода японских войск с Дальнего Востока России численность военной полиции окажется недостаточной для охраны корейской границы. В таком случае, возможно, придётся договариваться с гражданской полицией или регулярными войсками для того, чтобы они компенсировали недостаток человеческих ресурсов [Momose 1984: 98].

17 мая Танака и Татибана провели закрытую встречу, на которой министр армии сообщил командующему императорскими войсками во Владивостоке о том, что последнему предстоит организовать проведение неофициальных переговоров с Дальневосточной республикой, которые подготовят почву для выведения японских войск. Однако вести переговоры будет не глава коман-

дования по политическим вопросам Мацудайра Цунэо, бессменно бывший в нем также старшим представителем министерства иностранных дел, а Мацусима Хадзимэ, в настоящий момент японский консул в Харбине. Татибана выразил протест против этого назначения, но Танака ответил, что он не готов изменить решение [Momose 1984]. Наряду с информацией о первом дне конференции в прессе появились сообщения об этой встрече и её основных итогах[19].

Третья проблема, рассмотренная на Восточной конференции, касалась финансирования Китайско-Восточной железной дороги и будущих отношений Японии с Чжан Цзолинем. Если участие Японии в международном кредитном консорциуме и отношение этого консорциума к КВЖД широко освещались, взаимоотношения с Чжаном намеренно были оставлены в тайне. Японцы по-прежнему настаивали на том, чтобы КВЖД находилась вне юрисдикции спонсируемого США международного кредитного консорциума. Подразумевалось, что в отношении Чжана и железной дороги будет применяться политика «два Китая». «Япония поможет [Чжану] в управлении Тремя восточными провинциями, воспринимая его исключительно как местную власть, и откажется от участия в его похождениях южнее Великой стены» [Matsusaka 2000: 260], где будет господствовать международный кредитный консорциум. Япония откажется от своих концессий в Шаньдуне и будет действовать в духе сотрудничества между великими державами. Но Маньчжурия — это другое дело. «Безусловно, мы попытаемся сохранить и использовать существующие привилегии и особый статус, и в будущем постараемся обеспечить эти права и притязания, как этого требуют оборона страны и экономическое выживание нашего народа» [Matsusaka 2000: 249].

Поскольку Межсоюзнический железнодорожный комитет заблокировал попытки Японии овладеть КВЖД силой, оставался только вариант финансового контроля над ней. В этом был бы очень полезен Чжан.

---

[19] Tokyo Asahi. 17 мая 1921 года [Henshū 1989: 285].

Если мы хотим добиться реализации своей политики относительно КВЖД, то нам нужно найти с Чжан Цзолинем общий язык по очень многим вопросам, в особенности по вопросу новой прокладки маршрута [железной дороги между Харбином и Чанчунем]. Продлить кредиты КВЖД можно через Чжана, и его влиянием можно воспользоваться, чтобы сподвигнуть местные власти на реализацию... проекта[20].

После обоснования полезности Чжана в текущей ситуации было необходимо укрепить отношения с ним. В связи со значительным влиянием этих отношений на Сибирскую интервенцию стоит развёрнуто процитировать три пункта, касающиеся планируемых в них изменений.

1. Империя предоставляет помощь не Чжану лично, а как представителю реальной власти в Маньчжурии в целях сохранения нашего особого положения на данной территории.

2. После вывода войск из Сибири нам придётся столкнуться с множеством проблем, требующих обсуждения и совместного решения с Китаем, в том числе: политика в Маньчжурии, управление Кореей и поддержание в ней закона и порядка, решение пограничных вопросов, касающихся Китая, Японии и России. Также очевидно, что в данный момент нам следует договариваться напрямую с Чжаном как представителем китайской стороны. Чтобы достичь вышеупомянутых целей, нам нужно убедить Чжана дружески сотрудничать с нами. Для этого нам следует предоставить такую помощь, которая не позволит Чжану лишиться его базы в Маньчжурии.

3. Пока действует соглашение великих держав об эмбарго на поставки оружия в Китай, мы не можем выполнить желание Чжана получать оружие. Тем не менее ему разрешается организовать запасы вооружения и создать базу для самообеспечения [Matsusaka 2000].

---

[20] От конечной станции Южно-Маньчжурской железной дороги в Чанчуне до Харбина КВЖД строили русские; поэтому колея там была широкой (пять футов или 1524 мм).

25 мая Восточная конференция официально закончила свою работу. На ее последнем заседании министр армии Танака сообщил, что теперь, когда началась постепенная реализация решения о выводе японских войск из Шаньдуна и Сибири, он покинет кабинет министров [Momose 1984: 98].

Меморандум Восточной конференции описал консенсус, достигнутый в отношении нынешнего состояния имперской политики Японии.

> Премьер-министр и его коллеги настояли на значительном отходе от экспансионизма, который занимал умы целого поколения лидеров страны. Восточная конференция ратифицировала вывод войск из Шаньдуна и Сибири и участие Японии в международном кредитном консорциуме. Таким образом, на конференции великих держав в Вашингтоне, которая начнётся в ноябре 1921 года, японская делегация сможет пойти на уступки почти всем требованиям США [Matsusaka 2000: 265].

Однако результаты Восточной конференции показали также, что, несмотря на твёрдую позицию и значительные достижения Хары, ему не удалось настоять на своём полностью. Необходимость найти общий язык с радикально настроенными сторонниками империализма, в которых в конце концов превратится страна, заставила Хару пойти на компромисс. «Умеренные центристы могут сколько угодно пытаться дать объяснение этим отношениям [с Чжаном] исходя из своих взглядов, однако решение оказывать поддержку Чжану, бесспорно, представляет собой победу имперских активистов» [Matsusaka 2000: 264].

Предполагалось, что Восточная конференция не будет единичным событием. Хара планировал, что такие встречи станут регулярными, на них будет формироваться имперская политика и кабинет министров сможет получить согласие со своим курсом всех заинтересованных сторон. Это окажется следующим шагом в процессе создания специальных органов для выработки политики, которую кабмин не может осуществить самостоятельно. В случае проведения подобных встреч в будущем не было бы никакой гарантии, что японские умеренные центристы, прагматики и имперские активисты смогли бы совершить невозможное и преодолеть противоречия, которые содержала в себе принятая первой конференцией политика «два Китая». Но эксперименту так и не суждено было состояться. Следующая Восточная конференция прошла лишь в 1928 году, когда Танака Гиити попытался повторить успех своего наставника, однако в новых обстоятельствах его постиг полный провал.

Итоги Восточной конференции весьма повлияли и на судьбу Gaikō Chōsakai. Сибирская интервенция стала первой серьёзной внешнеполитической проблемой, с которой совет столкнулся осенью 1917 года. Будет некоторым преувеличением сказать, что Восточная конференция положила начало конца Gaikō Chōsakai, однако значение этой организации как площадки для определения приоритетов внешней политики Японии было утрачено. Теперь разногласия рассматривались в противостоянии кабинета министров и штабов вооружённых сил. Именно так будут обстоять дела в 1920-х годах до тех пор, пока в 1930 году не начнётся острая полемика о принятии Лондонского морского договора. После окончания Восточной конференции и публичного заявления о намерении вывести войска из Сибири Gaikō Chōsakai и Сибирская интервенция погрузились в длительный полумрак. Совет продолжал периодически собираться и дальше, но его растущая неактуальность превращалась в общепризнанную. Наконец, в начале октября 1922 года, за несколько дней до окончания интервенции, которая стала определяющим фактором его деятельности, Gaikō Chōsakai был официально ликвидирован[21].

---

[21] Gaikō Chōsakai Haishi: Katō Sōri Daijin no Seimei // Gaikō Chihō. T. 36. № 7 (15 октября 1922 года). P. 151–152.

# Глава 7
# «О бессмысленная интервенция!»
## *Год бездействия, июнь 1921 — июнь 1922 года*

Согласно японским исследованиям Сибирской интервенции, прошедшая в мае 1921 года Восточная конференция ознаменовала собой окончательное решение японского правительства вывести войска из Сибири. Всё, что происходило в течение последних шестнадцати месяцев интервенции, было представлено просто затянувшейся развязкой событий[1]. Однако в действительности ни Восточная конференция, ни предшествующие ей встречи кабинета министров и Gaikō Chōsakai не принимали окончательного решения о выводе войск. В лучшем случае они зафиксировали готовность правительства начать такой вывод, если удастся достичь соглашения с руководством Дальневосточной республики и получить гарантию комфортного положения Японии на Дальнем Востоке России после ухода японских войск.

И, конечно же, Восточная конференция не являлась свидетельством того, что кабинету министров Хары удалось навязать своё решение о выводе войск генштабу армии или подразделениям в Сибири. 23 мая генерал Татибана встретился с начальником генштаба Уэхарой и другими высшими офицерами для того,

---

[1] [Momose 1984] — самый очевидный пример, [Shinobu 1968] предоставляет лишь скудные сведения. Вместе с тем [Hara 1989; Hosoya 1976] и «Roshia Kakumei to Nihon» (Tokyo: Hara Shobō, 1972) вообще не описывают события после 1920 года.

чтобы обсудить «вопросы, вызывающие постоянное беспокойство армии». В ходе встречи Уэхара вновь горячо заявил о своём полном несогласии вывести войска с Дальнего Востока России ни при каких обстоятельствах. 26 мая командующие японскими войсками на материке — Татибана в Сибири, Юи в Шаньдуне, Оба в Корее и командующий Квантунской армией Каваи — встретились с вступающим в должность министром армии Яманаси Ханзо с тем, чтобы обсудить реализацию процесса вывода войск из Сибири и Шаньдуна. Тогда же Татибана получил официальный приказ начать ведущие к выводу войск переговоры с ДВР [Momose 1984: 98].

Но, даже получив этот приказ, во время своего визита к *genrō* Ямагате перед возвращением во Владивосток 31 мая генерал Татибана продолжал выражать своё беспокойство тем, что произойдёт в случае ухода Японии из Сибири. Старший политик попытался переубедить Татибану. Ямагата признал, что многие офицеры геншта́ба считали уход из Сибири серьёзной ошибкой, однако он не был готов с этим согласиться. Ямагата утверждал, что на самом деле интервенция оказалась для страны невыгодным предприятием, поэтому ее нужно завершить как можно скорее. Ямагата описал эту беседу Харе, когда премьер-министр посетил его на следующий день. Ямагата рассказал, как он убеждал Татибану в том, что обязанность армии — подчиняться приказам, несмотря на несогласие офицеров с решением о выводе войск [Momose 1984].

Хара приехал к Ямагате, чтобы рассказать ему о результатах Восточной конференции и обсудить с ним отставку министра армии Танаки. Хара хотел, чтобы Танака остался до выхода непосредственного приказа о выводе войск. «Генштаб по-прежнему упорно сопротивляется, — сказал Хара старшему политику, — однако альтернативы выводу войск не существует». Ответ «военного из военных» [Momose 1984] (*gunjin no naka gunjin*) свидетельствовал о его разочаровании в упрямстве военной структуры, которую он так старательно пытался оградить от политического контроля со стороны внешних сил. «Нет, — сказал Ямагата, — говорить с военными бессмысленно. Они против [вывода войск], однако собственного политического курса предложить не могут» [Tazaki 1981: 26]. 4 июня Хара Такаси, скрепя сердце, подал заявление своего военного министра об отставке императору. Танака Гиити покинул правительство 9 июня, получив не только благодарность от Хары, но и повышение в звании до генерала армии. Их союз не смог подчинить генштаб контролю министерства армии, но сотрудничество с Харой явно вызвало у Танаки стойкий интерес к политике. Генерал вернётся на политическую арену после отдыха и восстановления сил. В конце 1923 года он на короткое время займёт пост министра армии, а в 1927 году станет премьер-министром и президентом Сэйюкай [Koketsu 1987: 196].

Если после Восточной конференции дела в Токио обстояли не совсем гладко, то в Приморской области они и вовсе пошли наперекосяк. Переворот во Владивостоке ночью 26 мая, следующего после окончания конференции дня, положил конец правительству Приморской областной земской управы, которое пережило попытки армии ликвидировать его в апреле 1920 года. В течение последнего года из разных населённых пунктов Дальневосточной республики во Владивосток стекались беженцы из числа белых, в связи с чем в городе их оказалось достаточно для того, чтобы изменить в нем политический баланс. В марте небольшое число антисоциалистов, среди которых были сторонники фаворита японцев Семёнова, всерьёз замышляли совершить переворот, но японская армия его предотвратила, поняв всю несостоятельность заговорщиков в борьбе с силами заранее предупреждённого руководства земства [Smith 1975: 88–93].

В течение следующих нескольких месяцев белые войска продолжали набирать силу. Они пользовались финансовой поддержкой по-прежнему ждавшего в Порт-Артуре своего часа Семёнова, пообещав атаману руководство вооружёнными силами нового правительства. Однако ядро этого белогвардейского движения — остатки одной из армий Колчака, набранной из уральских рабочих, называвшие себя каппелевцеми в честь их погибшего первого командира, — ненавидело Семёнова и не собиралось позволить ему взять на себя руководство в случае успеха. Видимо, японцы об этом не знали, поскольку командиры боевых подразделений весьма надеялись на то, что Семёнов вернёт себе свои позиции в России. Когда 26 мая начался переворот, японцы находились в некоторой нерешительности. Татибана находился в Токио, к тому же было опубликовано официальное заявление о намерении Японии оставить Сибирь, поэтому императорские войска во Владивостоке не знали, как им следует действовать. В ту суматошную ночь японская армия то оказывала помощь и белым, и красным войскам, то сдерживала их. В конце японцы вмешались, но лишь в той мере, которая позволила предотвратить кровопролитие и обеспечить победу белых [Smith 1975: 93–98].

После переворота, заручившись одобрением и помощью японцев, Григорий Семёнов отправился морем во Владивосток. Новое белое руководство, назвавшее себя Временным Приамурским правительством и претендующее на власть над всей Россией, не позволило судну, на котором он прибыл, причалить. И все же ему удалось проскользнуть на берег и присоединиться к своим последователям в железнодорожном городке Гродеково в шести милях от китайской границы. Однако почти повсеместная ненависть к нему со стороны русских не позволила Семёнову сыграть при новом режиме какую-либо роль, как бы ни желала того императорская армия. В середине сентября он, наконец, прекратил попытки добиться власти и в последний уже раз уехал из России. Проведя некоторое время в скитаниях, он поселился в Маньчжурии, где стал жить под защитой японцев. Во время советского вторжения 1945 года его арестовали, судили и, в конце концов, казнили [Smith 1975: 108–112][2]. Попытки японской армии провести в новое правительство во Владивостоке своего фаворита провалились, и теперь японцы оказались вынуждены мириться с правительством белых, которому они не доверяли и которое они не поддерживали. Эти чувства оказались вполне взаимными.

---

[2] Сначала Семёнов пытался поселиться в США, но после протеста бывшего командующего Американским экспедиционным корпусом «Сибирь» Грейвса ему было отказано во въезде [Palmer 2009: 241–243].

Ни на один город Японии Сибирская интервенция не повлияла так сильно, как на Цуругу. Уничтожение в марте 1919 года батальона Танаки травмировало жителей Оиты; имевший место через год Николаевский инцидент вызвал сходные страдания и горе людей Мито. Жителям Нары не пришлось столкнуться со столь масштабной трагедией, однако в течение двух лет пребывания их солдат в Северной Маньчжурии они находились в состоянии постоянной тревоги, печали и беспокойства. В Цуруге тоже располагался военный гарнизон. Когда озабоченные пагубным воздействием солдат на молодых женщин города жители Фукуи во процессе увеличения численности армии в 1896 году отказались от предлагаемой чести разместить у себя пехотный полк, выбор пал на Цуругу. Около пяти процентов сельскохозяйственных угодий этой местности отдали под военные объекты, в том числе казармы и полигоны [Tsuruga Shishi 1982: 166–168].

Как и 53-й пехотный полк из Нары, размещённый в Цуруге 19-й пехотный полк был частью к 15-й дивизии. 6 марта 1919 года стало известно, что ему предстоит нести службу на материке. Однако весь срок службы 19-й пехотный полк проведёт в составе Квантунской армии и будет размещён вдоль Южно-Маньчжурской железной дороги между городами Ляоян и Мукден (Шэньян). Руководители всех семи округов, из которых солдат призывали в полк, объединили свои усилия для того, чтобы достойно проводить солдат в день отправки полка на материк 17 апреля. Причал Канегасаки заполнили представители Ассоциации резервистов, Красного Креста, Ассоциации женщин-патриоток, ученики местной начальной школы, а также семьи солдат и жители города и близлежащих деревень. Все они кричали «Банзай!», когда корабли с солдатами полка покидали гавань[3].

О различиях между рутинным несением охранной службы на Южно-Маньчжурской железной дороге и более опасной службой 53-го полка из Нары на Китайско-Восточной железной дороге говорит тот факт, что за два года 19-й пехотный полк ни разу не появился в новостях издания Хокурику *Osaka Asahi* — в отличие

---

3     Информация из: Osaka Asahi Hokuriku Ban. 6–18 марта 1919 года. С. 3.

от полка из Нары, который превратился для газет в постоянный инфоповод. 7 апреля 1921 года был опубликован короткий текст, из которого жители Цуруги узнали, что полк вернётся домой до конца месяца. И снова руководители региона стали готовиться к встрече солдат: в частности, обеспечили прохождение ими карантинных процедур, без которых их не пускали на берег. Как и в случае с полком из Нары, солдаты 19-го пехотного полка вернулись домой в составе двух групп: первая прибыла 20 апреля, вторая — 22 апреля. Оба дня на прибрежной территории собирались многочисленные толпы, приветствовавшие войска, которые, по имеющейся информации, были очень рады вернуться домой[4].

В отличие от Оиты, Мито, Нары и других японских городов, у Цуруги были тесные связи с Дальним Востоком России, и особенно с Владивостоком. Порт Цуруги был главным связующим звеном между Японией и Дальним Востоком России. Через этот порт проходили многие отправлявшиеся в Сибирь солдаты других подразделений. Из Цуруги уплывали во Владивосток различные группы поддержки и инспекционные группы из Токио и других городов. На берег Цуруги высаживались белые эмигранты, покинувшие Россию после поражения Колчака (даже если им разрешали это сделать, как правило, они оставались в городе недолго и ехали дальше, в Харбин, Шанхай или Европу). Энергичные газетчики рыскали по пристани, надеясь встретить каждый прибывающий корабль и узнать новости из Приморской области.

Традиционно Цуруга вела торговлю с регионами Хокурику, Кинки и Токай, занималась поставками морепродуктов из Хоккайдо, однако после окончания в 1899 году строительства железнодорожной ветки в Тояму значительная часть этой торговли переместилась в другие регионы. Цуруга стала международным портом в 1900 году, когда видный деятель города Овада Сосити (пожертвовавший также для строительства казарм полка крупный надел земли) заказал исследование с целью поиска зарубеж-

---

4  Osaka Asahi Hokuriku Ban. 7–21 апреля 1921 года. С. 3.

ных рынков. Первым значимым импортным грузом стала корейская соя, однако истинным хлебом насущным для порта стал экспорт — после открытия прямого пути во Владивосток в 1902 году. Прямая связь с Транссибирской магистралью сократила время транзита из Токио в Париж или Лондон с месяца до двух недель; появилась надежда, что Цуруга станет для Японии окном в Европу. Разумеется, по причине Русско-японской войны эта торговля прекратилась, однако после экспортных поставок 1907 года отношения между странами начали стабильно улучшаться [Tsuruga Shishi 1982: 161–163].

Не будучи серьёзным соперником таких портовых городов, как Йокогама и Кобе, по объёму международной торговли, Цуруга оставалась главным портом Японского моря в торговле с Россией. Транзит через порт увеличивался, как и объёмы бункеровки и грузовых операций, а также количество складских объектов. К 1912 году Цуруга полностью интегрировалась в национальную железнодорожную сеть с прямым сообщением с Токио. Начало Первой мировой войны и заключение русско-японского союза вызвало быстрое увеличение экспорта в Россию в пять раз. Пик торговли пришёлся на 1916 год, когда общая стоимость проходивших через порт грузов превышала 54 миллиона иен. По причине революции 1917 года она сократилась почти на половину, но в связи с интервенцией произошло недолгое восстановление уровня экономической активности до 39 миллиона иен к 1920 году. Импорт, куда менее значимый элемент экономики порта, достиг своего апогея в 1919 году и оценивался в пять с половиной миллионов иен [Tsuruga Shishi 1982: 161–163].

Когда в конце весны 1920 года начался период долгой и безрезультатной односторонней интервенции, судьба Цуруги как порта оказалась тесно связана с ситуацией в Сибири. Всю очевидность этого факта показало интервью с руководителем комитета по гражданскому строительству министерства внутренних дел Цукадой, опубликованное 15 июня 1920 года. Он отметил, что серьёзное увеличение загрузки порта зависит не только от устройства более длинных причалов, организации более крупных складских помещений и от обеспечения дополнительного оборудования для обслуживания грузов. Для размещения большего количества кораблей понадобятся крупные землечерпательные работы. Учитывая огромную стоимость подобных работ, следовало убедиться в том, что экономическая выгода от этого будет соизмеримой затратам. Определяющим фактором экономической целесообразности проекта являлась ситуация в Сибири. Будущее порта зависело от торговли с Россией. Если удастся восстановить порядок на Дальнем Востоке России, то вложения могут окупиться, однако гарантий благоприятного развития ситуации не существовало. А если нынешнее положение дел будет сохраняться в течение неопределенного срока, той загрузки порта, которую обеспечивала армия, в настоящий момент окажется недостаточно для того, чтобы оправдать подобные инвестиции[5].

Меру интереса жителей Цуруги к тому, что происходило в Сибири, можно узнать из интригующей статьи, которая появилась в газете 1 августа 1920 года, когда руководители местной ассоциации домохозяек (fujinkai) объявили о своих планах отправиться во Владивосток. Статья не объясняла, почему женщины Цуруги так интересовались Владивостоком, однако в ней отмечалось, что переговоры о получении разрешения на поездку продвигались, и все же для положительного решения вопроса имелось много препятствий. В частности, вызывала беспокойство уязвимость группы по отношению к «различным болезням»[6]. Поиск по газетным материалам не выявил следующей статьи, которая бы описала результаты переговоров, однако, по всей видимости, поездка не состоялась.

Домохозяйкам Цуруги, вероятно, отказали в возможности узнать, что происходило с японскими войсками во Владивостоке и в целом в Приморской области. Однако весь 1921 год генерал Татибана следил за тем, чтобы другие группы людей, особенно тех, чьи солдаты служили в этом регионе, такую возможность

[5] Sankokukō ha Kenkan de Kekka da // Osaka Asahi Hokuriku Ban. 15 июня 1920 года. С. 3.

[6] Fujinkaiin Urajio Kengaku Hōkei // Osaka Asahi Hokuriku Ban. 1 августа 1920 года. С. 3.

получили. Как и в случае с солдатами 53-го пехотного полка из Нары, жители других городов, размещавших у себя военные гарнизоны, желали отправить на материк своих представителей для поднятия боевого духа солдат и сбора сведений об их состоянии. Кроме того, командующий императорскими войсками хотел донести до этих групп поддержки жизненную важность миссии его подразделений на Дальнем Востоке России и заручиться их публичной поддержкой деятельности армии, когда эти подразделения вернутся домой.

Среди бумаг генерала Татибаны можно найти документ с именами и званиями людей, которые приезжали в Сибирь во время его пребывания в должности и к которым он проявлял особый интерес[7]. Состав этих групп поддержки крайне любопытен. Первую группу из префектуры Акита спонсировал совет этой префектуры по школьному образованию (*kyōikukai*). Она приехала на Дальний Восток России для поднятия боевого духа солдат (*imon*) и проведения проверок (*kensatsu*). Группа состояла из 16 человек, десятью из которых были директора начальных школ префектуры и старший член совета по школьному образованию. К группе также присоединились члены общенациональной и местной ассоциации резервистов. Учитывая масштабы влияния армии на образовательную систему, нет ничего удивительного в том, что генерал стремился произвести на этих людей сильное впечатление.

Список членов второй группы вызывает куда больший интерес. Это группа поддержки (*imondan*) из префектуры Иватэ, родины премьер-министра Хары. Пятнадцать её участников являлись влиятельными людьми префектуры, среди которых были представители канцелярии губернатора префектуры, мэр Мориоки, мэры и чиновники нескольких других городов и деревень префектуры. Их сопровождали Кикуикэ Кеитиро из газеты «Iwate Nippo» и Кикуикэ Такаюсин (его родственник?) из «Iwate Mainichi Shinbun». Самое интересное то, что последний член группы

---

7   Tachibana Koichirō Kankei Monjo. Kensei Shiryōshitsu, библиотека Национального Парламента, Токио. Документы 312, 313.

числится в списке как «простой житель Мориоки». Не Хара Такаси ли это, путешествующий инкогнито? Такая вероятность существует, и в ней наличествует некая романтика, и все же участие Хары Такаси в поездке маловероятно. Длительность и даты пребывания группы поддержки в Сибири неизвестны, но если Хара и находился среди её членов, то это должно было произойти в промежутке между назначением Татибаны командующим в феврале и смертью Хары в ноябре. Наибольшая вероятность осуществления поездки — во время ежегодного путешествия Хары на родину в августе, но в своём дневнике он пишет только о поездках этого периода на Хоккайдо, не упоминая о Владивостоке. Между записями отсутствует и значимый временной интервал, в который могло бы уместиться анонимное путешествие. В любом случае сведения, собранные группой поддержки из Иватэ, Хара, скорее всего, получил.

Одной из главных целей прошедшей в мае 1921 года Восточной конференции было формирование единой позиции японского правительства по вопросам материковой политики. Тому есть много причин, но одна из основных — необходимость достичь консенсуса в преддверии международного урегулирования насущных стратегических вопросов региона. Парижская мирная конференция 1919 года занималась в первую очередь урегулированием послевоенных проблем в Европе, однако Восточной Азии и странам Тихоокеанского региона война принесла не менее значимые перемены. Весной и летом 1921 года всё чаще звучали призывы собрать при участии большого количества стран конференцию для обсуждения таких вопросов, как контроль военно-морских вооружений, пересмотр англо-японского союза и сотрудничество великих держав в Китае. В июле администрация Уоррена Г. Гардинга, наконец, выслала приглашения на такую конференцию, она должна была начаться в Вашингтоне в ноябре 1921 года.

Хара очень хотел, чтобы Япония приняла участие в Вашингтонской конференции для обсуждения важнейших для его правительства вопросов, и прежде всего контроля военно-морских вооружений. Однако тот факт, что другие аспекты материковой политики Японии также могут быть вынесены участниками конференции на обсуждение, не вызывал у японского правительства большого энтузиазма. Не стоило надеяться, что США и другие стороны не будут внимательно следить за переговорами с китайским руководством о Шаньдуне. Однако отсутствие на конференции официальных представителей России (неофициальная и довольно активная делегация из ДВР там присутствовала)[8] означало, что у Хары и его министров были большие шансы избежать международной огласки их новой политики на Дальнем Востоке России и продолжающегося присутствия Японии в Сибири.

Требования ДВР начать переговоры по вопросам, в регионе вызывающим общую обеспокоенность, увеличивали вероятность такой огласки [Smith 1975: 118]. Конечно, представители республики пытались инициировать переговоры с Японией не впервые. Такие переговоры, целью которых являлся вывод японских войск с Дальнего Востока России, на самом деле были raison d'être ДВР. После организованного белыми переворота во Владивостоке московское правительство всячески пыталось усилить руководство ДВР. Москва увеличила военную помощь республике, отправив туда материальное обеспечение, обученные войска и одного из своих лучших командиров, Василия Блюхера. Также было решено уничтожить белых партизан, которыми командовал барон фон Унгерн-Штернберг (бывший соотечественник Семёнова с ещё худшей репутацией по причине его кровожадности), вторгавшийся на территорию ДВР со своих монгольских баз. Его уничтожение не только устранило серьёзную угрозу для границ республики, но и сделало Монголию государством-сателлитом Советской России [Smith 1975: 107–108; Palmer 2009: гл. 8 passim].

13 мая кабинет министров Хары определился с требованиями, которые японское правительство предъявит ДВР в качестве компенсации за вывод войск. Однако о степени готовности японцев действительно вывести войска с Дальнего Востока

---

8    То, как умело ДВР стравливала японцев с американцами, описано в [Clauss 1992].

России говорит тот факт, что, несмотря на настойчивые требования руководства ДВР, они так долго не уклонялись от переговоров. В конце весны и начале лета 1921 года министр иностранных дел республики Игнатий Леонович Юрин несколько раз настойчиво требовал, чтобы японское правительство приступило к переговорам. Обе стороны, наконец, встретились в июне и июле в Харбине и провели предварительные беседы на более низком уровне. 12 июля кабмин Хары и Gaikō Chōsakai согласились на переговоры (предположительно, секретные), которые должны были начаться в отеле Ямато в Даляне 26 августа [Lensen 1970: 14–16].

Японскую делегацию возглавил Мацусима Хадзимэ, который специально с этой целью был назначен руководителем отдела по политическим делам императорской армии во Владивостоке. Ему помогали вице-консул во Владивостоке Симада и глава штаба Татибаны генерал Такаянаги. Официальным представителем российской делегации был Фёдор Николаевич Петров. Основным вопросом переговоров, которые по настоянию русских освещались в прессе, очень скоро стал вопрос, когда японские войска покинут Дальний Восток России. Представители ДВР требовали, чтобы перед подписанием соглашения была назначена точная дата вывода войск. Японская сторона утверждала, что до подписания соглашения определить дату вывода войск невозможно.

Российская делегация пошла на уступки до такой степени, что 6 сентября предложила проект соглашения. Он состоял из 29 пунктов; японцы получали почти всё, чего они добивались, на основе принципа взаимности между двумя государствами. Однако пункт XXII, требующий, чтобы Япония немедленно начала вывод своих войск с территории республики и закончила его «не позже, чем через месяц после подписания данного соглашения», был абсолютно неприемлем для японцев. Проблематичным оказался и пункт XXIII, предусматривающий «сохранение и передачу японцами в исправном состоянии ... имущества [а именно, больших запасов оружия во Владивостоке и его окрестностях], принадлежащего Дальневосточной республике». Не добившись от русских поправок к пункту XXII, позволяющих императорской армии вывести войска по собственному усмотрению, японцы попросили о двухнедельном перерыве в переговорах с тем, чтобы подготовить более подробный ответ [Lensen 1970: 18–25].

Назначение главой японской делегации Мацусимы должно было не позволить военному командованию в Сибири саботировать переговоры, которые им поручили вопреки их желанию. Однако те недели, которые Мацусима провёл во Владивостоке, очевидно, не способствовали воплощению этой стратегии. Ничем другим не объяснить суровость японского контрпредложения, которое выходило далеко за рамки первоначальных предложений кабмина. Вне всякого сомнения, японские «17 требований» (с тремя дополнительными секретными пунктами), представленные русским в конце сентября, по смыслу, тону и целям были чрезвычайно похожи на известное «21 требование» к китайскому правительству 1905 года или серию договоров, навязанных Корее в 1904–1905 годах. Благодаря этим договорам Япония получила контроль над международными отношениями Кореи и в значительной мере — над её внутренними делами.

Короче говоря, от ДВР требовалось превратить Владивосток в исключительно коммерческий порт, прийти к соглашению с японцами по поводу рыболовства, почтовых станций и телеграфов, торговли и пошлин, а также свободы навигации. ДВР должна уважать частную собственность иностранцев, дать полную свободу передвижения и позволить японцам заниматься торговлей, производством и владеть обрабатывающими предприятиями. Оба правительства дадут клятву не проявлять друг к другу враждебность и не вести друг против друга пропаганду, а также не позволять предпринимать подобные действия третьим сторонам. ДВР должна дать гарантии «никогда не устанавливать коммунистический режим» и не посягать на право частной собственности. Японцы, работающие в ДВР, должны быть освобождены от всех ограничений, «касающихся горной промышленности, сельского хозяйства, лесной промышленности и в целом добывающей промышленности», им должна быть предоставлена свобода навигации по реке Амур. ДВР следует рекомендовать китайцам дать подобные права японцам на реке

Сунгари. Эти права не должны «распространяться на других иностранцев».

Кроме того, ДВР была обязана: чтить все предыдущие соглашения прошлых российских правительств, уничтожить укрепления и фортификационные сооружения «вдоль всего Тихоокеанского берега» и «позволить официальное проживание и проезд особых военных миссий Японии и отдельных японских военных офицеров на всей территории республики». Для компенсации последствий Николаевского инцидента ДВР должна «предоставить японскому правительству в аренду на 80 лет северную часть Сахалина». Кроме того, к проекту соглашения прилагались три секретных пункта. Первый: ДВР должна оставаться нейтральной в любой войне Японии с третьими сторонами. Второй: Япония «выведет свои войска из Приморской области, когда посчитает это нужным и в удобное для себя время». Третий: японские войска покинут северный Сахалин только после подписания упомянутого соглашения об аренде [Lensen 1970: 26–30].

Вначале японцы отказывались добавить даже секретный пункт о дате вывода японских войск. Они уверяли русских, что подобное уточнение не нужно, и само подписание такого соглашения обеспечит выполнение соответствующих условий, оговоренных в заявлении от 31 марта 1920 года. Когда исчезнет угроза для позиций Японии в Маньчжурии или Корее, а жизнь и собственность японских граждан будут защищены, японцы смогут оперативно вывести войска после заключения необходимых военных соглашений. Разумеется, русских такие заверения не устраивали. Договоры немедленно зашли в тупик и возобновились только примерно через месяц.

Переговоры с представителями ДВР в Даляне оказались тяжёлыми и не слишком активными; отношения японцев с белым правительством во Владивостоке тоже оставались плохими. Перед началом переговоров с ДВР японцы не проконсультировались с представителями белого правительства. Поскольку белые не признавали марионетку японцев Семёнова, японская армия была готова предоставить их самим себе [Smith 1975: 118–119]. Возвращение белых вызвало новую вспышку партизанской активности, которую поощряли представители ДВР и поставки из республики: так ДВР укрепляла свои позиции в борьбе с японцами. Партизаны смешались с устойчивым контингентом преступников со всего региона. В конце лета и всю осень совершались ожесточённые нападения, от которых более всего пострадали железнодорожные и горнодобывающие объекты [Smith 1975: 106–107].

Отставка Танаки Гиити в июне сопровождалась тремя важными обстоятельствами. Долгожданное подчинение армии на Дальнем Востоке России кабинету министров должно было привести к «постепенному внедрению» решения кабмина о выводе войск из Сибири. Через некоторое время должна была последовать отставка с поста начальника генштаба заклятого врага Танаки, Уэхары Юсаку. После ухода Танаки из правительства армия не стала более послушной воле кабинета министров, и для реализации решения о выводе войск из Сибири не было сделано почти ничего. В начале ноября японские войска всё ещё находились в Приморской области, и ничто не предвещало их скорый уход. К тому времени, когда 4 ноября 1921 года Хара Такаси был заколот молодым фанатиком на вокзальном перроне в Токио, вся решимость покинуть Дальний Восток России, вызванная Восточной конференцией, полностью исчезла.

После убийства Хары началась неделя внутриполитического смятения, когда старшие политики спорили друг с другом, выбирая убитому подходящего преемника. Проблема усугублялась тем, что Ямагата (чьё одобрение окончательной кандидатуры было абсолютно необходимо) болел и не всегда мог что-то посоветовать лично [Imamura 1985: 106]. В такой ситуации большой эффект оказало быстрое выдвижение бывшим главой партии Сэйюкай Сайондзи Киммоти кандидатуры министра финансов Такахаси Корэкиё. За пост боролись многочисленные желающие занять должность премьер-министра из Палаты пэров, а также из числа чиновников-протеже Ямагаты. Сам же Ямагата настойчиво просил стать новым министром Сайондзи, который просьбам *genrō* упорно сопротивлялся. После ежедневных поездок в резиденцию Ямагаты в Одаваре и обратно, преследуемый репортёрами, которые хотели знать свежие новости о переговорах, 12 ноября Сайонзди, наконец, смог сказать министру финансов о назначении того премьер-министром. Инаугурация Такахаси состоялась на следующий день [Hayashi, Oka 1959: 121–124].

Накануне Вашингтонской конференции существовало осознание того, что преемственность правительства жизненно важна [Smethurst 2007: 224]. Тот факт, что Сэйюкай по-прежнему обладала парламентским большинством, в конечном итоге повлиял на выбор кандидатуры Такахаси в качестве преемника Хары. Бывший политик (и бывший глава Сэйюкай), Сайондзи хорошо понимал, что этот важный факт нельзя игнорировать. Однако внутри самой партии начались трения и фракционная борьба по многим вопросам. На том перроне, где его закололи, Хара оказался в связи с тем, что собирался сесть на поезд и поехать на встречу членов партии для того, чтобы попытаться сгладить внутренние противоречия [Imamura 1985: 106]. Это была одна из тех задач, которые он как руководитель любил и в решении которых знал толк. Такахаси вспоминал: «Он знал имена, лица, истории и сильные качества членов партии. Он выслушивал просьбы каждого человека и со всеми общался на равных». Такахаси был совсем другим, его интересовала лишь финансовая политика [Imamura 1985: 106–107]. «Мне это было неинтересно, я не знал, кто есть кто» [Smethurst 2007: 224].

После смерти Хары руководство Сэйюкай приняли на себя четыре старших члена партии [Imamura 1985: 113]. Высшие круги партии настаивали на том, что если кабинет министров сохранит партийный характер, то в этом случае премьер-министр должен стать главой партии. Однако многие члены партии сомневались в прочности связей Такахаси с Сэйюкай (он присоединился к ней только в 1914 году) и его стремлении получить партийную должность; его назначение вызвало серьёзное недовольство рядовых членов партии [Hayashi, Oka 1959: 130]. Такахаси с неохотой согласился стать главой Сэйюкай, однако он никогда не получал удовольствия от этой работы и надеялся избавиться от неё при первой же возможности.

Я не подходил на роль главы партии и не хотел стать преемником Хары. Когда меня выдвинули на должность премьер-министра, я пытался отказаться, но это было время
начала Вашингтонской конференции, и нам было нужно как
можно скорее сформировать правительство... У меня не
было другого выбора, кроме как стать премьер-министром
[Smethurst 2007: 224].

На практике всего лишь семимесячное пребывание Такахаси
в должности премьер-министра было серьёзно затруднено двумя
проблемами. Первая — это распространившееся внутрь и за
пределы правительственных кругов представление о том, что
Такахаси являлся вынужденной кандидатурой и поэтому может
считаться в лучшем случае премьер-министром pro tem. Пусть
многие сторонники «ответственного правительства» относились
к приверженности Хары к демократической политике с недоверием и осуждали его сопротивление всеобщему избирательному
праву, но они, по крайней мере, понимали, что Хара имеет право
быть главой партии и премьер-министром. Многие считали Такахаси незваным гостем, человеком, поднявшимся по карьерной
лестнице скорее благодаря счастливой случайности, чем собственным заслугам [Smethurst 2007: 230].

Вторая серьёзная проблема состояла в том, что собственные
политические взгляды Такахаси были куда более радикальными,
чем взгляды его партии. Он предложил программу, которую
рядовые члены партии никогда бы не поддержали. Безусловно,
личность Хары и его лидерские качества стали основополагаю-
щими для его правления (то же самое можно сказать и о всех
будущих успешных политиках Японии), однако не следует забы-
вать, что большинство членов его партии разделяло в целом
консервативную идеологию. Многие из них поддержали бы
попытки Такахаси добиться главенства кабинета министров
в вопросах политики при помощи ограничения власти Тайного
совета и ликвидации Gaikō Chōsakai, но к оставшейся части
предложенной программы они отнеслись без энтузиазма. Во
внутренней политике Такахаси вернулся к идее отмены гента-

бов армии и военно-морского флота с передачей их функций ведающим вооружёнными силами гражданским министерствам, он предложил наполовину сократить численность армии, узаконить профсоюзы, дать местным властям возможность определять, как поступать с доходами от муниципальных налогов, и ввести всеобщее избирательное право. Во внешней политике Такахаси стремился отказаться от договорных прав в Китае, признать Российскую Федерацию и полностью вывести японские войска из Сибири [Smethurst 2007: 225–226].

Во многом его предложения были куда более подходящими для Кэнсэйкай, и нетрудно догадаться, почему немногие его удачные инициативы были реализованы при значительной поддержке оппозиционной партии. Рядовые члены Сэйюкай никогда бы не поддержали его программу, но самый тяжкий грех Такахаси заключался не в этом. Его стремление к сбалансированному бюджету пользовалось некоторой поддержкой в связи с сокращением военных расходов, но при этом угрожало «позитивной политике» казённого пирога в инфраструктурных проектах, которой жила партия. Отчасти это было связано с его желанием поддерживать экономический рост посредством увеличения эффективности производства, а не стремительного вложения капитала. И, что хуже всего, Такахаси отмежевался от своей партии, поддерживая политику, адресованную не проживающим в сельской местности сторонникам Сэйюкай, городскому населению и занятым в промышленности. Вряд ли стоит удивляться, что во время его пребывания в должности недовольство внутри партии постоянно росло [Smethurst 2007: 227–228]. Однако имевший первостепенное значение прогресс на переговорах в Вашингтоне сдерживал борьбу за власть в Сэйюкай. До конца конференции и ратификации соответствующих договоров Такахаси и Сэйюкай, а также кабинет министров Такахаси и японский народ были вынуждены мириться друг с другом.

Как оказалось, терпеть друг друга пришлось также японской армии в Приморской области и Временному Приамурскому правительству. Ситуация была в лучшем случае запутанной, и отношения между двумя сторонами с наибольшей долей оптимизма можно было охарактеризовать как противоречивые. По соглашению от 29 апреля 1920 года командование генерала Татибаны осуществляло контроль над зоной в 30 километров с каждой стороны железной дороги между Владивостоком и станцией Уссури к югу от реки Иман, а также над железнодорожной веткой от Никольска-Уссурийского до китайской границы. Белый режим во Владивостоке претендовал на власть над всей южной частью Приморской области, но северной границей их территории на самом деле был Спасск-Приморский примерно в 60 милях к югу от зоны, контролируемой японцами. Поэтому официально железная дорога между Спасском и Уссури находилась под контролем Дальневосточной республики.

Лидерами белого режима во Владивостоке являлись братья Спиридон и Николай Меркуловы. Они были ведущей силой среди антисоциалистов до переворота 26 мая и главными участниками заговора с целью захватить власть, им же принадлежало решение прибегнуть к помощи Семёнова, а потом предать его [Smith 1975: 101–104]. Они не пользовались народной поддержкой и были нечисты на руку, зато довольно компетентны, или хитры, для того, чтобы консолидировать власть и изгнать остатки коммунистических агитаторов из Владивостока. Они пришли к власти скорее вопреки японцам, нежели благодаря им, поэтому их отношения с императорской армией были сложными. В японском командовании оказалось достаточно людей, которые им сочувствовали и периодически помогали, однако эта помощь была незначительной и всегда оказывалась с неохотой [Smith 1975: 103]. Японцы уже были готовы заключить соглашение с ДВР и предать белых, если это окажется им на руку. Однако белое правительство ещё могло оказаться небесполезным. Так и случилось к концу 1921 года.

Вместе с правами на южную часть Приморской области Временное Приамурское правительство предъявляло права и на полуостров Камчатка. В сентябре оно отправило туда (с одобрения японцев, если не при их реальной поддержке) экспедицию с целью овладеть полуостровом. Небольшой вооружённый отряд прибыл в Петропавловск 10 сентября. Ему удалось вытеснить слабый военный гарнизон ДВР и заявить о правах Временного

Приамурского правительства на Камчатку. Оно также отправило своего представителя на оккупированный японцами северный Сахалин, чтобы заявить свои права и на эту территорию [Smith 1975: 124–125]. Однако самой насущной необходимостью для Временного Приамурского правительства было усиление собственной власти над уже принадлежащей ему территорией в Приморской области. В глубине лесов или на дальнем берегу, вдалеке от железной дороги и японцев, находились территории, контролируемые всё более активными партизанами или непримиримыми сторонниками Приморской областной земской управы. Одним из самых значимых таких центров был город Сучан в конце железнодорожной ветки примерно в 25 милях к востоку от Владивостока. Там находились предприятия жизненно важной угледобывающей промышленности. Японцы были очень довольны, когда в результате экспедиции белых войск в середине августа город оказался под властью Временного Приамурского правительства, но они не сделали ничего, чтобы поддержать эту экспедицию [Smith 1975: 125–126].

Эти пробные операции были скромными по масштабу, в целом мирными в плане исполнения и пользовались широкой поддержкой населения. Уголь Сучана был нужен для железной дороги и отопления домов. В экспедиции на Камчатку участвовало в основном большое количество очень беспокойных казаков, которые таким образом оказались удалены подальше от населения Владивостока (при этом, правда, не повезло жителям Петропавловска). Однако одним из условий майского прихода к власти Меркуловых было их обещание, что гражданская война не возобновится. Следующие шаги, которые они планировали в рамках зимнего наступления с целью избавиться от оставшихся на их территории партизан, могли быть истолкованы как агрессивные и нарушающие это обещание, поэтому их предпринимали в условиях строгой секретности. Из-за опасений общественного порицания наступление проводилось тайно, но тем не менее обеспечить полную секретность военной операции не удалось. Наступление на партизан началось 14 ноября, когда прибрежный город под названием Ольга атаковали экспедиционные войска белых.

Им удалось без особых усилий уничтожить или захватить в плен партизанские подразделения, включая преданные ДВР экипажи кораблей. После этого белые заняли крупный партизанский центр Анучино, находившийся в их глубоком тылу примерно в 100 милях к северо-востоку от Владивостока. И наконец, 5 декабря они пересекли железную дорогу, выдвинулись за пределы контролируемой японцами территории и атаковали город Иман [Smith 1975: 126–128]. Японцы знали об этом заранее: военная операция проводилась с их одобрения, а возможно, и при их непосредственной поддержке.

8 декабря подразделения белых продвинулись дальше на север, с тем чтобы перенести боевые действия вглубь территории ДВР. Эту фазу зимнего наступления нельзя было держать в тайне, и о ней официально сообщили на следующий день. Непосредственной целью белых был Хабаровск, но в случае его успешного захвата планировалось продолжать движение на запад, по крайней мере до Благовещенска, если не дальше. Японцам это было на руку: атаки белых оказывали давление на правительство ДВР. Предполагалось, что оно станет более уступчивым на зашедших в тупик переговорах в Даляне. И, конечно, имелся небольшой шанс на успех наступления белых. 22 декабря 1921 года они захватили Хабаровск и попытались продвинуться западнее, но через неделю были остановлены рядом с городком Ин, находящимся в 90 км от Хабаровска по железной дороге. К концу 1921 года их продвижение остановилось по причине сопротивления ДВР и страха Временного Приамурского правительства продвинуться слишком далеко. Зимнее наступление белых достигло своего апогея [Smith 1975: 128–129].

Через шесть месяцев после отставки Танаки Гиити два из трёх её предполагаемых последствий так и не проявились. Главный приз за отставку Танаки также не был вручён. Во время своего противостояния с начальником генштаба Уэхарой Танака поделился с Ямагатой мыслью о том, что наиболее приемлемым компромиссом будет отставка и Танаки, и Уэхары. Ямагата поддержал эту идею, ведь в этом случае ему не пришлось бы выбирать между двумя группировками внутри армии. Пребывание в должности Уэхары (он вступил в нее в конце 1915 года) оказалось самым длительным в истории, и, конечно, Ямагата не был против новых людей в высшем руководстве. Предполагалось, что политики уйдут в отставку не одновременно, а с интервалом в несколько месяцев, и позволят занять свои должности своим заместителям [Tazaki 1981: 26–27; Humphreys 1995: 28–29]. При этом для смягчения удара Уэхара получал звание фельдмаршала. Он должен был уйти в отставку осенью, однако этого не случилось. За убийством премьер-министра Хары и борьбой за власть последовал другой серьёзный кризис. 25 ноября молодой наследник престола Хирохито стал регентом при своём отце, болеющем императоре Тайсё. В условиях такой двойной проверки на прочность Ямагата не мог допустить разлада внутри армии. Он попросил Уэхару остаться. Непримиримый враг вывода войск из Сибири сохранял свою должность до 1923 года [Tazaki 1981: 27; Bix 2000: 122–123; Tobe 1998: 356].

Во время затянувшейся паузы в Даляньских переговорах, во время которой русские переваривали японские условия вывода войск, министром иностранных дел ДВР стал Яков Давидович Янсон. 6 ноября он написал японскому правительству письмо, в котором осудил действия «русских контрреволюционных организаций», действующих в Приморской области под защитой японской армии. Он вновь заявил о желании ДВР установить с Японией «дружественные экономические взаимоотношения», что является возможным лишь на основе «реального вывода японских войск с территории Дальневосточной республики». Делегация ДВР предложила также позволить участвовать в будущих переговорах представителю московского правительства. Причиной такого предложения послужил, видимо, тот факт, что решения о праве на рыбную ловлю, об экономических уступках и о компенсации последствий Николаевского инцидента (не говоря уже о возможной аренде северного Сахалина) находились вне компетенции ДВР. В преддверии возобновления переговоров 14 ноября к делегации на правах советника присоединился направленный ранее в республику из Москвы военачальник ДВР Василий Блюхер [Lensen 1970: 30–31].

Японцы настаивали на двусторонних переговорах и не хотели, чтобы в эти переговоры вмешивались представители Москвы. Обеспечение комфортного положения Японии на Дальнем Востоке России никак не было связано с нормализацией отношений с Российской Федерацией. И пока зимнее наступление белых сопровождалось успехом, японцы не спешили избавляться от препятствий для вывода войск. На оказавшихся безрезультатными переговорах между Блюхером и представителями японской армии в Сибири обсуждались чисто военные вопросы. Блюхер жаловался на то, что «они даже не пожелали выслушать наших представителей, а просто диктовали свои условия». Вскоре он покинул Далянь, чтобы взять на себя командование армией ДВР, выступившей против белых. Мацусиме сообщили, что если японцы настроены воевать, то «наш верховный главнокомандующий предоставит им такую возможность» [Lensen 1970: 31–32].

Переговоры в Даляне по-прежнему не вели к подписанию соглашения между Японией и ДВР, но когда в середине октября их приостановили, они уже выполнили свое главное предназначение — отвлекли нежелательное внимание международного сообщества от постоянного присутствия японцев в Сибири. 12 ноября началась Вашингтонская конференция, и эффектная вступительная речь госсекретаря США Чарльза Эванса Хьюза с предложением избавиться от нескольких сотен тысяч тонн броненосцев и боевых крейсеров поразила воображение делегатов и мировой общественности. На этом фоне сибирские дела выглядели сущим пустяком. Этого вопроса слегка коснулись во время пленарного заседания конференции в феврале 1922 года. Никаких переговоров или содержательных дискуссий предварительно не проводилось, и заявления сторон на пленарном заседании полностью совпали с теми заявлениями, которые уже были сделаны ими на заседаниях комиссий.

Выражая позицию своего правительства, представитель Японии, посол Сидэхара, просто повторил правительственное заявление от 31 марта 1920 года. Как только политическая ситуация в Сибири стабилизируется, японские войска оперативно покинут Сибирь. Как отметил Сидэхара, продолжающиеся переговоры с представителями ДВР в Даляне говорят о том, что японское правительство изо всех сил стремится к этому. В заявлении посла не было ничего нового, но американские чиновники оказались довольны «решительным заявлением» о намерении Японии вывести свои войска с Дальнего Востока России. Большинство политических деятелей США ожидали скорой реализации этого намерения[9].

Переговоры в Даляне между представителями ДВР и японской армией продолжались и во время Вашингтонской конференции, но прогресс в них практически отсутствовал. Одно из важнейших событий произошло на этих переговорах без ведома японцев, когда 5 декабря 1921 года польский агент Коминтерна (Коммунистического интернационала, базирующейся в Москве международной организации) Юлиан Мархлевский прибыл в Далянь с приказом «полностью взять на себя руководство переговорами... невзирая на то, будет ли он официально допущен к переговорам или нет» [Lensen 1970: 33]. Японцы по-прежнему запрещали участвовать в переговорах представителям Российской Федерации, но, по сути дела, теперь они вели дискуссии с Москвой.

Прогресс на переговорах в Даляне зависел от событий в Приморской области. Зимнее наступление Временного правительства остановилось в конце 1921 года, при этом войскам белых удалось сдержать контрнаступление ДВР в январе. Теперь войска красных под командованием Василия Блюхера продолжали набирать силу и после взятия Волочаевки 12 февраля начали уверенно отбрасывать противника назад. Через два дня пал Хабаровск, и попытка белых оказать 27 февраля сопротивление в городе Бикин провалилась. Отступая, они двигались на юг вдоль железнодорожной линии за рекой Иман и возвращались на подконтрольные Японии территории [Smith 1975: 131–133].

Ослабление позиций белых в Приморской области сделало японцев более уступчивыми на переговорах в Даляне. 20 марта министр иностранных дел Утида поручил Мацусиме возобно-

<hr>

9   О Вашингтонской конференции читайте [Yamato 1928: гл. 18 passim] и [Clauss 1992: 344–346].

вить эти переговоры и обсудить новый проект соглашения, в котором отсутствовали жесткие условия из предъявленных ранее «17 требований». К концу марта сближение позиций сторон привело к созданию чернового варианта соглашения из шестнадцати пунктов. Он предусматривал выполнение почти всех пожеланий Японии, включая устранение потенциальной угрозы для Кореи и Маньчжурии и охрану жизни и собственности японских граждан. Японцы также получали возможность заниматься торговлей и промышленностью на основе «принципов открытой двери». Соглашение не подразумевало свободу перемещения японской армии по территории республики и демилитаризацию побережья. Договорённости о рыболовстве, свободе навигации и компенсациях последствий Николаевского инцидента должны были последовать сразу после заключения соглашения [Lensen 1970: 34–38].

Однако сговорчивость японцев имела свои пределы. 27 марта министр иностранных дел Утида передал японской делегации проект военного соглашения о выводе японских войск, который будет осуществляться в течение трёх месяцев с момента подписания соглашения. Дело было не только в планировании сроков вывода японских войск, следовало договориться и о передаче собственности, которой японская армия на Дальнем Востоке России владела или которую она охраняла. Такой собственностью оказались в том числе не только рассредоточенные во Владивостоке крупные запасы боевой техники, но и немалое количество оборудования для обслуживания Транссибирской железнодорожной магистрали. Больше всего японцы хотели как можно быстрее прийти к соглашению по этим вопросам. Утида приказал Мацусиме прервать переговоры, если к 15 апреля торговое и военное соглашения не будут подписаны. Это сообщение передали русским 30 марта [Lensen 1970: 39–40].

Русские встретили предложение японцев без энтузиазма. В частности, их беспокоило, что трёхмесячный срок для вывода японских войск не наступит, пока объединённая комиссия военных экспертов не одобрит подробный план этого вывода, но когда комиссия выработает этот план, указано не было. Кроме того, русские хотели, чтобы японцы покинули северный Сахалин до установления ледяного покрова. Но важнее всего было то, что представители ДВР теперь требовали, чтобы Япония не препятствовала входу войск ДВР во Владивосток [Lensen 1970: 40].

Это последнее условие стало на переговорах самым острым вопросом. Ожесточённо преследуя отступающих белых, Народно-революционная армия (НРА) Дальневосточной республики быстро приближалась к территориям, оккупированным японской армией. 23 марта министр иностранных дел ДВР Янсон сообщил министру иностранных дел Японии Утиде, что ДВР отказывается от заключённого 29 апреля 1920 года соглашения, которое запрещало деятельность российских вооружённых сил в контролируемой японцами зоне на том основании, что императорская армия позволила действовать внутри этой зоны войскам белых. На самом деле японская армия разоружала большую часть белых, отступавших на юг от реки Иман, но когда некоторые белые отказывались сложить оружие, японцы с этим мирились [Smith 1975: 132–133].

Следующему за НРА дипломатическому представителю Е. В. Лебедеву поручили обсудить с японскими военными возможность вхождения войск НРА в оккупированную зону, уничтожения всех вооружённых повстанцев и ликвидации незаконного правительства во Владивостоке. Всё это планировалось осуществить, не провоцируя военных столкновений с японцами. Такая возможность казалась весьма призрачной, особенно когда представители японской армии заявили, что они продолжат соблюдать условия соглашения от 29 апреля. Войска НРА внутри оккупированной зоны либо должны будут подчиниться этим условиям, либо будут изгнаны силой. Лебедев предупредил японцев, что подобные действия могут стать препятствием для переговоров в Даляне [Smith 1975: 133].

Однако готовность японцев пойти на подобную конфронтацию стала очевидной, когда Мацусима в Даляне предупредил Петрова, что войска НРА будут обезоружены и отправлены обратно на север. Бои между красногвардейцами и японскими войсками начались примерно 3 апреля в районе Спасска-Приморского.

Русские потеряли 80 солдат, японцы же, по имеющейся информации, обошлись без потерь. Японские войска быстро вытеснили силы НРА из железнодорожной зоны обратно на север от реки Иман. Часть солдат НРА скрылись во внутренних районах оккупированной зоны и начали там партизанскую деятельность, однако попытка ДВР захватить южную часть Приморской области прямо на глазах у японцев была решительно предотвращена [Henshū 1989, 5: 283–284].

Жёсткую линию, проводившуюся японцами в Приморской области, дублировала политика кабинета министров Такахаси. 5 апреля кабмин подтвердил решение прийти к соглашению с ДВР к 15 апреля или прервать переговоры. На совещаниях 6 апреля и 9 апреля японцы убеждали русских принять их условия, но русские требовали, чтобы японские войска покинули Приморскую область в течение 45 дней с момента подписания соглашения. В последнюю минуту японцы выступили с предложением изменить условия торгового соглашения, по которому в целом уже достигли согласия. Это было сделано для того, чтобы появилась новая причина завершения переговоров в Даляне, но на самом деле все понимали, что эти переговоры прекратились 15 апреля из-за полного нежелания японцев сообщить дату вывода своих войск [Lensen 1970: 40–42].

Апрельские бои между силами ДВР и императорской армией являлись единственным примером их вооружённой борьбы друг с другом за весь период односторонней интервенции. В остальное время японцы, казалось, бесконечно занимались захватом территорий и поддержанием на них порядка. Апатия охватила и японские войска в Сибири, и японское общество в целом. В странный сумеречный период после объявления кабмином Хары намерения покинуть Дальний Восток России общественные дискуссии о делах в Сибири стали крайне вялыми. Полностью исчезли комментарии в газетах, прекратилась публикация хлёстких редакционных статей, печатавшихся на протяжении всего 1920 года. Вынужденное допущение Идзуми Тэцу в сентябре 1920 года того, что мириться с интервенцией больше нельзя, стало его последним словом на эту тему. Последний унилатералистский cri de coeur Нинагавы Араты прозвучал в августе 1920 года. Исибаси Тандзан продолжал периодически осуждать интервенцию, но всё больше это становилось формальностью, и было понятно, что его душа больше не лежит к этой теме.

Последний и, возможно, самый радикальный материал Ёсино Сакудзо о Сибири он даже не написал, а, скорее, отредактировал для майского выпуска «Chūō Kōron» 1922 года. Нет лучшего примера текста, чем «Состояние наших войск на передовой в Сибири, как его видят молодые офицеры», чтобы продемонстрировать, насколько к этому времени ослабли касающиеся интервенции цензурные ограничения. Ёсино представил читателям комментарии «друзей на фронте в Сибири», пяти анонимных «искренних молодых офицеров», размышлявших о разных проблемах, с которыми им пришлось столкнуться. «На мой взгляд, мнение этих военных людей о реформе армии представляет интерес, так что я решил записать их комментарии» [Yoshino 1995: 261].

Первый офицер отметил, что «армия, которая жалеет жизни своих солдат, не может называться армией». Тем не менее «лишь варвары не ценят жизнь». Чтобы солдаты хотели жертвовать собой на поле боя, они должны быть глубоко преданы своему делу и должны понимать, что страна дорожит их жертвой. В Сибири этого не было. «Офицеры и солдаты почти не понимают, за что они воюют», а «что касается поддержки соотечественников, то большинство из них говорят, что наша борьба на поле боя бессмысленна». Большинство же солдат на фронте считали, что их нахождение в Сибири «бесполезно и пустая трата времени». Что ещё хуже, люди на родине им не сочувствовали. «Не могу передать, какое разрушительное влияние это оказывает на боевой дух и действия наших солдат» [Yoshino 1995: 261–262].

Что касается действий императорской армии в Сибири, то «никто их не защищает, и уж точно их не назовёшь смелыми. Все об этом знают». Старшие офицеры убеждали младших в том, что они работают на благо своей страны, но верилось в это с трудом. «Мои знакомые офицеры тяжело переносят гибель своих солдат в этой войне и потому выполняют минимум необходимых задач, чтобы никто при этом не был убит». Разве такая ситуация не ведёт к потере патриотического духа? «Больше всего беспокоит утрата жизнеспособности армии и слабость дисциплины». Единственный способ излечить эту болезнь — закончить интервенцию. «Армия больше не выдержит. Этот недуг выше её сил». Продолжение интервенции «повлияет [на армию] далеко за пределами линии фронта в Сибири» [Yoshino 1995: 262].

Второй офицер жаловался на то, что сейчас называется правилами ведения боевых действий. «Нет ничего хуже войны без врага, — сокрушался он, — и в Сибири именно такая ситуация». Официально армия находилась в Сибири, чтобы, защищая русских, воевать с большевиками и вооружёнными преступниками, однако отличить партизан и преступников от «хороших» русских зачастую было невозможно. «У них же нет двух носов и трёх глаз». В отличие от ситуации на японо-китайской войне или Русско-японской войне, враг не носил военную форму. Как в таких условиях выполнять свой долг? Если солдаты бездействовали, им грозило нападение. Если они допускали ошибку, им могли предъявить обвинения. «О бессмысленная интервенция! Почему мы должны сражаться на передовой, не имея никакой уверенности, выполняя неясные и неприемлемые приказы?» [Yoshino 1995: 263–266].

Он рассказал о случае, когда ему приказали охранять рынок от предполагаемого нападения «вооружённых преступников». Он не знал, что делать. «Я просмотрел разные приказы, и некоторые из них разрешали вступать с ними в бой во время несения рядовой охранной службы, а другие — запрещали». Когда он обратился за разъяснением к старшим по званию, ему сказали, что лучше всего дать знать о своём присутствии, чтобы избежать нападения. «Я так и сделал, и преступники так и не появились». Но если бы они пришли, он бы не знал, как следовало поступить. Эти сомнения, а также навязанная пассивность, которую подразумевали приказы, разрушали боевой дух офицеров и солдат. «В этой ситуации избежать боя позволила только мудрость преступников, а совсем не мои действия» [Yoshino 1995: 266].

Третий офицер отметил, что относительно «отношения нашей армии к российским политическим группам» войска в Сибири получили конкретные указания: «личные мнения не влияют в данный момент и в текущих обстоятельствах» на то, как военное руководство исполняет свои обязанности. Тем не менее «многие наши солдаты в Сибири совершают серьёзную ошибку», нарушая этот приказ. Многие офицеры «по личной инициативе оказывают помощь различным так называемым ультраправым группам и тем самым нарушают нашу политику невмешательства во внутренние дела России». Однако многие другие офицеры подчинялись требованиям о невмешательстве. Например, во время переворота 26 мая 1921 года сам автор комментария находился во Владивостоке. Он утверждал, что распространённые слухи о том, что японская военная полиция подавляла красных и помогала белым, являлись неправдой. К сожалению, многие оказались готовы поверить этим слухам, в том числе и офицеры армии в Сибири: «В нашей армии довольно много тех, кто разделяет это ошибочное мнение» [Yoshino 1995: 268].

Настоящая проблема заключалась в следующем: никто не верил в то, что высшее руководство армии в Сибири на самом деле нейтрально. Несмотря на многочисленные приказы не вмешиваться, все, «кроме солдат, которые полные идиоты», знали, что старшие офицеры сочувствовали белым. Многие из старшего командного состава «безрассудно вмешивались в политические споры русских». Офицеры, которые являлись сторонниками активной интервенции, постоянно нарушали правительственную политику невмешательства во внутренние дела русских. «Те, кто получает приказы, пропитаются тем же духом, что и те, кто их отдаёт, и ничего хорошего из этого не выйдет». Офицеры, выросшие в другой обстановке, «воспитанные без всякого здравого смысла», чувствовали в новой сложившейся в мире ситуации растерянность. Действительно, проблема приспособления армейского мышления к «тенденциям времён» пронизывала все уровни [Yoshino 1995: 268–269].

Четвёртый офицер начал с замечания о том, что рядовые, проходившие военную службу в Сибири, постоянно слышали, что они «совершенно никчёмные ребята». Они «очень тяжело это переживали», и причин тому было немало. Одна из основных таких причин — поведение их офицеров. «Им [рядовым. — *Прим. пер.*] приходится нести столь напряжённую и тяжёлую службу, а офицеры позволяют себе шикарную жизнь». Он отметил, что для русских офицеров времён Русско-японской войны Дальний Восток России стал «большой площадкой для игр и развлечений», несмотря на их поражение. По его наблюдениям, офицеры императорской армии были столь же развращены службой в Сибири.

> Пехотинцам, которые служат во Владивостоке, приходится очень тяжело. Сменяясь каждые две недели, они должны нести караульную службу, проводить длительное патрулирование, идти на разведку. Выполнять свои обязанности на улице нелегко, неважно, сколько градусов ниже нуля показывает термометр.

Пока солдаты всё это выносили, офицеры разъезжали на украшенных флагами машинах по местным ресторанам и курили бесконечное количество сигарет. Разве мог осуществляющий патрулирование солдат, повстречав своего пьяного ротного командира, бродящего по улицам среди ночи, уважать его после того, как увидел в таком виде? «Такие дурные привычки [среди офицеров] распространялись со страшной силой, быстрее, чем инфекционная болезнь» [Yoshino 1995: 272–273].

Солдатам приходилось наблюдать, как офицеры наслаждались роскошной жизнью почти без всяких ограничений, вплоть до братания с русскими. Но это было не единственное различие между офицерами и солдатами, вызывавшее столь вопиющие проблемы с моралью и нравственностью в Сибири. Естественно, офицеры получали больше денег, чем солдаты, к тому же им, в отличие от военнослужащих рядового состава, также платили щедрые суточные пособия. У офицеров было больше возможностей для увольнения из расположения части. В том, что касалось награждения знаками отличия и поощрения пособиями или денежными подарками от императора, предпочтение тоже, как правило, отдавали офицерам. Эта система повсеместно воспринималась рядовым составом как несправедливая. «Удивительно ли, что солдаты чувствуют себя последними из людей?» Пособия по потере солдат, которых убили в бою, были больше, чем пособия по потере погибших от болезней (бывших причиной двух третей смертей). По причине скромного размера этих пособий страдал боевой дух солдат, ведь они постоянно тревожились о судьбе своих семей в случае потери кормильца. Совокупность этих проблем указывала на серьёзный недостаток уважения к достоинству солдат, находящихся в боевых условиях, что влекло за собой тяжелые последствия даже вдали от передовой. Автор комментария утверждал, что «это был вопрос нашей человечности» [Yoshino 1995: 273–277].

Последний из офицеров размышлял о вопросах, связанных с армейскими дисциплиной и боевой подготовкой, а также о том, что военная цензура препятствовала проведению необходимых реформ. Он процитировал командира своего батальона, сообщившего, что «на то, чтобы осуществить необходимую подготовку рядового, уходит почти весь первый год из трёх лет его службы». Было необходимо полноценное обучение военному делу. Но система цензуры уничтожила возможность его обсуждения. «Сама система порочна, потому что цензоры скрывают преступления». В обстановке, не позволяющей ничего обсуждать, цензоры «положили начало всевозможным бесчестным приёмам». Система военной цензуры должна быть полностью пересмотрена. Вместо того чтобы предоставить возможность проведения столь необходимых открытых дискуссий о том, как лучше вести боевую подготовку солдат, армейские цензоры не позволяли говорить ничего плохого. Любая попытка критики превращалась в «соревнование по заполнению бланков» [Yoshino 1995: 277–278].

Обсуждения проблемы были необходимы, поскольку армия оказалась не готова противостоять врагу в Сибири. В частности, автор комментария предложил обратиться к боевой истории 12-й и 3-й дивизий. «Разве это не является провалом?» (частью 12-й дивизии являлся 72-й пехотный полк из Оиты, в марте 1919 года в результате Юхтинского инцидента его батальон под командованием майора Танаки был уничтожен). Некоторые пытались найти оправдание неудачам военных. Говорили, что партизаны и преступники нарушали правила, использовали тактику неожиданности и недопустимые методы. Но не значило ли это, что обычные методы армейской подготовки не соответствовали уровню боевых действий? «В свете таких поражений нам необходимо всерьёз об этом задуматься». Он отметил, что со времён Русско-японской войны армейское мышление изменилось мало и молодым офицерам не позволяли изучать новую тактику и методы боевой подготовки. Однако в конечном итоге «армия топталась на месте» по причине цензуры [Yoshino 1995: 279].

Область воинской дисциплины тоже нуждалась в реформах. Все знали о том, что в Сибири эта дисциплина находилась на низком уровне. Однако та же проблема наблюдалась и среди солдат, находящихся в Японии. Требовалось новое мышление. «Основа армейской дисциплины — сила, однако на современного человека невозможно воздействовать силой». По всему миру распространялась практика, «при которой использование силы ограничивалось ситуациями поддержания военной дисциплины при абсолютном минимуме подобных ситуаций». Офицер понимал, что такое предложение вызовет сопротивление. Но ситуация в Сибири требовала переосмысления способа, которым армия устанавливала среди солдат дисциплину. Большинство людей, ищущих истоки проблемы крайне низкой дисциплины находящихся в Сибири солдат, находили их в воздействии «радикальной мысли» (*kageki shisō*). Однако молодой офицер предположил, что различные случаи нарушения дисциплины являлись внешним проявлением изменившегося характера японского солдата, который не желал подчиняться деспотической дисциплине прошлого [Yoshino 1995: 280].

В постскриптуме Ёсино указал, что никто из опрошенных офицеров не нарушил воинский устав. Он привёл соответствующие пункты этого устава об открытом обсуждении профессиональных вопросов и отметил, что для участия в таком обсуждении офицерам предлагалось получить на это разрешение, но именно предлагалось, а не приказывалось. Никто из героев этого материала за подобным разрешением не обращался. Ёсино отметил, что вопросы военной реформы широко обсуждались в обществе по окончании Русско-японской войны. Он считал, что эти «искренние молодые офицеры» должны так же свободно выражать свою обеспокоенность, но он сомневался в том, что их начальники его поддержат. «Конечно, они огорчатся из-за внезапного раскрытия низкого уровня дисциплины на фронте в Сибири, и по причине собственного замешательства будут обвинять других. Разве это не смешно?»

Ёсино закончил статью словами о том, что молодые офицеры, герои статьи, очень хотели рассказать своим соотечественникам о том, что происходит в армии в Сибири. Однако их могут посчитать нарушителями пункта 103 армейского устава, который запрещал военным участвовать в политической деятельности под угрозой трёх лет тюремного заключения. Это была ужасная ситуация, ведь критика со стороны зачастую оказывалась самой действенной в решении таких насущных проблем. «Думая об этом, я прихожу к выводу, что необходимость военной реформы с каждым днём становится всё более острой» [Yoshino 1995: 282].

Успех министра военно-морских сил Като Томосабуро в качестве неофициального руководителя делегации на Вашингтонской конференции был отмечен и на Родине, и за границей [Dingman 1976: 201, 213]. Американские чиновники и газеты благосклонно отнеслись к работе Като в Вашингтоне. Информация о том, что его высоко оценили, распространилась в Японии, и авторитет политика возрос [Dingman 1976: 86–87]. Он вернулся на родину в марте 1922 года, во время работы 45-й сессии Национального парламента, и в течение нескольких дней отчитывался о своих действиях в Вашингтоне и отстаивал их. Като не только призывал к скорейшей реализации соглашений, которые он помогал подписать, но и предлагал сделать сокращение вооружений и военного бюджета первостепенной задачей [Miyata 1928: 117–127]. Это значительно повысило общественный статус Като и сделало его конкурентоспособным кандидатом в преемники Такахаси на посту премьер-министра. Однако решение о новом назначении уже не будет принадлежать Ямагате Аритомо. Перед самым окончанием Вашингтонской конференции, 1 февраля 1922 года, почтенный старший политик и решительный противник Сибирской интервенции умер.

Умение избегать скрытых опасностей, порожденных Вашингтонской конференцией, было одним из немногих достижений кабинета министров Такахаси. К концу апреля стало ясно, что он больше не мог сотрудничать с товарищами по партии Сэйюкай из его кабинета министров — отчасти из-за их зависти к его назначению главой партии. В начале мая Такахаси предпринял попытку усилить контроль над своей партией с помощью кадровых перестановок в кабинете министров. Однако те министры, от которых он хотел избавиться больше всего, отказались уйти мирно. В результате целый месяц оказался посвящен порой весьма ожесточенным публичным дебатам об умении Такахаси руководить партией [Hayashi, Oka 1959: 153–170; Smethurst 2007: 231]. Энтузиазм Такахаси в отношении работы, незначительный и без этого, теперь иссяк полностью. Он подал заявление об отставке 6 июня 1922 года.

# Глава 8

# «Кто возьмёт на себя ответственность за это преступление?»

*Вывод войск и размышления над ценой интервенции, июнь — ноябрь 1922 года*

Первые успехи зимнего выступления белых против партизан и ДВР дали надежду на состоятельность Временного Приамурского правительства, но контрнаступление красных вернуло всё на свои места. Продвижение вперёд Народно-революционной армии прекратилось только из-за прямого столкновения между силами японцев и НРА в апреле. К июню 1922 года приближение конца власти Меркуловых во Владивостоке стало очевидным. Ситуация в Приморской области для них явно ухудшилась, поэтому они хватались за любую возможность, чтобы ее спасти. Не говоря уже о продажности братьев, их решение провести зимнее наступление без предварительных консультаций с исполнительным советом и народным собранием вызвало бурю гнева.

Меркуловы официально объявили, что захват Хабаровска в декабре 1921 года осуществили «белые повстанцы» в результате стихийного восстания на освобождённых территориях, которое Временное Приамурское правительство поддержало уже постфактум. Комиссия народного собрания отправилась в Хабаровск для того, чтобы узнать правду, и быстро обнаружила ложь, члены этой комиссии стали свидетелями первых попыток красных вернуть город. На фоне успеха этого контрнаступления

Меркуловы и их главные генералы стали высказывать взаимные претензии и перекладывать вину друг на друга. В конце января, не обращая внимания на приказы, народное собрание провело свою экстренную встречу. Лишь сильная поддержка представителя военно-морского командования белых позволила Меркуловым остаться на некоторое время у власти. Решение японской армии вступить в бой с силами НРА, вошедшими в оккупированную японцами зону в апреле, было принято ценой осознания всеми официальными политическими силами Владивостока того факта, что сменить правительство им не позволят [Smith 1975: 135–141].

Взаимную вражду между Меркуловыми и народным собранием было невозможно скрыть, и по иронии судьбы она проявила себя во время празднований первой годовщины переворота 26 мая. В некоторых окраинных районах шла стрельба, гибли люди, но японцы ясно дали понять, что кровопролития во Владивостоке не позволят. Открытой гражданской войны удалось избежать, однако противостояние продолжалось другими способами. Единственным, в чём сошлись все противоборствующие стороны, была необходимость найти новое руководство. Бывшего начальника штаба войск Колчака генерала Михаила Константиновича Дитерихса вряд ли можно было назвать популярным кандидатом, но предложение нескольких военачальников вызвать его из добровольного изгнания в Харбине подарило многим надежду на то, что он сможет найти выход из тупика. Дитерихс прибыл во Владивосток 8 июня и приказал солдатам вернуться в свои казармы. Он также предложил всем членам Временного правительства, за исключением Меркуловых, взять самоотвод, после чего хотел созвать новый *Земский собор* (устаревший институт власти, который восходил к средневековому русскому сословному обществу), который сделает возможным формирование нового правительства [Smith 1975: 141–151].

В отличие от Приморской области, зафиксировать сопровождавшие последний год Сибирской интервенции политические манёвры внутри Японии намного труднее. Как уже было сказано ранее, японские исследования по большей части заканчивают своё описание интервенции событиями мая 1921 года. Даже составленная генштабом официальная история Сибирской интервенции рассказывает о том, что происходило в 1922 году, весьма коротко. В какой-то мере это отражает тот факт, что правительство официально объявило о желании окончить интервенцию. Однако, конечно, при этом она не перестала быть для властных кругов (и не только для них) камнем преткновения. Основной причиной обрывочности сведений является неполноценность первоисточников. Смерть Хары Такаси стала не только огромной потерей для японской политики: она также лишила японских историков одного из самых усердных летописцев политических событий.

Его преемник Такахаси Корэкиё не оставил исследователям значимого количества личной корреспонденции. К его личности проявляли некоторый интерес японские и западные историки, рассматривавшие его в качестве «японского Кейнса» и уделявшие основное внимание эволюции его экономической политики, которая в начале 1930-х годов вывела Японию из кризиса. Его деятельность в качестве министра финансов в кабинете министров Хары воспринималась как интересная прелюдия к его дальнейшей карьере, но почти не освещалась в этих работах, несмотря на его радикальные предложения о ликвидации генштаба. Семимесячный срок пребывания Такахаси на посту премьер-министра считается низшей точкой его политической карьеры и поэтому подробно не рассматривается. Главное достижение его кабинета министров, ратификацию Вашингтонских соглашений, в основном приписывают другим[1].

Преемник Такахаси на посту премьер-министра, человек, принявший твёрдое решение вывести японские войска с Даль-

---

[1] Кажется, только по причине того, что Такахаси был премьер-министром, [Imamura 1985] оказался обязан написать его биографию. [Oshima 1999; Kimura 1999] исследуют финансовый аспект деятельности Такахаси. Насколько я могу судить, [Smethurst 2007] увеличил количество имеющихся англоязычных исследований деятельности Такахаси на сто процентов. Всю остальную информацию необходимо по крупицам собирать в более общих работах, посвященных данному периоду.

него Востока России, славился удивительным немногословием. На собраниях кабинета министров или Gaikō Chōsakai министр военно-морских сил Като Томосабуро зачастую не произносил ни слова [Arai 1985: iv]. Он не оставил после себя дневника и практически не отметился в переписке. Это вызывает большое сожаление, ведь Като был одним из самых интересных политиков, которые преодолели в предвоенный период разрыв между интересами вооруженных сил и японской политикой.

Като поступил на службу в военно-морской флот, когда ему было 13 лет, и продолжал носить военную форму до тех пор, пока не стал в возрасте 62 лет премьер-министром, сохраняя при этом должность министра военно-морских сил. В мае 1905 года, во время решающего Цусимского сражения японцев с Балтийским флотом России, он, как обычно, стоял в молчании, плечом к плечу с таким же молчаливым адмиралом Того Хэйхатиро, являясь начальником его штаба. Попав в августе 1915 года в кабинет министров Окумы Сигэнобу, он был главой военно-морских сил в пяти разных кабинетах министров, включая его собственный, вплоть до отставки в мае 1923 года перед самой смертью от рака желудка [Dingman 1976: 51–52]. Его длительная государственная служба заставила Като Такааки, главу Кэнсэйкай, назвать его (не обязательно по-дружески) «вечным министром военно-морских сил» [Arai 1985: 152].

Като был так же предан интересам своего министерства, как Танака, Уэхара или Ямагата — интересам своих ведомств. В 1914 году его отказ занять должность министра военно-морских сил сорвал попытку сформировать следующий после правительства Ямамото кабинет министров (кандидат на пост премьер-министра отказался выполнять свои обещания о расширении флота) [Dingman 1976: 52]. Когда Като, наконец, занял должность министра, его искусное лавирование, энергичное воздействие на членов законодательного органа и умение договариваться привели к стабильному росту финансирования военно-морского флота и созданию «флота восемь — восемь» из линейных кораблей и линейных крейсеров. В 1915 году военно-морской флот получил 14,5 % национального бюджета. К 1918 году, когда, наконец, одобрили постройку последнего из требовавшихся кораблей «восемь — восемь», финансирование увеличилось до 21,2 %. К началу Вашингтонской конференции, когда корабли уже строились, военно-морской флот получал целых 32,5 % бюджета, чуть ли не в два раза больше, чем получала армия [Tobe 1998: 137, 224; Schencking 2005: 211–214].

Однако Като не интересовало создание японского флота в ущерб всему остальному. Обдумывая нужды обороны Японии, Като, в отличие от большинства японских военных офицеров в целом и офицеров военно-морского флота в частности, держал в уме более общие стратегические вопросы. Например, судя по всему, он больше других представителей военного истэблишмента довоенного периода понимал, что стратегическая реальность ограничивала рост имперских притязаний Японии. Как и Хара, Като прекрасно понимал, что его страна не могла соревноваться с индустриальной мощью США. Ещё в 1918 году он убедился, что темпы финансирования военного кораблестроения были не только неприемлемы, но также не соответствовали намерению создать флот, способный оборонять страну. Ко времени начала Вашингтонской конференции он был уверен, что контроль военно-морских вооружений может считаться «даром богов», способом прекратить невыгодное наращивание военного потенциала и добиться роста обороноспособности Японии [Dingman 1976: 58–59, 213; Arai 1985: 76–77, 136–137; Schencking 2005: 215–221]. Как и Хара, Като хотел, чтобы вооружённые силы подчинялись кабинету министров, по крайней мере до известной степени. Безусловно, он желал, чтобы генеральный штаб военно-морских сил находился под строгим контролем военно-морского министра. Когда Хара сообщил, что временно будет исполнять обязанности военно-морского министра, пока Като находится в Вашингтоне, Като промолчал. Отсутствие возражений с его стороны было воспринято всеми как согласие [Arai 1985: 139–142].

В июне 1922 года впервые в современной японской истории выбор премьер-министра проходил без участия и одобрения Ямагаты Аритомо. Мацуката Масаёси оставался последним из подлинных *genrō*, но он никогда не принимал такого активного участия в выборе премьер-министров, как Ямагата. Молодой регент Хирохито, который пока только знакомился со своими политическими обязанностями, наблюдал за процессом с интересом, но он не начнёт активно участвовать в выборе премьер-министров до середины 1920-х годов [Bix 2000: 157]. И снова последнее слово будет за Сайондзи Киммоти, а главным критерием его выбора снова станет признание главенства Сэйюкай в Национальном парламенте. Несколько дней, пока Сайонзди восстанавливал силы после болезни, продолжалась вынужденная пауза. Как и в случае с Ямагатой в ноябре 1921 года, никто не мог действовать без одобрения Сайондзи [Hayashi, Oka 1959: 174].

В отличие от событий ноября, окончательное решение Сайондзи в этот раз вызвало серьёзное сопротивление. Уйдя в отставку, Такахаси положил конец притязаниям Сэйюкай на кабинет министров. По крайней мере, так утверждал Като Такааки из Кэнсэйкай, заявивший, что теперь «в соответствии с нормальным ходом конституционной политики» очередь формировать правительство перешла к другой крупной партии Национального парламента. Но Сайондзи, видимо, не горел желанием позволить создание правительства меньшинства под руководством Кэнсэйкай. Тем не менее он воспользовался угрозой прихода к власти Кэнсэйкай для обеспечения поддержки Сэйюкай кандидатуры Като Томосабуро на пост премьер-министра. Если эта мотивация окажется для руководства Сэйюкай недостаточной, всегда есть возможность роспуска Национального парламента и проведения новых выборов. Понимая, что их партия не выдержит такого соперничества, члены Сэйюкай согласились объединиться с Като [Arai 1985: 144–145; Hayashi, Oka 1959: 178].

Като утверждал, что не стремился стать премьер-министром. Однако он наверняка понимал, что его исключительно эффективная работа на Вашингтонской конференции сделала его назначение более вероятным. Вне всякого сомнения, поступившее 11 июня официальное предложение Сайондзи занять должность премьер-министра не застало его врасплох. К утру следующего дня он объявил состав своего кабинета министров. Днём их привели к присяге. Министр иностранных дел Утида Косай и министр армии Яманаси Хандзо сохранили свои должности (и, конечно же, Като остался военно-морским министром), но все остальные члены кабмина поменялись [Arai 1985: 145–149; Miyata 1928: 129–131].

Большинство членов нового правительства являлись представителями Палаты пэров, из-за чего газеты быстро назвали его «кабмином пэров». Вообще-то выбор членов кабмина из верхней палаты парламента был хитрым политическим ходом. Хара Такаси усердно развивал отношения с ведущими фракциями Палаты пэров, но эти усилия прекратились во время пребывания в должности Такахаси. Теперь Като мог рассчитывать не только на поддержку Сэйюкай в нижней палате парламента, но и на благосклонность ведущих фракций верхней палаты [Arai 1985: 149]. Тем не менее избрание Като премьер-министром вызвало негативную реакцию прессы и, конечно, оппозиционных политиков. По причине большого количества в кабинете министров ранее связанных с бюрократией пожилых пэров стали раздаваться мнения, что Като пренебрёг волей народа и отошёл от принципов «ответственного» правительства. «Tokyo Nichi Nichi» с насмешкой назвала эту группу пожилых людей, явно завершающих свои карьеры, «кабмином из свечных огарков» [Arai 1985: 153–156; Miyata 1928: 134–142].

Тем не менее новый премьер-министр всё так же решительно продолжал формировать правительство. 14 июня кабинет министров провёл свое первое собрание в полном составе для обсуждения политического курса. На следующий день новую политическую программу правительства обнародовали. Основой внешней политики в ней являлась преемственность в отношении деятельности кабинетов министров Хары и Такахаси. Новое правительство обещало укреплять дружественные отношения Японии с великими державами, оно заявляло о желании японского народа помочь китайцам быстро восстановить в соответствии с подписанными на Вашингтонской конференции соглашениями мир и стабильность в их стране. О Сибири было сказано следующее: «Мы сопереживаем трудностям, с которыми столкнулся русский народ, и надеемся, что они вскоре закончатся. Новый кабинет министров сделает всё возможное, чтобы найти быстрое и исчерпывающее решение для различных проблем в Сибири». Наконец, новое правительство обещало действовать в соответствии с Уставом Лиги Наций и Вашингтонскими соглашениями [Arai 1985: 157–158].

Исходное заявление нового правительства о политике в Сибири не поясняло, какие меры собиралось принять правительство. В этом смысле оно вполне соответствовало основному заявлению о сибирской политике от 31 марта 1920 года и не предлагало ничего нового. Однако через десять дней появились разъяснения политического курса Японии в Сибири. 24 июня 1922 года кабинет министров Като официально и всенародно заявил о своём принятом днем раньше решении о «выводе всех японских войск из Приморской области Сибири к концу октября 1922 года» [Smith 1975: 151]. После нескольких лет ложных стартов и отговорок на свет появилось недвусмысленное заявление о намерении действовать и получить результат к определенному сроку, вне зависимости от других событий. Теперь полный вывод японских войск с материковой части России стал обязанностью кабмина Като [Arai 1985: 159–160].

Как это стало возможно? Какие дискуссии (если они вообще имели место) состоялись между первым заявлением о Сибирской политике от 14 июня и решением кабмина о дате завершения вывода войск от 23 июня? Что изменилось, как разные представители разных руководящих кругов договорились между собой, чтобы, наконец, это стало возможно? Если коротко, то найти ответ практически нереально. И снова количество источников по данному периоду незначительно, и эти источники не приводят необходимых подробностей. Судя по имеющейся информации, важную роль в принятии решения имели внешние факторы, особенно растущее недовольство населения в целом.

На расчеты кабинета министров Като почти наверняка повлияли события апреля 1922 года в Европе. Советскую делегацию пригласили участвовать в конференции европейских держав в итальянской Генуе. Появление там подобной делегации свидетельствовало о важных переменах во внешней политике Москвы, а точнее, об отказе от международной революции и стремлении к нормализации отношений с другими странами. Генуэзская конференция и признание советского правительства Великобританией ознаменовали возвращение советской внешней политики к более традиционному межгосударственному подходу. Продвигать идею о том, что Советы являются неуправляемой силой, с которой невозможно иметь дело, становилось всё труднее. Существовал страх, что вместе с Советами требовать вывода японских войск начнут другие страны. Следовало любой ценой избежать унижения попасть под такое международное давление [Lensen 1970: 49–50]. Имеющиеся исследования свидетельствуют о том, что это стало одной из внешних причин, по которой японское правительство смирилось с неизбежностью и признало необходимость вывода войск. Ещё одной внешней причиной, по данным этих исследований, стал майский призыв японской федерации труда Sōdōmei закончить интервенцию. Призыв к выводу войск стал кульминацией развернувшейся после Генуэзской конференции среди профсоюзных лидеров и активистов агитационной кампании за признание советского правительства в Москве [Shinobu 1968: 1016–1018]. Требуя вывода войск, петиции правительству и военным властям отправили даже японские жители Владивостока [Shinobu 1968: 1022]. Следует также учесть и ожидания США: они рассчитывали, что Япония быстро осуществит свое намерение покинуть Сибирь, о котором японское правительство заявило в конце Вашингтонской конференции.

Но если нам и удалось что-то понять о том, как власти решали сибирскую проблему, то лишь следующее: общественное мнение, за исключением массовых протестов, вроде «рисовых бунтов», в целом было не в состоянии заставить кабмин или армию двигаться туда, куда те не желали идти. Если мы хотим узнать, почему правительство приняло окончательное решение о вывод войск, причину нам следует искать в правящих кругах. Свидетельства тех событий фрагментарны и бессистемны, и всё же можно сделать вывод о том, что к вынужденному осознанию необходимости закончить интервенцию к этому времени пришёл сам генштаб.

Для этого осознания было несколько причин. Одна из них — тот факт, что армия больше не могла найти себе внутри правительства союзников, которые поддержали бы жёсткую линию поведения на Дальнем Востоке России. Министерство иностранных дел под руководством Мотоно Итиро и Гото Симпэя относилось к односторонней интервенции в Сибири с таким же энтузиазмом, как и генштаб. Однако Утида Косай никогда не поддерживал эту интервенцию. Он занимал пост министра иностранных дел уже почти четыре года, и под его руководством министерство стало сторонником вывода войск и нормализации отношений с Советами [Momose 1984: 89; Kikuchi 1973: 72–74, 98–99]. В конце интервенции он размышлял: «Как странно, что я, ушедший с поста ради протеста против интервенции, теперь собственной рукой положу ей конец». Это высказывание несколько преувеличивает его роль в упомянутом им процессе, однако показывает, до какой степени изменилась ситуация [Kikuchi 1973: 107–108]. Военно-морской флот также всегда питал по отношению к интервенции противоречивые чувства. Под руководством Като этот род войск решительно поддержал сокращение вооружений и сотрудничество с США, хотя и не без явных опасений, высказанных офицерами генштаба военно-морских сил, которые образуют потом «фракцию флота». Однако эти офицеры утешали себя тем, что присутствие Японии на северном Сахалине давало им в руки козырь в виде нефтяных месторождений [Kobayashi 1985: 64].

Но главным фактором, сломившим сопротивление генштаба армии выводу войск из Сибири, было растущее понимание того, что продолжение интервенции представляло собой угрозу для самой армии. Публикуя в мае жалобы молодых офицеров, Ёсино Сакудзо, возможно, выносил сор из избы, однако никто не отрицал их разочарования. Боевой дух армии в Приморской области уже довольно давно находился на крайне низком уровне. Участились случаи невыполнения приказов, росло беспокойство относительно «заражения» войск «опасным мышлением» [Shinobu 1968: 1013].

К тому же руководство армии не могло игнорировать всю глубину общественного гнева, направленного против него. Вряд ли кто-то смог бы вспомнить время, когда престиж армии находился в обществе на более низком уровне. Тот факт, что рисующий столь мрачную картину пребывания армии в Сибири материал Ёсино смог избежать цензуры, говорил о значительном снижении общественного статуса армии. Открытого сопротивления ей в виде уклонения от призыва и крупных демонстраций не наблюдалось, однако резко снизилось количество желающих поступить в военную академию, что заставило армию впервые активно заниматься вербовкой новобранцев. Общественный гнев на представителей армии вырос настолько, что офицерам стало некомфортно появляться на улицах города в военной форме, и даже рядовых общественность клеймила как «похитителей налогов» (*zeikin dorobō*) [Kobayashi 1985: 77–78; Tobe 1998: 197, 234–242; Coox 1985: 17; Humphreys 1995: 46–49].

Но выше всех этих соображений стояло понимание того, что продолжение интервенции являлось роскошью, которую армия больше не могла себе позволить. Несмотря на угрозу «опасного мышления» Советов, нельзя было обойти стороной тот факт, что в военном отношении Россия перестала быть в Восточной Азии важным стратегическим фактором, по крайней мере сейчас. Это отразилось в поправках к концепции обороны империи, которые разрабатывались прямо тогда, а вышли в свет в 1923 году. Главным потенциальным врагом Японии была признана Америка, а не Россия[2]. Согласие военно-морского флота на контроль вооружений и на сокращение бюджета (доля военно-морского флота в бюджете страны достигла высшей точки в 1921 году и составляла 32,5 %; далее она снижалась до 26,2 % в 1922 году, до 18,1 % в 1923 году и до 15,3 % в 1924 году) [Tobe 1998: 224–233; Humphreys 1995: 61–63; Drea 2009: 148] поставило армию перед fait accompli, который они уже не могли сбросить со счетов.

Доля армии в государственном бюджете достигла высшей точки в 1919 году, когда она составляла 18,8 %. Лишь отчаянное

---

[2]   Это было свидетельством высокой оценки военной мощи Америки, а не угрозы, которую она собой представляла [Matsusaka 2000: 268–269; Drea 2009: 150–151].

сопротивление генштаба позволило отбиться от предложения члена парламента от партии Сэйюкай Цуноды Корэсигэ по стремительному сокращению и реорганизации армии под началом кабмина Такахаси. Однако с кабинетом министров Като спорить было сложно, поэтому министру армии Яманаси удалось сократить численность войск примерно на 60 000 офицеров и солдат и 13 000 лошадей, сэкономив таким образом 35 миллионов иен и сократив долю военных в бюджете до 16,2 % [Tobe 1998: 224–233; Humphreys 1995: 61–63; Drea 2009: 148]. Эта тенденция сохранилась, когда в 1923 году должность начальника генштаба армии занял Угаки Казунари. Следуя программе модернизации, которую так долго продвигал Танака Гиити, он сократил армию до 17 дивизий, и её доля в бюджете снизилась в 1927 году до 12,4 %. Под началом Угаки японская армия стала более компактной, более современной, более механизированной и более действенной, но его деятельность вызвала недовольство (и даже хуже) стремительно распадающегося на фракции офицерского состава, который был предан идее Уэхары о крупных регулярных вооружённых силах, способных одержать быструю решительную победу благодаря превосходному боевому духу [Tobe 1998: 224; Humphreys 1995: 87–99; Drea 2009: 151–154, гл. 9 passim][3].

Заявление кабинета министров Като от 24 июня о завершении Сибирской интервенции ненадолго улучшило общественное мнение о правительстве и получило положительную реакцию зарубежной прессы [Arai 1985: 154–155; Miyata 1928: 142–150]. Газеты восприняли известие с энтузиазмом, однако длительное пребывание в тупиковой ситуации привело к накоплению злости на армию и кабинет министров, и эта злость принялась изливаться. Начало этому положила публикация «Общий отчёт о Сибирской интервенции», которая появилась в «Tokyo Asahi» через два дня после заявления кабинета министров о выводе войск. В этой публикации сообщалось, что со времени объявления войны Германии в 1914 году Национальный парламент выделил на во-

---

[3] Вследствие сокращений 53-й пехотный полк из Нары и 72-й пехотный полк из Оиты были расформированы.

енные расходы 917 миллионов иен. 243 миллиона из них пошло на военно-морской флот, чуть меньше 78 миллионов — на военные операции в Циндао. Ещё 155 миллионов иен пока не было потрачено, но они понадобятся для того, чтобы покрыть стоимость вывода войск и демобилизации. Таким образом, общая стоимость Сибирской интервенции оценивалась примерно в 600 миллионов иен, при этом на следующей сессии Национального парламента придётся выделить дополнительные средства[4].

Потери среди солдат тоже были огромны. Во время интервенции на Дальний Восток России были полностью или частично отправлены 11 дивизий[5]. Потери, понесённые подразделением Танаки в 1919 году и солдатами майора Исикавы в Николаевске в 1920 году, вместе с другими боевыми потерями составили 1480 человек. Кроме того, ещё 600 человек умерли от холода и болезней. Газета спрашивала:

> Что мы получили взамен этой растраты несметных миллионов и тяжёлых потерь в Сибири? На это нельзя дать окончательный отчёт, не используя слово «провал». Кто возьмёт на себя финальный отчёт, который завершается признанием провала? Это вина милитаристов или результат постоянно меняющейся политики кабинета министров, лишённой всякой основополагающей идеи? Или это вина неумелой дипломатии? С самого начала народ требовал разъяснений об ответственности за интервенцию, но сейчас самое важное — ликвидация последствий катастрофы. Вывод наших войск отведёт подозрения великих держав, но как нам стать

---

4   Эти расходы были огромны. В конечном итоге стоимость Сибирской интервенции оценивалась примерно в 700 миллионов иен [Coox 1985: 9]. Итоговая цифра не учитывала другие связанные с Сибирью расходы, например, помощь Семёнову или гуманитарную помощь. Как было указано выше, в плане регулярного бюджета военно-морской флот в эти годы доминировал над армией, получая с 1918 до 1922 года в среднем 358,6 миллионов иен (27,3 % всего бюджета). Армия получала 219,4 миллионов иен (16,9 %) [Tobe 1998: 224].

5   Во время интервенции в Сибири служило примерно 240 000 солдат императорской армии [Coox 1985: 9].

другом русскому народу? Как наши граждане смогут участвовать в мирном экономическом развитии Сибири? Разве не это для нас сейчас самое важное?[6]

В тот же день, когда «Tokyo Asahi» подводила итоги интервенции, издание Хокурику «Osaka Asahi» размышляло о влиянии вывода войск из Сибири на будущее Цуруги. 19-й пехотный полк будет по-прежнему размещаться в этом регионе, но расходы армии на местные услуги (контроль за соблюдением карантина, покупка военной формы, доставка солдат) с завершением интервенции. Местные предприятия от этого сильно пострадают. Также уменьшится количество проходящих через порт судов, поскольку экономическая связь с Дальним Востоком России прервётся. Это станет одним из негативных факторов, воздействующих на местную экономику, для избавления от которых потребуются годы[7].

И до этого последнего удара Цуруга сильно пострадала от суровой послевоенной рецессии. Кроме того, постоянно уменьшалась территория, на которой могли вести свою деятельность японские торговцы на Дальнем Востоке России, а японские власти в Маньчжурии пытались перенаправить грузы, обычно проходившие через Китайско-Восточную железную дорогу и Владивосток, по Южно-Маньчжурской железной дороге и через порт Далянь. В итоге торговля через порт Цуруги оказалась в полном упадке. Сначала обрушился экспорт: в 1920 году он составлял 39 миллионов иен, в 1921-м — всего лишь 3,5 миллиона. Это соответствовало объёму импорта того года, но импорт тоже упал. В 1922 году его объем составлял чуть более двух миллионов иен [Tsuruga Shishi 1982: 162].

Заявление кабмина Като о выводе войск также вызвало тревогу в городе Ямагата. Это было связано не с желанием населения продолжить авантюру в Сибири, а с тем, что 32-й пехотный полк,

---

6  Shiberi Shuppei Sōkanjyō // Tokyo Asahi. 26 июня 1922 года [Henshū 1989, 5: 284–285].

7  Tsurugachō to Teppei no Eikyō // Osaka Asahi Hokoriku Ban. 27 июня 1922 года. С. 3.

который отправляли в Николаевск на северный Сахалин, со времени своего формирования в 1896 году имел штаб-квартиру в старом замке города. С приходом лета было принято решение вновь занять окрестности Николаевска, которые были оставлены прошлой осенью. 19 июня, за неделю до заявления о полном выводе войск, Ямагату покинули первые подразделения полка из расквартированной в Сендае 2-й дивизии. 21 июня город покинула ещё одна группа солдат, к ним присоединились журналисты из трёх местных газет. В конце концов командование войсками в Николаевске и северном Сахалине возьмёт на себя руководство 25-й бригады, также размещённой в Ямагате. Учитывая временный характер переброски войск, многие солдаты сомневались в необходимости этого предприятия, и их моральный дух был по понятным причинам низким [Takashima 2004: 13–17].

Находящиеся во Владивостоке белые встретили известие о предстоящем выводе японских войск смесью уныния, тревоги и неприятия. Подготовка к созыву Земского собора, назначенного на 23 июля, проходила формально, поскольку в тот момент во Владивостоке отсутствовало должным образом сформированное или нормально работающее правительство. 280 делегатов, избранных для участия в Земском соборе, представляли скорее разнообразных антисоциалистов Владивостока, чем население города в целом, так что они не могли выражать мнение и желания народа. Свидетельством этому стали результаты выборов 3 августа, на которых с преимуществом в 207 голосов против 23-х верховной властью в России была признана династия Романовых. С тем чтобы договориться с оставшимися в живых представителями царской семьи об их возвращении, в Париж была отправлена делегация. С преимуществом в 219 голосов против 19 Михаил Дитерихс был избран руководителем белого движения [Smith 1975: 151–153].

Первоочередной задачей нового правительства в данной ситуации должна была стать подготовка к неизбежному. Многие утомлённые души, конечно, останутся и попытаются выжить при советском правительстве, но для значительной части населения единственным разумным решением оказался побег. При этом большую часть августа и сентября Дитерихс и Земский собор провели в попытках сформировать новое правительство, базирующееся на архаичных средневековых политических институтах, существовавших в России до правления Романовых. Даже после того, как 15 августа штаб генерала Татибаны объявил о начале первой стадии вывода японских войск 26 августа, многие белые просто не могли поверить в то, что японцы действительно уйдут. Реальность стала проникать в их сознание, когда японские подразделения, стянутые во Владивосток на первой стадии вывода войск, погрузились 3 сентября на корабль и отправились домой. Делегация земского собора отправилась в Токио, с тем чтобы упросить японцев отложить вывод войск. Члены делегации даже встретились с американским послом, надеясь убедить его вступиться за них перед японцами. Но оба призыва остались без внимания. Требования, чтобы японцы передали белым запасы оружия, хранящиеся во Владивостоке и его окрестностях, тоже были отклонены [Smith 1975: 153–156].

Уже 20 мая 1922 года представители ДВР снова начали выяснять, есть ли перспектива возобновить прерванные в апреле в Даляне переговоры с японцами. Однако для возобновления переговоров у них имелось два предварительных условия. Во-первых, на этих переговорах должен присутствовать представитель советского правительства, а во-вторых, на них необходимо объявить точную дату вывода японских войск. Объявив об этой дате 24 июня, кабинет министров Като выразил свое согласие с последним условием, добавив специальную оговорку: пункты, по которым было достигнуто согласие в Даляне, затрагиваться на переговорах не будут. Обсуждаться будут лишь нерешённые вопросы. Чтобы сделать свое предложение более привлекательным, японцы заявили, что если соглашение удастся подписать к 15 августа (дата объявления графика вывода войск Татибаной), то обширные запасы военной техники, охраняемые японской армией, будут переданы ДВР, а не белым [Lensen 1970: 49–50].

К 15 августа не уложились. Целых два месяца стороны спорили о предмете переговоров и месте их проведения. Надеясь получить компенсацию за четыре года, проведённые на Дальнем

Востоке России, японцы желали окончательно утвердить те пункты, по которым уже было достигнуто согласие в Даляне. Русские продолжали настаивать на более обширном соглашении, включавшем в себя вопросы, которые японцы предпочитали отложить на потом: например, рыболовство и компенсацию последствий Николаевского инцидента. К 10 августа, казалось, стороны пришли к согласию о предмете переговоров, однако место их проведения всё ещё обсуждалось. Поначалу русские предлагали в качестве места для переговоров столицу ДВР Читу или даже Москву, японцы не понимали, почему нельзя продолжить работу в Даляне. Тогда русские предложили Пекин. Но японцы не хотели вести переговоры в чужом городе на глазах у многих иностранных наблюдателей и выдвинули кандидатуру города Чанчунь, конечной станции Южно-Маньчжурской железной дороги. Русские согласились начать там переговоры 4 сентября [Lensen 1970: 50–56].

Руководителем японской делегации был назначен Мацудайра Цунэо, бывший начальник отдела по политическим вопросам в японской армии в Сибири, делегат Вашингтонской конференции и в настоящий момент начальник отдела по делам Европы и Америки министерства иностранных дел. Мацусима Хадзимэ, который сменил его на сибирском посту и провёл первый раунд переговоров в Даляне, станет помощником Мацудайры в своём новом качестве генерального консула во Владивостоке. Главным желанием японцев было прийти к быстрому соглашению с ДВР с тем, чтобы обеспечить себе права, полученные на Даляньских переговорах. Далее они были готовы обсудить подход к масштабным вопросам, по которым необходимо соглашение Японии, ДВР и Российской Федерации, таким, как право на рыбную ловлю, окончательное решение по острову Сахалин и всеобъемлющую компенсацию последствий Николаевского инцидента.

Российской делегацией руководили министр иностранных дел ДВР Яков Давидович Янсон и представитель советского правительства, член Всероссийского центрального исполнительного комитета Адольф Абрамович Иоффе. Цели, которые они ставили перед собой в новом раунде переговоров, заметно отличались от целей японцев. Японская интервенция в Сибири явно подходила к концу, и миф о том, что Дальневосточная республика являлась независимым, нейтральным буферным государством, перестал приносить пользу. Сейчас было необходимо показать, что в Чанчуньских переговорах «Россия принимает полноценное участие, а не только ставит вторую подпись на подписанных ДВР документах или помогает урегулировать вопросы, связанные с рыболовством». Делегация должна показать, что «Россия вернулась в Тихоокеанский регион и что все иллюзии о нашей слабости беспочвенны, нас нельзя сбрасывать со счетов как неравных» [Lensen 1970: 63]. Кроме того, русские хотели организовать переговоры Японии с Российской Федерацией и решить все спорные вопросы, включая официальное признание Японией советского правительства.

Маски были сброшены на первой официальной сессии переговоров 5 сентября. Японцы думали, что руководитель российской делегации — министр иностранных дел ДВР Янсон, но когда стороны предъявили свои полномочия, стало понятно, что Янсон и Иоффе являются, соответственно, представителями ДВР и Российской Федерации, но что настоящий глава делегации — Иоффе. Вдруг «занавес был поднят, и перед всеобщим взором предстала Москва» [Lensen 1970: 58]. Согласившись на участие в переговорах представителей Российской Федерации ранее, японцы уже не могли опротестовать состав делегации. Поэтому с первого же дня они вели переговоры не с ДВР, а с Советами.

На этой же первой сессии японцы узнали и об истинных целях советской делегации. Мацудайра объяснил позицию японцев: как и во время даляньских переговоров, они приехали на встречу с представителями Дальневосточной республики. Единственным препятствием для подписания соглашения в Даляне был отказ японцев назначить точную дату вывода войск. Теперь они не только назначили дату, но и начали сам вывод войск (и не только из Приморской области: до 14 сентября императорская армия вывела свои войска из других районов в зоне Китайско-Восточной железной дороги и в Северной Маньчжурии). Поэтому японцы утверждали, что необходимо немедленно подписать

Даляньское соглашение. Позиция Иоффе уже была озвучена
японскому журналисту до начала конференции: «Мы [Советы]
не принимали участия в подготовке проекта Даляньского соглашения... Поэтому мы не можем быть связаны его условиями». Он
ясно дал понять, что если японцы не уполномочены достичь
соглашения по более общим вопросам, которые он хотел вынес-
ти на обсуждение, то переговоры закончатся, так и не начавшись
[Lensen 1970: 58–63].

Пять дней японцы переваривали новую информацию. Когда
стороны снова встретились на достаточно напряжённой сессии
переговоров 10 сентября, японцы пожаловались, что их замани-
ли в ловушку. Тем не менее они «условно» согласились на предварительные дискуссии по вопросам, выходящим за рамки Даляньского соглашения, ожидая при этом новых указаний из Токио.
К этим вопросам относились: аренда Сахалина на 33 года, пересмотр русско-японского рыболовного соглашения, Николаевский
инцидент, демилитаризация Приморской области, экономические
уступки на Дальнем Востоке России и расформирование вооружённых сил ДВР. В свою очередь русские желали обсудить отме-
ну русско-японского военного соглашения от 29 апреля 1920 года, разрешение войскам ДВР войти в японскую зону, передачу
вооружений во Владивостоке, ликвидацию белого режима во
Владивостоке и полное невмешательство Японии в дела России.
«Я не рассчитываю на блестящий результат переговоров, — сообщил Иоффе своему начальству, — и всё же я уверен, что в ответ
на обширные коммерческие уступки с нашей стороны японцы
согласятся на ряд политических уступок в целом и "бескровную"
ликвидацию Дитерихса в частности» [Lensen 1970: 65–66].

В течение двух следующих недель стороны вели зачастую
ожесточённые переговоры, которые периодически прерывались.
Японцы были готовы подписать совместное соглашение с пра-
вительствами Дальневосточной республики и Российской Федерации, но при этом они настаивали, что условия такого соглашения должны касаться исключительно Дальнего Востока. Тем
временем российская делегация была полна решимости инициировать процесс, который приведёт к дипломатическому призна-

нию советского правительства. Японцы продолжали настаивать на выполнении даляньских договорённостей, однако русские утверждали, что Российская Федерация не участвовала в тех переговорах и ни на что не дала согласия, поэтому все эти договоренности можно корректировать. После того как Мацудайра поинтересовался у Иоффе, когда предполагаемый договор вступит в законную силу, тот колко ответил: «Когда на русской земле не останется ни одного японского солдата». После же того, как Иоффе спросил у Мацудайры, когда будет урегулирован вопрос Николаевска, Мацудайра ответил, что не на этих переговорах и что этот вопрос будет решаться только с правительством, которое Япония фактически признала [Lensen 1970: 67–71].

Само по себе соглашение с японцами имело для русских второстепенное значение. По словам Янсона, главной целью переговоров было «выиграть время, ожидая полного вывода японских войск и продвижения наших армий в южную часть Приморской области». Он добавил: «Я полагаю, что ни Мацусима, ни Мацудайра не понимают, что мы [намеренно] затягиваем переговоры, ведь мы постоянно настаивали на скорейшем решении всех вопросов» [Lensen 1970: 67–68]. Однако терпение японцев имело свои пределы. 23 сентября министр иностранных дел Утида приказал Мацудайре прекратить переговоры, если русские продолжат хитрить.

К этому времени русские согласились подписать соглашение между Российской Федерацией и ДВР с одной стороны и Японией с другой по вопросам, касающимся исключительно Дальнего Востока. Но японцам придётся согласиться продолжить переговоры с целью достичь торгового соглашения между Японией и Российской Федерацией в целом. Однако теперь российская сторона добавила, что не примет японской позиции относительно того, что компенсация последствий Николаевского инцидента и вывод японских войск с северного Сахалина взаимосвязаны. Сейчас русские утверждали, что до достижения согласия о каком-либо договоре японцы должны назначить точную дату вывода японских войск также и с Сахалина [Lensen 1970: 72–73].

Японцы оказались не готовы на это пойти. После получения новых указаний 25 сентября Мацудайра заявил:

Если российская делегация сейчас ... утверждает, что не знает о том, что оккупация Сахалина является гарантией компенсации последствий Николаевского инцидента, то это говорит лишь о желании делегации аннулировать соглашение, достигнутое на предварительных переговорах.

До тех пор, пока российская делегация будет придерживаться подобной линии поведения, «японское правительство считает невозможным продолжение текущих переговоров» [Lensen 1970: 74]. Иоффе ответил, что «договор, посредством которого РСФСР и ДВР даже не могут добиться освобождения своих территорий от японской оккупации, не имеет ценности для России и ДВР». На фоне этих взаимных упрёков переговоры умолкли навсегда [Lensen 1970: 75].

27 сентября министр иностранных дел Утида заявил, что, несмотря на невозможность достичь соглашения с ДВР, «вывод войск из Владивостока и других точек на материке завершится к концу октября» [Lensen 1970: 77]. Одной из этих «других точек на материке» был Николаевск. Какой бы важной ни была миссия солдат 32-го полка по продолжению оккупации данной территории, присутствие войск не давало достаточного количества инфоповодов для дальнейшего пребывания в городе специальных корреспондентов. «Yamagata Minpō» отозвала своего корреспондента 6 августа; репортёр «Yamagata Shinbun» вернулся домой 17 августа. Последний из журналистов, Такасима Йонекити из «Nikkei Yamagata», уехал 28 августа. Этот бывший солдат, видимо, был в тёплых отношениях с представителями армии, поскольку на причал его отвез лично командир 25-й бригады полковник Сато [Takashima 2004: 24].

Солдаты 32-го полка останутся на своих позициях в районе устья реки Амур до 17 сентября. Но вернуться в Ямагату удастся лишь немногим счастливчикам. 26 сентября солдаты 2-го батальона полка сели на корабль и отправились домой. Менее везучие солдаты 1-го батальона вместе со штабом 25-й бригады перебазировались в Александровск на западном берегу северного Сахалина. Перебазирование было завершено 28 сентября. Полковник Сато не сопровождал свои войска: он умер в Александровске от последствий падения с лошади во время наблюдения за выводом войск 19 сентября [Takashima 2004: 18–19].

Японское правительство продолжало настаивать на том, что окончательный вывод их войск с северного Сахалина произойдёт не раньше, чем будут достигнуты договорённости о достойной компенсации последствий Николаевского инцидента с правомочным российским правительством. Последние солдаты 32-го полка продолжали выполнять свои обязанности по оккупации острова до лета 1923 года, после чего их сменили другие солдаты [Takashima 2004: 18]. Полное урегулирование вызванных инцидентом проблем состоялось лишь в начале 1925 года, когда Япония официально признала советское правительство и подписала договор об установлении дипломатических и торговых отношений с СССР.

Так же быстро, как японские войска уходили из отдалённых районов Дальнего Востока России, войска НРА Дальневосточной республики занимали освобождённые территории. А там, где ещё оставались японские войска, советские пропагандисты пытались подорвать власть белых с помощью партизанской деятельности и агитационных кампаний, призванных подорвать боевой дух белых. Большей частью в таких действиях уже не было необходимости: боевой дух белых и без этого находился на крайне низком уровне, росло число дезертиров. Тем не менее белые сохранили контроль почти над всей своей территорией в южной части Приморской области и к началу сентября смогли набрать достаточное количество людей для одного последнего контрнаступления на партизан по всей территории, права на которую они заявляли. С тем чтобы остановить продвижение НРА, они попытались продвинуться на север по железной дороге. Это продвижение по железной дороге быстро застопорилось, и к 11 сентября войска белых были отброшены назад. Отчаянные усилия по захвату опорного пункта партизан в Анучино потерпели крах к 28 сентября [Smith 1975: 158–161].

Специальный корреспондент «Jiji Shinpō» во Владивостоке Кондо Тэйдзи сообщил: «Скоро во Владивосток придёт зима и принесёт с собой неопределённость». Он описал чрезвычайные меры, объявленные Дитерихсом после провала наступлений — накапливать оружие, денежные средства и людей для того, чтобы держать оборону во время продвижения НРА. Вместе с мерами по мобилизации не чуждый пуританского духа Дитерихс запретил продажу водки и все массовые развлечения. Театры, кинозалы, казино и клубы были закрыты, и общественная жизнь города зачахла. Вечера стали пустыми. Кондо писал: «Актёры и музыканты с голубоватыми лицами питаются лишь хлебом и чаем», а безработные танцоры из разных клубов ходят по городу как неприкаянные[8].

Все школы закрыли для того, чтобы ученики мужского пола смогли проходить военную службу. Тех юношей и молодых мужчин, которым не удалось скрыться, забрали в армию и отправили на фронт, где многие из них погибли. 9 октября войска НРА атаковали позиции белых в Спасске-Приморском и прорвали их оборону. Последние отчаянные попытки остановить наступление НРА были совершены 10 и 14 октября к северу от Никольска-Уссурийского, но они тоже не увенчались успехом. Окончательное крушение белого режима началось 15 октября, когда генерал Дитерихс заявил, что битва проиграна и теперь нужно направить все усилия на эвакуацию населения из города. Стали очевидны последствия потери времени, прошедшего между июньским заявлением японцев о выводе войск и нынешним безжалостным наступлением войск НРА. Белогвардейцы, их семьи и тысячи гражданских начали в отчаянии покидать Владивосток [Smith 1975: 161–163].

Ближе к концу сентября, в преддверии окончания интервенции, вопрос о том, что делать с запасами военного имущества союзников во Владивостоке и его окрестностях, ставший одной из главных причин интервенции, начал обсуждаться на международном уровне и в Японии, во время общественных дискуссий

---

8  Osaka Mainichi. 20 октября 1922 года [Henshū 1989, 5: 290].

и частным образом. Страх давления со стороны других держав заставил японцев принять окончательное решение покинуть Дальний Восток России, как это ни странно, теперь на Японию оказывали международное давление с тем, чтобы она осталась. Британское правительство стало беспокоиться о том, что произойдёт с военной техникой, если она попадёт в руки советского правительства. Тогда Советы смогут её использовать на всей своей обширной территории, включая Центральную Азию или Ближний Восток, где это может угрожать британским интересам [Smith 1986: 17].

Этот страх заставил британское правительство обратиться к Японии с предложением, чтобы она не покидала Владивосток до тех пор, пока все указанное вооружение не будет уничтожено или вывезено. Учитывая объёмы его запасов, в этом случае пришлось бы отложить окончание интервенции по крайней мере на многие месяцы. Поскольку японцы собирались использовать это вооружение в качестве козыря во время переговоров в Чанчуне, они отказались от предложения британцев. Когда переговоры прекратились, британцы повторили это предложение. Кабмин Като не собирался давать армии повод саботировать вывод войск. Однако японское правительство сообщило британцам, что рассмотрит возможность морской охраны запасов вооружения, когда ее армия покинет территорию, но только при условии, что британцы (и, возможно, американцы) тоже будут в такой охране участвовать. Британцы совершенно не желали этого, американцы тоже однозначно не поддержали бы ничего подобного. Предложение тихо отозвали [Smith 1986: 18].

Ещё одним страхом, который стоял за странным предложением британского правительства, была перспектива передачи значительной части вооружения из Владивостока маньчжурскому боевому командиру Чжан Цзолиню. Британцы опасались, что с таким вооружением он сможет начать продвижение к югу от Великой стены и выступит против правительства У Пэйфу, которое они поддерживали. Это вызвало масштабные дискуссии об охране Японией военного имущества на протяжении нескольких лет интервенции. С 1890-х годов и времени историй о медном руднике Асио разоблачения и провокация публичных скандалов стали отличительной чертой японской прессы [Sasaki 1999: 110–137; Huffman 1997: 247–259]. Однако несмотря на всю свою неоднозначность, Сибирская интервенция до сих пор не вызвала ни одного значимого скандала. Но теперь, когда остро встал вопрос избавления от боевой техники, такой скандал, наконец, разразился. В конце сентября «Jiji Shinpō» рассказала о тайной помощи японской армии Чжан Цзолиню посредством отправки части хранящегося во Владивостоке вооружения и в нарушение международного эмбарго на поставки оружия, которое японское правительство обещало уважать. Во время интервью 27 сентября официальный представитель армии допустил, что некоторая часть запасов вооружения могла попасть в руки белых, но он отрицал скрытую помощь Японии Чжану[9].

Возражения армии не только не вызвали доверия у прессы, но и повлекли за собой бурю осуждения разрушительных последствий «двойной дипломатии» армии во время Сибирской интервенции. «Osaka Mainichi», которая в июле 1918 года защищала одностороннюю интервенцию в Сибири как «шанс для японской армии показать свою способность прийти на помощь цивилизации», теперь её осуждала. «История инцидента с потерянным оружием во Владивостоке поражает как ярчайший пример своеволия и дерзости нашей армии»[10].

Но винить в этом следовало не только армию.

> Предпосылки к такому развитию дел, конечно, известны нашим гражданам; учёные, политики и независимые газеты всё больше осуждают порочную практику двойной дипломатии. Милитаристам, против которых направлены эти обвинения, открыто дают отпор. Но политики, от которых зависит принятие решений, не берут на себя борьбу за искоренение двойной дипломатии. Сменяющие друг друга

[9] Hatake Rikugunshō Gunmu Kyokushō Dan // Jiji Shinpō. 27 сентября 1922 года [Henshū 1989, 5: 295].

[10] Buki Sōshitsu Jiken no Kyōkun // Osaka Mainichi. 4 октября 1922 года [Henshū 1989: 297–298].

кабинеты министров знали о тирании милитаристов и страдали от неё, одако правда состоит в том, что они никогда ей по-настоящему не сопротивлялись.

Недостаточная степень привлечения армии к ответственности подрывала международную репутацию страны.

Заявления кабинета министров о планах во внутренней и внешней политике не волнуют [военных], они самостоятельно планируют внешнюю политику и постепенно её реализуют. Так, по своему высокомерию и гордости, они сами решают наиболее насущные проблемы страны.

Окончательное решение этой проблемы было политическим, и оно принадлежало народу.

Несмотря на тот факт, что у нас не получилось лишить армию возможности постоянно вмешиваться в политику страны... если мы продолжим вникать в суть проблемы, то в конечном итоге мы должны увеличить поддержку тех, кто в прошлом боролся с армией. Если наступят перемены к лучшему и армия будет повержена, необходимо дать людям возможность выразить своё честное мнение. Говоря по существу, становится понятно, что в наших попытках адаптировать национальную систему представительства мы зашли в тупик.

Если чрезмерная власть армии сохранится и порочная практика двойной дипломатии продолжится, следует понимать, что наша японская империя погрузится в хаос. Если всё останется по-прежнему и причина наших проблем не будет искоренена, разве эта история не показала серьёзные изъяны наших политических институтов? Тогда мы, зная об этих изъянах, должны вновь обратиться к тому факту, что нынешняя система народного представительства неполноценна. Ограниченное право голоса в нашей стране более нецелесообразно.

После данного инцидента мы должны покончить с милитаристами. Однако для этого нам необходимо серьёзно задуматься о том, как сделать влиятельным мнение наших граждан по политическим вопросам, и скорее начать двигаться в сторону всеобщего избирательного права. И пусть это будет нашим утешением в оценке данного инцидента.

В интервью «Tokyo Asahi», опубликованном 7 октября, Ёсино Сакудзо назвал причиной скандала с утраченным вооружением недостаток политического надзора за армией (и в частности «право прямого доступа» (*iaku yōsō*)). Ёсино отметил, что армия пыталась снять с себя вину за утрату вооружения, заявляя, что огромные размеры территории, на которой оно хранилось, не позволял уследить за всем содержимым складов, в связи с чем потери были неизбежны. Однако Ёсино утверждал, что, если армия знала о том, что не сможет обеспечить сохранность вооружения, с самого начала, ей не нужно было браться за эту задачу. Безусловно, скандал с оружием продемонстрировал безответственное поведение армии. «Должен сказать, что нет смысла интересоваться состоянием армейской дисциплины, если средь бела дня у военных было похищено так много оружия»[11].

Однако скандал с исчезнувшим оружием лишь показал, как активно армия пыталась отстаивать собственные интересы на Дальнем Востоке России с самого начала. Ёсино отметил, что по условиям военного соглашения от 29 апреля 1920 года императорская армия обещала запретить деятельность на оккупированной японцами территории российских вооружённых групп. Однако во время апрельского кризиса 1922 года, когда белые отступали, а красные их атаковали, армия неприкрыто поддерживала белых, что негативно сказалось на переговорах в Даляне. Тем временем «старые служаки и [материковые] *rōnin*» годами замышляли создание крупного буферного государства на Дальнем Востоке России или во Внутренней Монголии. По мнению Ёсино, трудно поверить в то, что эти планы отложили в долгий ящик. Кроме того, было широко известно об особой благосклонности армии к Чжан Цзолиню [Henshū 1989].

---

[11] Sekai ni Iiwake ga Tatsuka // Tokyo Asahi. 7 октября 1922 года [Henshū 1989, 5: 299].

Таким образом, вполне естественны подозрения общества в отношении армии и её заявлений о невиновности в разразившемся скандале с оружием. Учитывая их послужной список, бремя доказательства этой невиновности явно ложилось на плечи военных, как бы при этом они ни возмущались. Тем не менее, как отметил Ёсино, руководство армии продолжало «плутовски отрицать правду» и отвергать обвинения против них как «пропаганду тех, кто находится во власти коммунизма» [Henshū 1989: 300].

«Сейчас невозможно не думать о том, что право прямого доступа ведёт к порокам двойной дипломатии», — утверждал Ёсино. Неважно, считала ли армия, что действует ради высшего блага, как она его понимает. Народ больше не должен позволять подобных вопиющих злоупотреблений правом прямого доступа. Ёсино предупреждал, что «такие злоупотребления могут быстро превратиться в деспотизм». «В глубине души люди понимают, что, если предоставить военных самим себе, они начнут незаконно использовать эту дурацкую систему. Армия, которой принадлежит такая исключительная власть, может принести нам несчастий на сотню лет» [Henshū 1989].

В процессе скандала с вооружением на свет появился козёл отпущения в лице майора Хары Соити, адъютанта штаба армейского командования во Владивостоке. В середине октября в ходе публичного военного суда в Кумамото Хара признался, что по своей инициативе передал несколько партий военного имущества представителям Чжана. Подробные стенограммы его показаний появились в прессе[12]. Комментируя показания первого дня суда, «Tokyo Nichi Nichi» не поверила в заявления Хары о том, что он действовал самостоятельно, не поставив в известность своё начальство. Тем не менее газета рассмотрела последствия того, что военное руководство не смогло проконтролировать своего подчинённого.

---

[12] Buki Chōsa Tsūkō // Osaka Mainichi. 15 октября 1922 года [Henshū 1989: 301–303]; Buki Jiken Kōhan Dai Ni Kai // Tokyo Nichi Nichi. 17 октября 1922 года [Henshū 1989: 304–306].

Правда состоит в том, что инцидент с вооружением подорвал веру мировой общественности в наших сограждан. Конечно, это касается в первую очередь русских, однако [пострадали] и отношения с другими странами; Япония подписала Вашингтонские соглашения, но, как и раньше, её считают страной, которая боготворит милитаризм и в которой внешнюю политику контролирует армия. В последние годы подозрений стало меньше, и это хорошо, но огорчает то, что эти офицеры вновь вызвали подозрения. Здесь есть о чём грустить нашим гражданам. Конечно, майор Хара и его подчинённые думали, что они действуют во благо Японии, даже если в какой-то момент некоторые граждане страны окажутся недовольны. Наверное, они были вполне искренни. Вызывает сожаления то, что майор Хара и другие не остановились, чтобы подумать вот о чём: их действия затруднили объединение России и на много лет отдалили мир на Дальнем Востоке. Возможно, они об этом не думали, но они усложнили ситуацию в мире[13].

Безусловно, Исибаси Тандзан был согласен с тем, что действия армии позорили Японию как внутри страны, так и за рубежом, но «если посмотреть на ситуацию с другой стороны, к счастью, мы можем кое-что с этим сделать». В редакционной статье, опубликованной в «Tōyō Keizai Shinpō» 21 октября, он утверждал, что инцидент подарил японцам «возможность искоренить первопричину военного авантюризма и укрепить правительство страны» [Ishibashi 1922: 16]. Это принесёт перемены, «по масштабам сравнимые с реставрацией Мэйдзи», ведь «международное давление наподобие того, что было оказано черными кораблями», как он надеялся, «побудит наш народ» взяться за решение проблемы военной реформы.

Исибаси тоже не верил в то, что вся ответственность за передачу оружия белым или их продажу Чжан Цзолиню лежала только лишь на майоре Харе. «Как мы можем не поверить в то, что вся армия погрузилась в подобную атмосферу?» Даже если

---

[13] Wake no Wakarane Buki Mondai // Tokyo Nichi Nichi. 16 октября 1922 года [Henshū 1989: 303–304].

всё было так и обвинения последовали со стороны (возможно, министерства иностранных дел) «из-за злобы», всё же поверить этим обвинениям было бы слишком просто. Учитывая сопротивление министерства армии или генштаба реформам, направленным на лишение их независимости от правительства, можно сделать вывод, что система сама породила подозрения в отношении ее действий. На плечи военных легла ответственность «найти способ снять с себя эти подозрения» [Ishibashi 1922].

Данный инцидент показал, что к этим пагубным последствиям привела независимость армии. «Подобная двойная дипломатия или милитаризм заставляет другие страны смотреть на нас с подозрением». Ради благополучия страны люди должны положить конец этой системе. «Армия, которая при планировании своих действий не учитывает интересы народа, допускает на посты министров вооружённых сил лишь военных, позволяет генштабу делать, ничем не гнушаясь, всё, что ему заблагорассудится», может только навредить своей стране. «Мы давно об этом знали, но благодаря инциденту с потерянным оружием мы можем воспользоваться возможностью перейти к решительным действиям» [Ishibashi 1922].

Страна больше не могла себе позволить подобных скандалов. Уже сейчас придётся много работать для того, чтобы восстановить репутацию страны после последних «печально известных» действий армии. То, как военные объясняли «злоупотребление доверием международного сообщества путем передачи третьим лицам находящегося под охраной армии оружия и открытой поддержки одной из противоборствующих сторон во время гражданской войны в другой стране», запятнало репутацию армии в Японии и за рубежом.

> [Из этого инцидента] мы должны понять, что вся военная система, включая генштаб и различные подразделения, находящиеся под юрисдикцией военного министра, должна как по сути, так и на словах стать ответственностью гражданского правительства, созданного национальными политиками. И другого пути быть не может.

«Мы больше не можем позволить» подобную степень независимости армии и военно-морского флота [Ishibashi 1922: 17].

В последние дни интервенции правительство белых распалось, и Владивосток оказался парализован всеобщей забастовкой, которую организовали профсоюзы под контролем коммунистов. Специальный корреспондент «Jiji Shinpō» во Владивостоке Кондо Тэйдзи описал хаос после прорыва Красной армии в Спасске-Приморском. С железнодорожной станции хлынул поток убитых и раненых в бою, новобранцев же (в основном без оружия) отправляли на север. Следуя на передовую в украшенных флагами грузовых вагонах и пытаясь подбодрить себя, они пели национальный гимн, но «их голоса звучали грустно». Чиновники и командиры белых пытались конфисковать хоть какие-нибудь суда. В порту творилась сумятица: на корабли в огромных количествах поднимались беженцы с вещами, которые они сумели сохранить.

Первый корабль с беженцами покинул порт 16 октября; Михаил Дитерихс и его сотрудники отбыли 19 октября. Некоторые русские отправлялись по суше в Пограничный сразу за границей Маньчжурии, но многие садились на корабль и отправлялись в порт Посьет в районе реки Туманган рядом с корейской границей. Вскоре устойчивый поток беженцев хлынул в японские порты в Корее, Южной Маньчжурии и собственно на острова. Большинство беженцев в конечном итоге отправятся в Европу, иностранные поселения Китая или в зону Китайско-Восточной железной дороги (по крайней мере, еще не контролируемую Советами) [Smith 1975: 163–165].

Журналист «Jiji Shinpō» описал сцену прибытия 24 октября первого корабля с беженцами «Wakaura Maru» в порт Модзи у западного входа во Внутреннее море. Среди его пассажиров находились бывший министр финансов Временного правительства, белый генерал и епископ Владивостока. «Само собой, весь их скарб — это те вещи, которые были на них». Большинство беженцев решили покинуть Россию из-за слухов о резне, которую устроили красные после захвата Никольска-Уссурийского. «Мы были уверены, что после ухода японской армии из Владивостока нас ждёт то же самое, — сказал один пассажир, — поэтому мы рады, что нам удалось бежать». Людей на причале охватила паника и смущение, чтобы попасть на корабль, епископу пришлось отдать сумму в 3000 иен в американских долларах. Были разговоры о том, чтобы отправить его в Токио, где он мог бы стать представителем белых, но, скорее всего, он отправится в Харбин. Бывший министр финансов и его семья собирались в Шанхай. Белый генерал, предположительно, ехал в Сербию, чтобы попасть к военачальнику белых Врангелю[14].

Японские жители региона также приняли участие в массовой эвакуации. Консульство Японии во Владивостоке расклеило объявления, призывавшие не паниковать тех японцев, которые хотят покинуть город; для эвакуации граждан были арендованы суда. Но места на этих судах хватило не всем, и на первый корабль попала только половина из примерно 700 желающих. Кондо описал первую волну эвакуации. Большие грузовые машины с японскими флагами на полной скорости везли к причалу имущество императорской армии, по той же дороге спешили японские граждане с тележками, наполненными плетёными корзинами с вещами и завёрнутыми матрасами. На причале их ожидал старый верный «Pusan Maru», ветеран рейсов между Владивостоком и Цуругой. Корабль покинул город 16 октября[15].

Журналист «Osaka Mainichi» находился в Цуруге и описал сцену прибытия «Pusan Maru». До окончания карантина кораблю пришлось ждать за пределами порта. Наконец, в 17:30 18 октября судну разрешили войти в порт и пришвартоваться на буй номер два. Разгрузка багажа заняла всю ночь, при этом эвакуируемые «среднего и низшего класса» оставались на борту. По причине вынужденного бездействия на корабль проникла праздничная атмосфера. «Все ели и пили, будто бы находясь вне времени и пространства», — сказал один из пассажиров. Бывшие жители

---

[14] Kyaku nomi Kyaku mama no Sugata de // Jiji Shinpō. 25 октября 1922 года [Henshū 1989, 5: 291].

[15] Waga Kyoryūmin no Hikiage // Jiji Shinpō. 20 октября 1922 года [Henshū 1989: 290].

Владивостока (многие из них приехали в город сразу за японской армией) до полуночи вспоминали своё континентальное приключение. В шесть утра на следующий день им, наконец, разрешили высадиться на берег. Высадка пассажиров окончилась к десяти утра[16].

Большинство беженцев отправлялись на вокзал Цуруги. От здания таможни до самого вокзала тянулась очередь из людей, носильщики бегали туда-сюда весь день. Это была еще одна из первых волн беженцев, прошедших через порт в процессе массовой эвакуации людей с Дальнего Востока России. Реакцией на нее властей стали ограничения на стоимость услуг владельцев гостиниц, рикш, извозчиков и водителей грузовых машин. Власти также выразили благодарность трём храмам города, открывшим свои двери тем, кому пока больше некуда было идти. Скоро таких людей станет ещё больше [Henshū 1989].

22 октября 1922 года командующий японскими войсками в Сибири генерал Татибана в сопровождении своих сослуживцев отправился в сторону Владивостокского порта на следующем в составе колонны автомобиле. Там, при бледном солнечном свете полудня , он произвёл осмотр подразделений размещённой в Хиросаки 8-й дивизии, которые отправятся вместе с ним на десяти арендованных пароходах. Он попрощался с большой группой людей, которые явились посмотреть на то, как уезжают последние японцы. В порт пришла также небольшая часть японского гражданского населения, которое всё это время войска якобы охраняли, ведь остальные уже покинули Владивосток. Объединение японских жителей города накануне предупредило их о необходимости отъезда. Почти все члены семей оставшихся японских граждан собрались на берегу, пытаясь сесть на корабль. Среди общей паники стало необходимо быстро организовать посадку людей на военное судно «Kashiro Maru», чтобы они могли добраться до Цуруги[17].

---

16 Osaka Mainichi. 20 октября 1922 года [Henshū 1989: 290].

17 Hikiage Min Hyaku Roku Jyū Ni Mei // Osaka Mainichi. 28 октября 1922 года [Henshū 1989: 293].

В полдень Татибана взошёл по трапу на «Taipei Maru», и небольшая флотилия стала отчаливать. Оставшийся в городе японский журналист телеграфировал в Японию, что прощальные речи тех, кто провожал войска, были «крайне патетичны»[18]. В 16:00 в город вошли войска ДВР. Небольшая группа японских офицеров осталась для того, чтобы официально передать город и его окрестности (до сих пор наполненные большим количеством военного имущества) новой власти. Толпы людей собрались на улицах города для того, чтобы увидеть, как в город входит кавалерия. Японская интервенция в Сибири наконец завершилась [Smith 1975: 164].

Через два дня после окончания интервенции «Osaka Mainichi» опубликовала грустное прощальное заявление.

> С 1918 года, времени совместной с Америкой интервенции под руководством кабинета министров Тэраути, наша сибирская политика из бессмысленной превратилась в глупую. Как много семей горюют, как много ресурсов страны было потрачено на то, чтобы не получить в конечном итоге ничего; попусту возмутив русский народ, наши грустные и одинокие солдаты уходят.

На ком лежит вина? Конечно, министрам Тэраути есть за что ответить, особенно за «огромную ошибку, которую они совершили, тайно отправив на оккупированные территории в десять раз больше войск, чем они обещали США», однако и кабмин Хары,

> неспособный преодолеть оппозицию обезумевшей военной клики, должен нести значительную часть ответственности. После интервенции ответственность за это преступление лежит на постыдных действиях кабинетов министров Тэраути и Хары.
> Так, провал нашей Сибирской интервенции преподал нам трудный урок: наши политики недальновидны и слабовольны, из-за неоправданной агрессии милитаристов наша

---

18 Oshū Buki wo Hōki // Osaka Mainichi. 26 октября 1922 года [Henshū 1989: 291].

страна терпит ненужные потери, и в то же время мы видим,
что голос народа стал очень слабым. Сопротивление нашего народа размещению войск в Сибири ничего ему не дало,
и нет лучшего примера того, как наше правительство и армия упорно противостоят общественному мнению[19].

В Цуругу продолжали прибывать беженцы из Владивостока.
«Kashiro Maru» и «Pusan Maru», забравшие оттуда 24 октября
значительную часть последних японских жителей, пришварто-
вались к пристани Канегасаки в 9:00 27 октября. По причине
суматохи при посадке на «Kashiro Maru» лишь позже узнали, что
на корабль сели 162 человека, включая бывшего мэра Владивостока и его семью. На «Pusan Maru» находилось 188 пассажиров.
Среди высадившихся с кораблей японских граждан можно было
найти «огромное разнообразие людей», в том числе главу объединения самообороны японских граждан Мацусиму, управляю-
щего Владивостокским отделением Тёсэн-банка Ито, одного из
руководителей железнодорожного ведомства Эбисаву, других
чиновников железнодорожного ведомства и «многих лидеров
наших тамошних соотечественников, в том числе и их семьи
в практически полном составе». Особого упоминания удостои-
лась группа из нескольких десятков женщин, которых называли
«гейшами, которые оставались до ухода последнего японского
солдата» или «убегающими проститутками из корейского района [Владивостока]» [Henshū 1989].

Корабельная жизнь оказалась не слишком счастливой.
«["Kashiro Maru"] был особым видом транспорта, и его интерьер
был крайне некомфортен; из-за спешной посадки багаж разбро-
сали по всей палубе, и не наступать друг на друга было невозможно». Из-за того что корабли высаживали своих пассажиров
одновременно, на причале (и особенно у здания таможни) творился полный хаос. «Людей было так много, что двигаться не мог
никто». Только к 11:00 багаж пассажиров стали вытаскивать на
берег, что только добавило суматохи. «На пристани, где находи-

---

[19]  Osaka Mainichi. 27 октября 1922 года [Henshū 1989: 293].

лось здание таможни, происходила сумятица, похожая на беспорядки на месте пожара» [Henshū 1989].

Большинство японцев приветствовали окончание Сибирской интервенции, но в Цуруге весть вызвала беспокойство. Поток беженцев мог оказаться временной выгодой для людей, которые могли предоставить им еду или жильё или были готовы перевозить их вещи с места на место, но экономика города жила портом. Количеству приходящих и уходящих кораблей предстояло сильно уменьшиться. Появилось беспокойство о том, как люди будут обеспечивать себя в будущем[20]. Получилось так, что в 1923 году объём проходившего через порт импорта составлял всего лишь более одного миллиона иен, объём экспорта — четыре миллиона иен. Несмотря на масштабное расширение порта, в необходимости которого сильно сомневались в 1920 году, но которое всё-таки было предпринято с 1922 по 1932 год, в качестве торгового порта Цуруга влачила жалкое существование вплоть до середины 1930-х годов, когда начался импорт в Маньчжоу-Го и появилась срочная необходимость отправлять грузы морскими путями в обход американских подводных лодок. Данная необходимость вызвала увеличение объёмов экспорта на Тихоокеанском театре военных действий Второй мировой войны [Tsuruga Shishi 1982: 162].

2 ноября 1922 года генерал Татибана прибыл в Токио; на железнодорожной станции его встречал старший командный состав японской армии. Люди на перроне приветствовали его криками «Банзай!», в честь возвращения ему был также подан бокал шампанского, а потом его быстро увезли в императорский дворец на встречу с принцем-регентом[21]. В тот же день министерство иностранных дел заявило, что Межсоюзнический железнодорожный комитет, осуществлявший надзор за работой Транссибирской магистрали и Китайско-Восточной железной дороги, ликви-

---

[20] Shiberi Teppei ga Tsuruga Machi Odageki // Osaka Asahi Hokuriku Ban. 1 ноября 1921 года. С. 3.

[21] Banzai no Ke mo Kaishaku // Tokyo Asahi. 2 ноября 1922 года [Henshū 1989: 294].

дирован. Масштабы деятельности комитета сильно сузились из-за расширения ДВР, в итоге он следил исключительно за работой КВЖД и той части Транссибирской магистрали, которая находилась в оккупированной японцами зоне. Когда японская армия вывела свои войска из Северной Маньчжурии и Сибири, Япония сообщила остальным членам комитета, что отзовёт своих представителей 31 октября. Тогда же японцы предложили распустить управление, на что остальные дали своё согласие. Контроль над КВЖД был передан местным китайским властям (то есть Чжан Цзолиню). Япония торжественно пообещала китайцам и другим членам комитета, что она желает поддерживать с ними дружественные взаимоотношения и сотрудничать и не будет вмешиваться в дела железнодорожного руководства[22].

Добившись вывода японских войск с Дальнего Востока России, ДВР выполнила своё предназначение. 14 ноября правительство ДВР заявило о передаче своей власти народному собранию, которое в тот же день проголосовало за самороспуск в пользу нового Дальневосточного революционного комитета. Его представители тут же телеграфировали в Президиум Всесоюзного центрального исполнительного комитета в Москве с требованием союза с Российской Федерацией. 15 ноября председатель комитета подтвердил получение этого сообщения, а также включение территорий Дальнего Востока России в создаваемый Союз Советских Социалистических Республик. Коммунистическая власть была полностью установлена по всей Сибири. Гражданская война закончилась [Smith 1975: 165].

---

[22] Taisho Sakoku Zen bun // Jiji Shinpo. 2 ноября 1922 года [Henshū 1989: 294].

# Заключение

# «Ситуация, в которой мы можем только проиграть»

*Сибирская интервенция
и эволюция Японской империи*

Если начало мудрости — способность очертить границы нашего невежества, то, надеюсь, эта попытка узнать о Сибирской интервенции (о которой мы знаем, действительно, очень мало) хоть чему-нибудь послужит хорошим началом. Если другие историки Японской империи захотят более внимательно изучить эту пропущенную главу в её истории, то моя попытка стоила предпринятых усилий. Конечно, я надеюсь, что выполнил свою задачу достаточно хорошо для того, чтобы заинтересовать и вдохновить других заполнить пробелы в нашем видении данного вопроса. По крайней мере, я надеюсь, что следующая книга о Сибирской интервенции будет написана раньше, чем через 50 лет.

Наше беглое знакомство с интервенцией показало, что дальнейшие исследования особенно необходимы в нескольких областях. Сведения о политических и дипломатических аспектах интервенции внутри японского правительства или в контексте взаимодействия Японии с её русскими/советскими противниками никак нельзя назвать полными. Исследование о том, что именно императорская армия делала в Сибири и как это повлияло на ее эволюцию как бюрократической и военной структуры, тоже пока не написано. Обнаруживается полная свобода действий в плане изучения реакции общества на интервенцию — в крупных городах, небольших гарнизонных городках и сельской местности; также существует потребность связать это с тем, как общество пыталось влиять на развитие страны[1]. Бесспорно, очень перспективной темой для дальнейших исследований является взаимосвязь событий в Сибири и развития японской колониальной и континентальной политики.

Вместе с тем это первое исследование японской интервенции в Сибири во всей её полноте позволяет нам сделать некоторые выводы, которые, я уверен, останутся актуальными, когда наше понимание событий интервенции станет более совершенным, более глубоким и более детальным. Первый и самый очевидный вывод об интервенции: для разных людей она означала разное. Каждый этап интервенции характеризовался глубоким различием взглядов её сторонников и противников на те возможности, которые она предлагала, то бремя, которое она налагала, а также на угрозы и опасности, которые были с ней связаны. Действительно, не требуется много воображения, чтобы понять, что зачастую противоречивые действия японцев во время интервенции и порожденные ей зловещие дискуссии о политике можно объяснить серьёзными различиями во взглядах на субъект активности.

В преддверии отправки войск в Сибирь в августе 1918 года защитники интервенции предлагали широкий спектр аргументов в её пользу, от возможности Японии извлечь из ситуации выгоду до необходимости выполнять союзнический долг, борясь за цивилизацию и мир во всём мире. Среди противников интервенции можно найти тех, кто считал, что Япония должна выполнять свои союзнические обязательства и действовать, как того требуют цели войны; при этом многие отвергали интервенцию как обременительную обязанность, от которой лучше отказаться.

По-видимому, это восприятие интервенции как тяжёлого бремени, которое никогда не оправдает себя, с самого начала разделяло большинство простых японцев. Как показали «рисовые

---

[1] Как оказалось, такой проект уже существует [Lone 2009], но я узнал о нём слишком поздно для того, чтобы включить в эту книгу.

бунты», недовольство интервенцией и всеобщее сопротивление ей имело место с самого ее начала. Когда закончилась война, лишив размещение войск в Сибири прямого для него повода, общество стало ещё больше сомневаться в целесообразности союзнической интервенции. Если не принимать во внимание незначительное количество фанатиков, то, как бы японский народ ни беспокоился об угрозе, которую представляло собой для материковых интересов Японии или даже Японских островов «опасное мышление», интереса или энтузиазма по отношению к антибольшевистской кампании в Сибири явно не наблюдалось. Не будет преувеличением сказать, что продолжение односторонней интервенции было воспринято неодобрительно почти всеми, а решение завершить ее повлекло за собой не чувство облегчения или благодарность, а вспышки гнева на то, как долго желания общества игнорировались и как дорого за это заплачено.

Вполне уместен вывод, что на реализацию желаний общества особо не надеялись, ведь в правящих кругах не было практически никого, кто искренне верил в необходимость завершить интервенцию ценой отказа от тех выгод, которые уже были получены на Дальнем Востоке России. Пусть в сентябре 1918 года Хара Такаси получил интервенцию в наследство от кабинета министров Тэраути Масатакэ, ответственность за размещение японских войск в Сибири после поражения белых и вывода американских войск всё же приписывают ему. Даже если бы он выжил в ноябре 1921 года, его сибирская политика уже была сочтена провальной. Безусловно, он хотел сотрудничать с США в тех областях, которые, как он думал, укрепят оборону Японии (например, контроль морских вооружений), однако в Китае (без Маньчжурии) и в Сибири он не желал делать ничего, что могло бы нести угрозу интересам Японии в Маньчжурии или Корее [Nomura 1982: 275–288]. Беспокойство о положении Японии в Маньчжурии и Корее было причиной его отказа в начале 1920 года от идеи полностью вывести войска из Сибири одновременно с американцами [Fukubu 1996: 778–779].

Жалобы на армию и её политику «двойной дипломатии» в России и Китае были довольно распространены в преддверии интервенции, однако их количество резко снизилось с ее началом. Имелась некоторая доля раздражения действиями армии в Сибири, однако вплоть до Восточной конференции главными виновниками тупиковой ситуации там военные не считались. Существовало общее понимание того, что своеволие генштаба и офицеров в Сибири умножало проблемы страны, однако для того, чтобы продвинуть идею ответственного правительства, особенно после Николаевского инцидента, тактически было важно направить недовольство в адрес кабмина Хары. Когда к власти пришел беспартийный кабинет министров Като Томосабуро, быстро выполнивший желание публики поскорее закончить интервенцию, никто не собирался защищать армию от гнева общества, и это нашло выражение в «инциденте с потерянным оружием».

Что касается самой армии, то можно согласиться с утверждением, что поражение — это лучший учитель, чем успех. В связи с чем появляется законный вопрос: чему научилась армия благодаря поражению в Сибири и как она использовала эти уроки потом? Перед тем, как дать на него ответ, данный вопрос следует тщательно изучить, однако два предварительных вывода уже вполне уместны. Во-первых, не совсем корректно утверждать, что ответственные за убийство Чжан Цзолиня и за Маньчжурский инцидент после него младшие офицеры приобрели навыки неповиновения в Сибири, но вот со старшими офицерами, которые с таким неповиновением мирились и потому его провоцировали, дело обстояло именно так. Второй вывод состоит в том, что если армия и извлекла урок из своего фиаско в Сибири, то он заключался вовсе не в признании беспомощности военной силы перед лицом местного населения, взбудораженного национально-освободительной ненавистью к захватчику. Сочувствуя тяжёлой доле Германской империи, японская армия с большей готовностью поверила в теорию «предательского удара в спину»; она заключалась в том, что слабый тыл и непонимание важности имперской миссии Японии обществом подорвали боевой дух армии и не позволили стране довести дело до победного конца [Saaler 1998: 284–285; Humphreys 1995: 80].

Чтобы решить эту проблему, армии пришлось выполнить две задачи. Первая заключалась в том, чтобы ещё сильнее придерживаться традиций личной преданности императору и воинской чести (как их понимали в армии), которые делали военных истинными слугами императора. Вторая задача — научить людей понимать первостепенное значение миссии армии и тот факт, что для своего выживания Японии необходимо создать и защитить империю. Ещё до конца интервенции и особенно с середины 1920-х до 1930-х годов армия, другие министерства и разные защитники унилатерализма вроде Мацуоки Ёсукэ отдавали много сил общественным кампаниям по убеждению *kokumin* в необходимости построить сильную и современную Японию посредством создания империи. Пристыженные сибирским опытом, организаторы этих кампаний больше не делали упор на жертвенности, по крайней мере в плане налогов, в обмен на обещание активного участия японцев в жизни «современной» страны [Humphreys 1995: 49–52; Garon 1997: введение passim].

Заключительный вывод о Сибирской интервенции состоит в том, что она продемонстрировала неумение японцев взаимодействовать со своими советскими противниками. Рассказывая о действиях императорской армии или других ревностных японских империалистов, не хотелось бы использовать определение «наивный», однако при описании их взаимодействия с Советами его не избежать. Во время переговоров в Даляне и Чанчуне японские переговорщики оказались некомпетентны. Начав с программы максимум — сделать ДВР зависимым государством, — они подошли к завершению переговоров, не добившись абсолютно ничего. Попросту им пришлось играть с противником, который был намного сильнее их. На каждом этапе Советы превосходили японцев в беззастенчивой целеустремлённости, расчётливости и хитрости, не говоря уже о мастерстве, находчивости и компетенции. Японцы даже не представляли, насколько их превзошли. Такое положение дел продержится до «предательства» Японии Сталиным в 1945 году.

Это предварительное исследование Сибирской интервенции позволяет нам не только сделать некоторые общие выводы о ней, но и поставить её в более широкий контекст развития японского империализма. Согласно существующей историографии, если Сибирская интервенция и имеет какое-либо влияние на историю имперской Японии, то, скорее, как некая аномалия. В своём исследовании профсоюзов в довоенной Японии Эндрю Гордон ссылается на то, как «Sōdōmei воспротивилась экспедиции в Сибирь, которая началась в 1918 году», считая это доказательством «отхода профсоюзов от японского империализма и милитаризма» [Gordon 1992: 132]. Это типичный пример использования реакции на интервенцию для того, чтобы показать мощь появившейся к концу Первой мировой войны демократической угрозы империализму и милитаризму. Но данное противопоставление никогда не считалось неотъемлемой частью политического развития Японии; скорее, на него смотрели как на порождённую различными событиями аномалию, не явившуюся результатом процесса развития Японии и поэтому преходящую. Отстаивать подобные взгляды больше не представляется возможным.

Какое представление об отношении японского народа к своей империи даёт японская интервенция в Сибири? Общая непопулярность интервенции говорит о готовности снизить значимость энергичного расширения империи: оно больше не воспринималось как доказательство модернизации Японии, уступив место другому видению, которое старалось примирить Японию с «тенденциями времён» и мировой ситуацией. Но отражало ли общее сопротивление Сибирской интервенции истинный отход от унилатерализма, делая более интернационалистскую внешнюю политику Японии 1920-х годов результатом перемены общественного мнения? Или враждебность широких слоёв населения по отношению к интервенции просто отражала смерть духа *gashin shōtan*, сопротивление призывам терпеть лишения ради империи, но не отказ от самой империи? Если так, то японская внешняя политика во время Сибирской интервенции, возможно, являлась лишь попыткой потворствовать желанию народа строить империю другими способами.

Очевидно то, что японская интервенция в Сибири представляет собой важное «недостающее звено» в развитии японского империализма и внутриполитических организаций. Интервенция была связана именно с последними, а не с помутнением ума, вызванным уникальным стечением обстоятельств. Международная ситуация в конце Первой мировой войны создала атмосферу, в которой исходные допущения о том, что может сделать Японию могущественным современным государством, стали терять свою значимость. Казалось, что поражение Центральных держав, торжество западных демократий и свержение русского царизма знаменовали собой конец исторической эпохи. Видимая победа либеральной демократии над авторитарным милитаристским империализмом заставила призадуматься многочисленных имперских реалистов и даже некоторых унилатералистов. «Тенденции времён» подарили новую убедительность тем, кто отрицал развитие империи путём завоеваний и отдавал предпочтение сотрудничеству с союзниками, ограничению вооружений и политике невмешательства в материковой Азии. Как писал Ёсино Сакудзо, «новая мировая тенденция во внутренней политике — это усовершенствование демократии, в международных делах — установление уравнительной политики» [Dickinson 1999: 12].

Но это ни в коем случае не отрицало представлений о двойственной природе японского империализма, описанной Эндрю Гордоном. Если не считать идеологов «опасного мышления», ни один японский сторонник развития демократии не отказывался от идеи императорского полновластия. Как сказал Укита Кадзутами, «внутри своих границ Япония всегда будет поддерживать политическое устройство, основанное на имперской демократии (*kōshitsu minponshugi*)» и «сохранять мир в Восточной Азии как часть всеобщего мира, следуя дипломатической политике сотрудничества, основанной на нравственности и справедливости. Мы понимаем, что международная демократия не может быть соперником демократии национальной» [Ukita 1919: 12]. Ни один представитель условного японского мейнстрима не поддерживал полный отказ от империи, однако безрассудное стремление к империи, какой бы ни была её цена, вызывало протест. Возможно, самое поразительное наблюдение об интервенции в целом заключается в том, что её практическую пользу зачастую описывали в категориях прибыли и убытков. Даже если использовать более нейтральный язык затрат и выгод, всё равно не приходится сомневаться в том, что большинство японцев воспринимало интервенцию (и в значительной степени участие Японии в Первой мировой войне) в первую очередь с коммерческой точки зрения[2].

Казалось бы, Сибирская интервенция вполне вписывалась в концепцию имперской демократии Гордона в том смысле, что критика внешней политики правительства использовалась в качестве способа добиться политических изменений. Однако содержание этой критики изменилось. За слабость, мягкотелость, неуклюжесть, глупость и отсутствие конкретных целей поношения терпели все четыре кабинета министров, имевшие дело с событиями в Сибири. Изменилась риторика описания последствий этих прегрешений. «Не будет преувеличением сказать, что в ходе интервенции мы потратили около миллиарда иен из государственной казны и потеряли множество жизней — и всё впустую», — жаловалась «Osaka Mainichi». «По глупости мы вызвали антияпонские чувства у русских, другие страны при этом смотрели на нас как на захватчиков. Разве это не служит доказательством провала политики нынешнего правительства?»[3] «Tokyo Asahi» с сожалением отметила, что «по сравнению с японо-китайской и Русско-японской войнами, мы терпели лишения совершенно напрасно. Безусловно, столь длительное размещение войск вызвало подозрения великих держав и враждебность со стороны русского народа»[4]. Наконец, Идзуми Тэцу сделал вывод о том, что интервенции следует положить конец, ведь «из-за Великой войны в умах людей по всему миру произошли большие изменения... следует опасаться того, что нам перестанут доверять цивилизованные нации» [Izumi 1920b: 51].

[2] Замечательное описание этого феномена, принадлежащее современнику, можно найти в [Coleman 1918].

[3] Waga Tai Ro Seisaku no Henka // Osaka Mainichi. 25 сентября 1920 года [Henshū 1989: 236–237].

[4] Shiberi Shuppei Sōkanjyō // Tokyo Asahi. 26 июня 1922 года [Henshū 1989: 284].

Уединение в этот период императора Тайсё означало, что он не мог играть ту важную символическую роль, которую играли его отец и позже его сын. Выйдя из тени императора, японская политика стала развиваться без одобрения олигархов и сторонников загадочного *kokutai*. Однако запрос общества на партийное правительство возрастал именно потому, что общество считало такое правительство единственным способом привести к согласию волю императора и волю народа. Разочарование и гнев соотечественников, которые в итоге настигли Хару и Сэйюкай, были связаны с их неспособностью выполнить свою часть сделки.

Критика японской внешней политики с позиций антиимпериализма (например, сторонниками малого японизма) начала пользоваться всё большим уважением, и в интеллектуальных кругах стал модным новый дух интернационализма. Вместе с тем популярность «милитаризма» оказалась крайне низкой. Ещё во время интервенции «Tokyo Nichi Nichi» обвиняла японских военных в том, что они «омрачили ситуацию в мире», и с сожалением отмечала, что военные «не остановились, чтобы подумать вот о чём: их действия затрудняли объединение России и на много лет отдалили мир на Дальнем Востоке»[5]. Трудно представить чтение чего-то подобного десять лет спустя, когда младшие офицеры Квантунской армии завершили Маньчжурский инцидент и основали марионеточное государство Маньчжоу-Го.

Мировая ситуация действительно вызвала переосмысление парадигмы Японии как современного государства, но «тенденции времён», конечно, не уничтожили предшествовавший этому переосмыслению образ мышления. Как и в случае эволюции политической системы в целом, конкурирующие с новыми старые взгляды не были искоренены, а просто оказались вытеснены на обочину. Привлекательность унилатерализма не исчезла, но её на время затмили экономические проблемы и ослабление духа

---

[5]  Wake no Wakarane Buki Mondai // Tokyo Nichi Nichi. 16 октября 1922 года [Henshū 1989: 303–304].

*gashin shōtan* в среде городского населения. Безусловно, профессор Университета Калифорнии Куно Ёсисабуро выразил часть японского общественного мнения, пытаясь объяснить намерения Японии в Сибири накануне Вашингтонской конференции.

> Америка — страна белого человека, а Япония хочет узнать, не является ли Сибирь страной жёлтого человека... Теперь, когда для японских эмигрантов закрылись двери англосаксонских стран и нужно искать новое пристанище для своего населения, неудивительно, что Япония задаёт вопрос: не является ли Сибирь страной жёлтого человека? [Kuno 1921: 87–88]

Такие защитники унилатерализма, как Нинагава Арата, безусловно, шли против, казалось бы, бесспорного вердикта истории, но их вера в необходимость и эффективность унилатералистской политики, а также готовность её защищать были бесконечны.

Более того, степень одобрения понятий демократии и международного сотрудничества интеллектуалами и обществом в целом являлась довольно низкой. В частности, польза демократии в борьбе с социальными проблемами, которые весьма беспокоили интеллектуалов, была довольно скоро поставлена под вопрос. В 1919 году редакторы журнала «Warera» Ояма Икуо и Хасэгава Ньосекан заявили: «После Великой войны мы, интеллектуалы, чаще всего повторяли слово "демократия", но отныне эта мода уже не актуальна, и всё более употребительными становятся слова "реорганизация" (*kaizō*) и "эмансипация" (*kaibō*)» [Arima 1999: 12–13]. Даже те, кто, казалось бы, принял «тенденции времён», использовали язык, который легко перевести в тональность унилатерализма и паназиатизма. Замечание Идзуми Тэцу о том, что

> мирное сосуществование народов достигается избавлением от несправедливости по национальному признаку. Самая большая несправедливость — когда меньшинство притесняет большинство; положить конец подобному притеснению означает избавиться от этой несправедливости [Izumi 1920b: 51],

можно с одинаковым успехом применить не только к Германии и России, но и к Великобритании и США. По мере развития международной ситуации в 1920-х годах унилатералисты получили новую публику, которая была готова с жадностью впитывать их слова, разочаровавшись в демократии и интернационализме.

Сибирская интервенция ясно дала понять, что свойственная политической системе Мэйдзи конституционная безответственность всё время требовала налаживания совместной работы учреждений, ответственных за внешнюю, внутреннюю и континентальную/колониальную политику, чтобы справиться с постоянно меняющимися международной ситуацией и балансом сил между игроками внутренней политики. Совет по военным делам Окумы Сигэнобу стал первой попыткой координации действий кабинета министров и вооружённых сил, но ему не удалось ни умерить аппетиты армии и военно-морского флота в плане увеличения финансирования, ни обеспечить парламентскую поддержку, необходимую для принятия значительно увеличенного бюджета. Создание Тэраути Масатакэ Gaikō Chōsakai было призвано приручить политические партии, привлекая их к консультативным процессам как можно раньше, но в результате совет был монополизирован Харой Такаси с его упорным сопротивлением односторонней интервенции. С помощью Восточной конференции мая 1921 года Хара попытался установить главенство кабмина и утвердить единый политический курс для всех действующих лиц политики на материке. Но это был единичный случай, ставший реальностью лишь благодаря полному контролю Хары над Национальным парламентом, необычному совпадению его позиции с позицией руководства вооружённых сил и присутствию на заднем плане Ямагаты Аритомо. Другим вряд ли удалось бы с лёгкостью повторить что-либо подобное.

Не приходится сомневаться в том, что раздробленность правящих кругов Японии и проблема конституционной безответственности продлили агонию интервенции. Это выводит на первый план главную проблему любого премьер-министра довоенного периода — необходимость создать консенсус между большим количеством конкурирующих между собой и при этом в целом равных по силе политических игроков. В случае значительного изменения принятого до этого политического курса, например, полного пересмотра континентальной политики Японии, это становилось непреодолимым препятствием. Несмотря на свою репутацию главного сторонника компромиссов, Хара вёл свою кампанию по борьбе с армией за контроль над вооружёнными силами с напором, целеустремлённостью и абсолютно бескомпромиссной решимостью. Но целью его борьбы за контроль над японскими войсками в Сибири никогда не было быстрое или полное завершение интервенции.

Представляется бессмысленным рассуждать о том, что эксперимент Японии с интернационализмом дал бы лучший результат, если бы его самые искренние сторонники не ушли со сцены преждевременно. Даже если бы Танака остался министром армии, Хара не был бы убит, премьер-министр Като не скончался бы от рака, а старший политик Ямагата не умер бы после более 80 лет усердного труда на благо страны, вряд ли интервенция закончилась бы раньше, поскольку и в этом случае трудно представить отказ внешней политики Японии от стремления к империи в пользу сотрудничества с Великобританией и США.

По сути, Сибирская интервенция как никакое другое явление показывает те качества японского руководства, которые препятствовали интервенции в прошлом и не позволяли закончить ее в будущем — или вести более открытую для сотрудничества внешнюю политику. Танака, Хара, Като и Ямагата хорошо понимали бессмысленность интервенции, оплакивали пустую трату ресурсов страны и потерю международного доверия, сожалели о вмешательстве генштаба в создание единой континентальной политики, но никто из них не обладал достаточной властью для того, чтобы добиться фундаментальных изменений, даже если они действительно этого хотели. Проще говоря, даже в самых благоприятных обстоятельствах им не удалось бы внедрить в жизнь государства новую парадигму внешней политики.

Конечно, Хара хорошо понимал разочарование общества интервенцией и её ценой — как в человеческих жизнях, так и в деньгах [Kawada 1995: 28–30]. И хотя он был готов противостоять генштабу по вопросу права верховного командования и установления контроля кабинета министров над формированием и осуществлением континентальной политики, он никогда не планировал воспользоваться своей властью для немедленного вывода войск из Сибири любой ценой, которого требовало общественное мнение. Он смог взять верх над решимостью генштаба разместить войска на Дальнем Востоке России бессрочно, но даже он не был готов вывести войска без обеспечения некого относительного преимущества. Если коротко, то Хара Такаси, как и любой экспансионист, желал удерживать Владивосток и южную часть Приморской области до получения адекватной компенсации от правительства ДВР или Советов.

Именно Като Томосабуро, непартийный премьер-министр, разрубил гордиев узел проблемы и вывел японские войска из Сибири, понимая, что влияние Японии на Дальнем Востоке России исчезнет с их уходом. Его решимость была важным фактором, но она принесла пользу лишь в той ситуации, когда сам генштаб армии, скрепя сердце, согласился с тем, что продолжение интервенции губительно для интересов и благосостояния армии в целом. Несмотря на то что в плане разработки стратегической политики Японии Като был максимально прагматичен, реалистичен и рационален (если использовать такое проблемное слово уместно), его взгляды определённо были взглядами меньшинства даже внутри военно-морского флота. Если бы Като не заболел, вряд ли его кабинет министров справился бы с усиливающейся тенденцией возвращения к партийному правительству. Даже если бы справился, то вряд ли он смог бы превратить свои представления в значимые политические решения. Внутри военно-морского флота и за его пределами оставались люди, которые хотя бы частично разделяли его стратегическое мировоззрение, но ни один действительно влиятельный человек не разделял его полностью и тем более не был готов защищать эти взгляды публично.

Прагматизм Като вполне соответствовал позиции Ямагаты Аритомо, выработанной опытом и годами службы. Раньше, чем Хара и Танака, Ямагата понял, что ради благополучия армии и страны в целом (не для потакания общественному мнению) интервенция должна завершиться. Старший политик разделял соображения Танаки о первостепенной необходимости поддерживать независимость армии. В значительно большей степени, чем Танака, несмотря на в основном удовлетворительные отношения с Харой, Ямагата продолжал испытывать глубокое недоверие к политике и политикам. До самого конца он считал их корыстными, более обеспокоенными собственными интересами, чем судьбой страны, и ненадёжными. В последние годы он тревожился о том, что армия перестала быть способна мыслить широко, но он продолжал верить, что ключом к решению этой проблемы является не подчинение политикам, а бо́льшая преданность солдат своему долгу. Как и Танака, Ямагата был приверженцем континентальной политики, ориентированной на автаркию, и сокрушался о том, что борьба группировок внутри вооружённых сил отвлекала армию от движения к этой важнейшей цели [Dickinson 1999: 217–220].

Опыт Сибирской интервенции больше всего повлиял на Танаку Гиити. Ни один солдат императорской армии не прошёл такой долгий путь становления — от сторонника унилатерализма до ответственного участника политических событий. Действительно, интересно представить, что бы подумали друг о друге майор Танака образца 1904 года и премьер-министр Танака образца 1927 года. Танака был не первым офицером, который понял, что попытки отстранить армию от политики нереалистичны, но в осознании того факта, что оборона страны невозможна без искреннего и постоянного взаимодействия с политическими партиями, он превзошёл даже Кацуру Таро. Как ни один офицер императорской армии до или после него, Танака понимал, что возможности обороны страны будут определяться не объёмом военных обязательств, а готовностью японского народа поддержать эти обязательства.

Но даже здесь был очевиден ограниченный характер изменений; возможно, Танака понимал необходимость сотрудничества с политическими партиями, но он совершенно не думал о подчинении армии гражданскому контролю. Разумеется, Танака никогда не сомневался в том, что континентальная империя была необходима Японии для достижения статуса автаркии, и эта необходимость превосходила стремление к сотрудничеству с Великобританией и Америкой. Как покажет кризис 1927–1928 годов в Шаньдуне, он не отказывался от использования армии для защиты жизненно важных интересов Японии на материке (как он их понимал), невзирая на негативное влияние подобных действий на отношения с Китаем, Великобританией или США.

Короче говоря, ни Хара, ни Танака, ни Ямагата в конечном итоге не желали принять «тенденции времён». Все трое признавали новое стечение обстоятельств внутри страны и за рубежом и были готовы идти туда, куда дует ветер (Ямагата желал этого меньше всех), но никто из них не собирался отказываться от своей убеждённости в необходимости создания империи и регионального превосходства Японии. Хара был готов работать в новых реалиях внутренней и внешней политики больше остальных, настаивая на введении партийных кабинетов министров и сотрудничестве с США. Однако он совершенно не желал поддерживать политический курс на неограниченную демократию с всеобщим избирательным правом или ту политику, которая может повредить основополагающим интересам Японии в Маньчжурии или Корее, как бы плохо эти взгляды ни сочетались с «тенденциями времён».

Тем не менее уход этих трёх людей из японской политики (даже если отсутствие Танаки являлось временным) был событием эпохальным. Политический ландшафт Японии навсегда изменился. Пусть Сибирская интервенция показала границы их взаимодействия, факт оставался фактом: Хара, Като, Танака и Ямагата создали важную систему политических связей, способную эффективно добиваться компромиссов, достигать договорённостей и создавать политические выгоды. Танака и даже в большей степени Като показали возможности взаимодействия политических партий и армии для укрепления последней, невзирая на негативное общественное мнение. Хара не только смог воспользоваться парламентским большинством своей партии, но и усердно работал над укреплением рабочего взаимодействия с основными центрами силы. Ямагата был не только последним политиком, способным найти компромисс с представителями все более разобщающейся армии; вместе с Харой он мог вокруг политических инициатив сплотить Палату пэров и Тайный совет. Без этих людей на политической арене японское руководство (особенно армейское) будет всё чаще отказываться от прописанных в конституции Мэйдзи правил и вместо компромисса будет выбирать конфронтацию, в основе которой лежат его собственные узкие бюрократические интересы. В такой конфронтации политические партии проиграют.

С начала 1950-х основной целью изучения довоенной японской демократии было понять, как на почве, которую в 1910-х и 1920-х годах так удачно засеяли семенами демократии, вырос авторитарный режим 1930-х. Это вовсе не пустяк. Трагедия японских действий и опыта во время войны до сих пор остается незаживающей раной и продолжает влиять на разные аспекты внутренней и международной жизни Японии.

> В истории японского империализма как пути к Тихоокеанскому театру военных действий Второй мировой войны исследователи часто хотят найти упущенные возможности для остановки движения к катастрофе или смены его курса. Если и было время, когда основное направление действий японцев в Восточной Азии могло измениться, а движущая сила империализма могла быть остановлена, то речь идёт о тех первых годах [после Первой мировой войны]. Престиж агрессивных империалистов в Японии никогда не был так низок, а положение умеренных реформаторов в сфере международных отношений — так высоко. Для следующего поколения условия в Японии и во всём мире уже не будут столь благоприятными [Matsusaka 2001: 266].

В поиске ответов на эти вопросы важно помнить, что опыт Японии не был уникальным, особенно при сравнении с Германией и Италией как в период сразу после Первой мировой войны, так на всём протяжении их развития как современных государств.

Эндрю Гордон, сторонник имперской демократии, настаивал на том, что позднейший период авторитаризма в Японии должен называться имперским фашизмом, подчёркивая, таким образом, сходство с Германией и Италией. По причине различий между японским и европейским фашизмом имеется значительное сопротивление использованию этого термина, но я такое использование поддерживаю. При всех сложностях с построением «модели» фашизма, факт остаётся фактом: во всех трёх странах были установлены авторитарные, милитаристские режимы, настроенные на агрессию и завоевания, — меньше чем через 15 лет после видимого очищения международной арены от авторитаризма, милитаризма и иностранной агрессии[6].

Даже если мы согласимся с вышесказанным, это все же не отменяет тот факт, что Германия, Италия и Япония провели свою модернизацию достаточно поздно. История «современного» японского государства началась в 1868 году, итальянского — в 1869-м, немецкого — в 1870-м, поэтому эти три страны можно объединить в одну группу. Руководство каждой из них осознанно занималось созданием современного национального государства. В каждом случае такое государство приходилось строить из весьма разобщённых элементов: полуавтономных феодов в Японии, конфедерации королевств, республик и зависимых территорий в Италии, возглавляемой Пруссией совокупности более и менее зависимых княжеств в Германии. И, конечно же, японцы понимали, что их проблемы не уникальны, как показал Фредерик Дикинсон, именно по причине сходного положения двух стран, им очень нравилась политическая модель Германии [Dickinson 1999: 10–13].

Главным убеждением, которым руководствовались все три оказавшиеся поздними модернизаторами страны, была необходимость формировать, адаптировать и создавать элементы полнофункционального социального, экономического и политического аппарата страны, с тем чтобы обеспечить стабильность,

---

[6] Рассуждения о том, можно ли назвать Японию 1930-х годов фашистским государством, читайте в [Gordon 1992: 333–338; Duus, Okamoto 1979: 65–76].

достаток и могущество. В результате почти в каждой области, от образования до промышленной политики и работы органов государственной власти, оценку и отбор практик проводила небольшая группа политических лидеров, руководствовавшихся предполагаемой эффективностью этих практик и их пользой для укрепления мощи государства. Когда это было сделано, у трёх стран появилась необходимость получить все атрибуты их нового положения состоявшихся современных государств.

Таким значимым атрибутом являлись заморские колонии. У итальянцев возродились имперские притязания античных времён на бассейн Средиземноморья, в первую очередь в ущерб Османской империи. Бисмарк не особо стремился обеспечить Германии «место под солнцем», но ему пришлось уступить требованиям колониальных приобретений, звучавшим внутри страны. После его ухода немцы прославились своим духом приобретательства. В Японии появилась общая вера в то, что установление «прочного мира в Восточной Азии» зависело от достижения Японией регионального преимущества. Тройственная интервенция 1895 года оказалась столь болезненной по причине осознания того, что даже после модернизации и создания заморской империи цель стать настоящей передовой державой всё ещё не была достигнута.

В известной мере опыт Японии отличался от немецкого и итальянского одной важной особенностью. В Японии никогда не ослабевала потребность, а вернее, одержимость «догнать» ведущие державы. Я согласен с Дикинсоном в том, что японцы рассматривали внешнюю политику не как некую сферу деятельности, а как естественное отражение благосостояния или слабости страны в целом [Dickinson 1999: 8–10]. Из-за этого японцы стали очень чувствительны к пренебрежению национальной гордостью и угрозам международному статусу страны — реальным или мнимым. И тех, и других в межвоенный период оказалось много. Только сейчас, когда место второй по значимости экономики в мире занял Китай, значимость достижения статуса *taikoku* (великой страны) стала подвергаться сомнению, но беспокойство о том, как Японию воспринимают в мире, остаётся важной особенностью японского внешнеполитического дискурса. После Первой мировой войны большую важность придавали принадлежности Японии к *rekkoku* (великим державам), а её статус одной из стран «Большой пятёрки» в Версале в 1919 году или «Большой тройки» в Вашингтоне в 1921 году был источником и гордости, и беспокойства [Arima 1999: 17–20].

В связи с «тенденциями времён» критерии передового статуса страны изменились. В начале 1920-х годов достижение такого статуса означало принятие идей и социальных институтов, которые сделали Великобританию и США международными лидерами и заставили «Tokyo Nichi Nichi» заявить, что «три великие державы, Япония, Великобритания и США, будут всё больше контролировать ситуацию в мире»[7]. Как сказал Хамагути Осати из Кэнсэйкай, «поражение Германии внушило идею о том, что бюрократизм и милитаризм отжили свой век и политика должна полностью основываться на демократии. Великий поток демократии обрушился на весь мир» [Dickinson 1999: 228]. Этот мнимый вердикт истории оказался важным аргументом защитников демократии, когда из протестного движения она превращалась в систему управления. Он же убедил Хару в том, что основой японской политики должны стать партийное правительство и сотрудничество с США. Принципиально важно здесь то, что демократия не являлась для её апологетов ценностью сама по себе. Скорее, она воспринималась (как и стремление к империи) в качестве инструмента для укрепления мощи и процветания страны, являвшегося смыслом существования передового государства, а также для решения стоящих перед страной социальных проблем. Если демократия будет препятствовать процессу реорганизации и эмансипации, всегда есть возможность от неё отказаться.

Данная ситуация не являлась уникальной для Японии: на самом деле она была довольно распространена в Европе в период сразу после войны. К сожалению, столь же распространёнными оказались и её последствия.

---

[7] Nichibei Kyōchō // Tokyo Nichi Nichi. 8 августа 1918 года [Henshū 1989: 281–282].

Демократия в Европе временно укрепила своё положение после 1918 года благодаря нестабильной коалиции внутренних и внешних сил, которые [в 1930-х годах] теряли свои позиции по всему континенту. Убеждённых демократов становилось всё меньше и меньше [Mazower 1998: 23].

Исследуя политическое развитие Европы с конца Первой мировой войны до окончания «холодной войны», Марк Мазовер видит в нём историю борьбы трёх идеологий: либеральной демократии, фашизма и коммунизма.

В 1918 году [демократия] торжествовала, но через 20 лет от неё почти не осталось и следа. Судя по всему, ее ожидал крах во время политического кризиса и хаоса в экономике, ведь её защитники были слишком нереалистичны, слишком амбициозны и слишком немногочисленны. В своём внимании к конституционным правам и отрицании общественных обязанностей она, казалось бы, больше вписывалась в XIX век, чем в XX. К 1930-м годам, по всей видимости, европейцы больше не желали за неё бороться; появились новые недемократические альтернативы, призванные помочь справиться с испытаниями современности. Европа нашла другие, авторитарные формы политического устройства, не более чуждые ее традициям и не менее эффективные для организации общества, промышленности и технологий [Mazower 1998: 5–6].

Что более важно, переход от демократического конституционализма к авторитаризму являлся не случайным отклонением, а общим решением граждан этих формирующихся государств.

Дело в том, что в основной части Европы к 1930-м годам... либерализм сдулся, левые были сокрушены, и основная борьба за идеологию и власть происходила *внутри* правого лагеря — среди сторонников авторитарной власти, традиционных консерваторов, технократов и праворадикальных экстремистов [Mazower 1998: 28] (курсив оригинала).

Эти авторитарные режимы оказывались итогом переворотов, они получали власть в результате демократических, конституционных процессов.

Европейский опыт подсказывает, что к отказу от демократии привела неспособность самого демократического процесса создавать устойчивые правительства, способные решать серьёзные социальные, экономические и политические проблемы, грозившие подорвать основу новых национальных государств. Кроме того, сторонники либеральной демократии не смогли должным образом её защитить, доказав, что демократические процессы оказались полезны или даже актуальны в решении социальных и экономических проблем. Это позволило правым сторонникам авторитарной власти, в особенности фашистам, утверждать, что они обладали более эффективными и современными способами управления обществом и страной. Мазовер показывает, что только в горниле Второй мировой войны защитники либеральной демократии смогли создать программу использования демократических процессов для решения государственных и общественных проблем. Изучение Японии в межвоенный период показывает, что предложенная Мазовером модель развития характерна не только для Европы. На самом деле она почти идеально подходит для описания процесса перехода от имперской демократии к имперскому фашизму, рассмотренного Эндрю Гордоном.

«Демократии не всегда делают общества более цивилизованными, но они всегда безжалостно свидетельствуют о благосостоянии общества, в котором они существуют» [Kaplan 2000: 61–62]. Изучая японское общество в процессе перехода от демократии как протестного движения к демократии как системе управления, можно сделать вывод, что в нём сосуществовали здоровые и нездоровые элементы. Безусловно, в плане общественных дискуссий о том, что нужно было сделать, чтобы примирить страну с «мировой ситуацией» или просто благополучно перенести «тенденции времён», не будет преувеличением сказать, что японское общество никогда не было таким здоровым, как в довоенный период. Но границы этих дебатов всегда были строго очерчены, и их относительная широта объяснялась снисходительностью цензоров. Взлёт кабинета министров Хары приблизил японское общество к созданию самобытной функционирующей демократии, но также открыл непреодолимые препятствия для того, чтобы «ответственные кабинеты министров» стали истинными хозяевами политической системы Мэйдзи, определяющими и проводящими политический курс. «Яростное общественное мнение», направленное против армии в связи с ее попытками подрыва власти кабинета министров и созданием угрозы международному статусу Японии, помогло укрепить власть парламента, но разочарование неспособностью кабмина Хары выполнить пожелания публики показало недостаток людей, по-настоящему преданных демократическому процессу. Неповиновение представителей армии и явное нарушение ими субординации показали такое отношение к законной власти, которое было крайне опасно для функционирования политической системы Мэйдзи. Но даже Ёсино Сакудзо, предупреждавший, что злоупотребление военными своей властью может привести к «системе деспотизма», не осмеливался публично подвергнуть сомнению искренность мотивов армии.

Как отметил Фредерик Дикинсон, экзистенциальный кризис, в который погрузились японцы после Первой мировой войны и который очень хорошо высветила Сибирская интервенция, представляет собой такой же переломный момент в развитии Японии, как и прибытие коммодора Перри, и американская оккупация. Среди трёх примеров это единственный, когда Япония решала свою судьбу самостоятельно, без чрезмерного иностранного вмешательства, если не сказать в изоляции от международных событий. На протяжении эры Хэйсэй японская политика продолжает развиваться в ответ на изменения в мире, наступившие после «холодной войны», после прихода нового тысячелетия, после 11 сентября, после Китая, после мирового финансового кризиса, после правления Либерал-демократической партии, после «Японии как страны номер три», и японцы до сих пор спорят о том, как им адаптироваться к этим изменениям и найти своё место в мире. Подобные дискуссии, которые японцы вели с конца эры Сёва о том, какими должны быть отношения Японии с окружающим миром, во многом похожи на дебаты, которые проходили после Первой мировой войны.

Современные дискуссии касаются как внутренних, так и международных дел, и японцы пытаются привести свои политические институты в большее соответствие своим нуждам, применяя новые теории о том, как Японии следует вести себя во внешнем мире. В обоих случаях результаты пока неоднозначны. Можно предположить, что политическая система, на которую японцы пытались влиять в период Тайсё, оказалась более отзывчивой к требованиям народа, чем строгая и косная система, которая была создана после 1955 года и которая отреагировала на призывы к изменениям только после травмы «потерянного поколения» и других кризисов, когда в сентябре 2009 года на выборах победила оппозиционная Демократическая партия Японии. Но, как и в случае прихода к власти кабинета министров Хары много лет назад, встаёт вопрос: вызовет ли приход к власти ДПЯ перемены, или продолжающаяся стагнация приведёт к исчезновению оптимизма и потере веры в целесообразность парламентской политики? Возможно, сегодняшним японцам есть чему поучиться у своих соотечественников эпохи Тайсё.

# Библиография

АРХИВНЫЕ И НЕОПУБЛИКОВАННЫЕ МАТЕРИАЛЫ

**На английском языке**

United States Department of State. Records ofthe Department ofstate relating to internal affairs of Japan, 1910–1929 (Washington: National Archives, 1969). National Archives Microfilm Publications, microcopy no. 422. [Государственный департамент США. Записи Государственного департамента, касающиеся внутренних дел Японии, 1910–1929 (Вашингтон: Национальные архивы, 1969). Микрофильмы Национального архива, микрокопия № 422.]

United States Department of State. Records of the Department of State relating to political relations between Russia and the Soviet Union and other states, 1910–1929 (Washington: National Archives and Records Service, 1960). National Archives Microfilm Publications, microcopy no. 340. [Государственный департамент США. Записи Государственного департамента, касающиеся отношений России и Советского Союза с другими странами, 1910–1929 (Вашингтон: Государственная архивная служба, 1960). Микрофильмы Национального архива, микрокопия № 340.]

**На японском языке**

Makino Nobuaki Kankei Monjo [Документы, касающиеся Макино Нобуаки]. Kensei Shiryōshitsu, Библиотека Национального парламента, Токио.

Tachibana Koichirō Kankei Monjo [Документы, касающиеся Татибаны Коитиро]. Kensei Shiryōshitsu, Библиотека Национального парламента, Токио.

Tanaka Giichi Monjo [Документы Танаки Гиити]. Kensei Shiryōshitsu, Библиотека Национального парламента, Токио.

## ОПУБЛИКОВАННЫЕ ПЕРВИЧНЫЕ ИСТОЧНИКИ

### На английском языке

Butler, Rohan O., Bury J. P. T., Lambert M. E. Documents on British Foreign Policy: 1919–1939, first series. Vols. 3, 6, 14. London: His Majesty's Stationery Office, 1949–1966.

Graves, Gen. William S. America's Siberian Adventure, 1918–1920. New York: Jonathan Cape, 1931.

The Special Delegation of the Far Eastern Republic to the United States of America. Japanese Intervention in the Russian Far East. Washington, D.C.: n.p., 1922.

United States Department of State. Papers Relating to the Foreign Relations of the United States, 1918, Russia. Vol. II. Washington, D.C.: Government Printing Office, 1932.

United States Department of State. Papers Relating to the Foreign Relations of the United States, 1919, Russia. Washington, D.C.: Government Printing Office, 1937.

United States Department of State. Papers Relating to the Foreign Relations of the United States, 1920, Russia. Vol. III. Washington, D.C., 1936.

United States Department of State. Papers Relating to the Foreign Relations of the United States, 1921. Vols. I and II. Washington, D.C., 1936.

United States Department of State. Papers Relating to the Foreign Relations of the United States, 1922. Vol. II. Washington, D.C., 1938.

Watt, D. Cameron. British Documents on Foreign Affairs, Reports and Papers from the Foreign Office Confidential Print. Part II, Series A, The Soviet Union, 1917–1939, Soviet Russia and Her Neighbours, vols. 3–6. University Publications of America: n.p., 1984.

### На японском языке

Asahi 1990 — Asahi Shinbun. Asahi Shinbunshi: Taishō, Shōwa Senzen Hen [History of the Asahi Shinbun: Taishō, Early Shōwa Edition]. Tokyo: Asahi Shinbunsha, 1990.

Gaimushō 1942 — Gaimushō, ed. Nichi "So" Kōshō Shi [History of Japanese "Soviet" Negotiations]. Tokyo: Kawade Shobō, 1942.

Gaimushō 1964–1987 — Gaimushō, ed. Nihon Gaikō Bunsho: Taishō Jidai [Documents on Japanese Diplomacy: Taishō Period]. In 36 vols. Tokyo: Gaimushō, 1964–1987.

Gaimushō 1965 — Gaimushō, ed. Nihon Gaikō Nenpyō Narabini Shuyō Bunsho, 1840–1945 [Japan Diplomatic Chronicle and Principal Documents]. In 2 vols. Tokyo: Hara Shobō, 1965.

Gaimushō 1969 — Gaimushō Hyakunenshi Hensan Iinkai, ed. Gaimushō no Hyaku Nen [100 Years of the Foreign Affairs Ministry]. Vol. 1. Tokyo: Hara Shobō, 1969.

Hara 1981 — Hara Keiichirō, ed. Hara Kei Nikki [Diary of Hara Kei]. Vols. 4, 5. Tokyo: Fukumura Shuppan, 1981.

Hayashi, Oka 1959 — Hayashi Shigeru, Oka Yoshitake, ed. Taishō Demokurashii no Seiji: Matsumoto Gōkichi Seiji Nishi [The Politics of Taishō Democracy: The Political Diaries of Matsumoto Gōkichi]. Tokyo: Iwanami Shoten, 1959.

Henshū 1989 — Taishō Nyūzu Jiten Henshū Iinkai, ed. Taishō Nyiizu Jiten [Encyclopedia of Taishō News]. Vols. 3, 4, 5. Tokyo: Asahi Communications, 1989.

Ishibashi, Zenshū 1971 — Ishibashi Tanzan Zenshū Hensan Iinkai, ред. Ishibashi Tanzan Zenshū [Complete Works of Ishibashi Tanzan]. Vols. 3, 4. Tokyo: Toyo Keizai Shinpōsha, 1971.

Ishida 1964 — Ishida Fumishirō. Daijikenshi: Meiji, Taishō, Shōwa Shinbun Kinoku Shūsei [History of Great Events: A collection of Meiji, Taishō, Shōwa era Newspapers]. Tokyo: Kinshosha, 1964.

Ito 1990 — Ito Takashi, ed. Makino Nobuaki Nikki [Diary of Makino Nobuaki]. Tokyo: Chūō Kōronsha, 1990.

Kaisoroku 1978 — Makino Nobuake. Kaisoroku [Memoirs]. In 2 vols. Tokyo: Chūō Kōronsha, 1978.

Kenpei 1976 — Kenpei Shireibu, ed. Shiberi Shuppei Kenpei Shi [Siberian Intervention Military Police History]. Tokyo: Kokusho Kankōkai, 1976.

Kobayashi 1966 — Kobayashi Tatsuo. Suiuso Nikki: Itō Ke Monjo [Green Rain Diary: Itō Family Papers]. Tokyo: Hara Shobō, 1966.

Masuda 1984 — Masuda Hiroshi. Shōnihonshugi: Ishibashi Tanzan Gaikō Hyōshū [Little Japanism: Ishibashi Tanzan's Diplomatic Writings]. Tokyo: Soshisha, 1984.

Matsuo 1974 — Matsuo Takayoshi. Taishō Demokurashii [Taishō Democracy]. Tokyo: Iwanami Shoten, 1974.

Matsuo 1978 — Matsuo Katsuzō. Shiberia Shussei Nikki [Siberia Front Line Diary], ed. Takahashi Osamu. Tokyo: Fūbaisha, 1978.

Matsuo 1984 — Matsuo Takayoshi, ed. Ishibashi Tanzan Hyōronshū [Collected Editorials of Ishibashi Tanzan]. Tokyo: Iwanami Shoten, 1984.

Matsuo 1995 — Matsuo Takayoshi, ed. Dainihonshugi ka Shōnihonshugi ka: Miura Tetsutarō Ronsetsu Shū [Big Japan or Little Japan: Collected Editorials of Miura Tetsutarō]. Tokyo: Toyō Keizai Shinpōsha, 1995.

Oyama 1966 — Oyama Azusa, comp. Yamagata Aritomo Ikensho [Written Opinions of Yamagata Aritomo]. Tokyo: Hara Shobō, 1966.

Rikugun 1972 — Rikugun Sanbō Honbu, ред. Shiberia Shuppeishi [History of the Siberian Expedition]. In 3 vols. Tokyo: Shin Jidaisha, 1972.

Takashima 2004 — Takashima Yonekichi. Shiberia Shuppei Jyūgunki [Siberian Intervention Service Diary] / ed. Takashima Shin. Tokyo: Mumyōsha, 2004.

Uehara 1976 — Uehara Yūsaku Kankei Monjo Kenkyūkai, ed. Uehara Yūsaku Kankei Monjo [Papers Relating to Uehara Yūsaku]. Tokyo: Tokyo Daigaku Shuppankai, 1976.

Yamamoto 1980 — Yamamoto Shirō, ed. Terauchi Masatake Nikki [Dairy of Terauchi Masatake]. Kyoto: Kyoto Joshi Daigaku, 1980.

Yamamoto 1985 — Yamamoto Shirō, ed. Terauchi Masatake Naikaku Kankei Shiyō [Documents Relating to the Terauchi Masatake Cabinet]. In 2 vols. Kyoto: Kyoto Joshi Daigaku, 1985.

Yoshino 1995 — Yoshino Sakuzō Senshū [Selected Works of Yoshino Sakuzō] / Ed. by Matsuo Takayoshi. Vols. 5, 6, 10, 14. Tokyo: Iwanami Shoten, 1995.

## Вторичные источники

### На русском языке

Окамото 2003 — Окамото С. Японская олигархия в Русско-японской войне / пер. с англ. Д. А. Лихачева. М.: Центрполиграф, 2003.

### На английском языке

Barnhart 1987 — Barnhart M. Japan Prepares for Total War: The Search for Economic Security, 1919–1941. Ithaca: Cornell University Press, 1987.

Beasley 1987 — Beasley W. G. Japanese Imperialism, 1894–1945. New York: Oxford University Press, 1987.

Bix 2000 — Bix H. P. Hirohito and the Making of Modern Japan. New York: HarperCollins, 2000.

Bradley 1991 — Bradley J. F. N. The Czechoslovak Legion in Russia, 1914–1920. New York: Columbia University Press, 1991.

Brooks 2000 — Brooks B. Japan's Imperial Diplomacy: Consuls, Treaty Ports, and War in China, 1895–1938. Honolulu: University of Hawaii Press, 2000.

Buckley 1970 — Buckley T. H. The United States and the Washington Conference, 1921–1922. Knoxville: University of Tennessee Press, 1970.

Connaughton 1990 — Connaughton R. M. The Republic of the Ushakovka: Admiral Kolchak and the Allied Intervention in Siberia, 1918–1920. London: Routledge, 1990.

Coox 1985 — Coox A. Nomonhan: Russia Against Japan, 1939. Vol. 1 Palo Alto, CA: Stanford University Press, 1985.

Crowley 1966 — Crowley J. Japan's Quest For Autonomy: National Security and Foreign Policy, 1930–1938. Princeton: Princeton University Press, 1966.

Curry 1957 — Curry R. W. Woodrow Wilson and Far Eastern Policy, 1913–1921. New York: Bookman Associates, 1957.

Dickinson 1999 — Dickinson F. R. War and National Reinvention: Japan and the Great War, 1914–1919. Cambridge: Harvard University Press, 1999.

Dingman 1976 — Dingman R. Power in the Pacific: The Origins of Naval Arms Limitation, 1914–1922. Chicago: University of Chicago Press, 1976.

Drea 2009 — Drea E. Japan's lmperial Army: Its Rise and Fall, 1853–1945. Lawrence, KS: University Press of Kansas, 2009.

Duus 1968 — Duus P. Party Rivalry and Political Change in Taishō Japan. Cambridge: Harvard University Press, 1968.

Duus 1995 — Duus P. The Abacus and the Sword: The Japanese Penetration of Korea, 1895–1910. Berkeley: University of California Press, 1995.

Fifield 1965 — Fifield R. H. Woodrow Wilson and The Far East. Hamden: Archon Books, 1965.

Foglesong 1995 — Foglesong D. S. America's Secret War Against Bolshevism: U.S. Intervention in the Russian Civil War, 1917–1920. Chapel Hill: University of North Carolina Press, 1995.

Garon 1987 — Garon S. The State and Labor in Modern Japan. Berkeley: University of California Press, 1987.

Garon 1997 — Garon S. Molding Japanese Minds: The State in Everyday Life. Princeton: Princeton University Press, 1997.

Gilbert 1994 — Gilbert M. The First World War: A Complete History. New York: Henry Holt and Co., 1994.

Gordon 1991 — Gordon A. Labor and Imperial Democracy in Prewar Japan. Berkeley: University of California Press, 1991.

Gordon 2003 — Gordon A. A Modern History of Japan: From Tokugawa times to the present. New York, Oxford University Press, 2003.

Gluck 1985 — Gluck C. Japan's Modern Myths: Ideology in the Late Meiji Period. Princeton: Princeton University Press, 1985.

Hackett 1971 — Hackett R. F. Yamagata Aritomo in the Rise of Modern Japan, 1838–1922. Cambridge: Harvard University Press, 1971.

Harootunian 2004 — Harootunian H. The Empire's New Clothes: Paradigm Lost and Regained. Chicago: Prickly Paradigm Press, 2004.

Hasegawa 2005 — Hasegawa T. Racing the Enemy: Stalin, Truman and the Surrender of Japan. Cambridge: Harvard University Press, 2005.

Howell 1995 — Howell D. Capitalism from Within: Economy, Society and the State in a Japanese Fishery. Princeton: Princeton University Press, 1995.

Huffman 1997 — Huffman J. L. Creating a Public: People and Press in Meiji Japan. Honolulu: University of Hawaii Press, 1997.

Humphreys 1995 — Humphreys L. A. The Way of the Heavenly Sword: The Japanese Army in the 1920's. Palo Alto, CA: Stanford University Press, 1995.

Igarashi 2006 — Igarashi Y. Mothra's Gigantic Egg: Consuming the South Pacific in 1960s Japan // In Godzilla's Footsteps: Japanese Pop Culture Icons on the Global Stage / ed. by William Tsutsui and Michiko Itō. New York: Palgrave Macmillan, 2006. P. 83–102.

Iriye 1990 — Iriye A. After Imperialism: The Search for a New Order in the Far East, 1921–1931. 2nd ed. Cambridge: Harvard University Press, 1990.

Irokawa 1985 — Irokawa D. The Culture of the Meiji Period / Marius Jansen, trans., ed. Princeton: Princeton University Press, 1985.

Jansen 1984 — Marius Jansen. Japanese Imperialism: Late Meiji Perspectives // The Japanese Colonial Empire, 1895–1945 / edited by Ramon H. Myers and Mark Peattie. Princeton: Princeton University Press, 1984.

Kamikawa 1958 — Kamikawa H., ed. Japan-American Diplomatic Relations in the Meiji-Taishō Era. Tokyo: Pan-Pacific Press, 1958.

Kaplan 2000 — Kaplan R. D. Was Democracy Just A Moment // The Coming Anarchy: Shattering the Dreams of the Post Cold War. New York: Random House, 2000. P. 53–98.

Kasza 1988 — Kasza G. The State and Mass Media in Japan, 1918–1945. Berkeley: University of California Press, 1988.

Keegan 1998 — Keegan J. The First World War. Toronto: Keyporter Books, 1998.

Kennan 1956 — Kennan G. F. Soviet American Relations, 1917–1920: Russia Leaves the War. Vol. 1. Princeton: Princeton University Press, 1956.

Kennan 1958 — Kennan G. F. Soviet American Relations, 1917–1920: The Decision to Intervene. Vol. 2. Princeton: Princeton University Press, 1958.

Komatsu, Gallagher 1995 — Komatsu S., Gallagher M., trans. Japan Sinks. Tokyo: Kodansha, 1995.

Kushner 2006 — Kushner B. The Thought War: Japan's Wartime Propaganda. Honolulu: University of Hawaii Press, 2006.

Lensen 1970 — Lensen G. A. Japanese Recognition of the USSR: Soviet Japanese Relations, 1921–1930. Tallahassee: The Diplomatic Press, 1970.

Lewis 1990 — Lewis M. Rioters and Citizens: Mass Protest in Imperial Japan. Berkeley: University of California Press, 1990.

Lewis 2000 — Lewis M. Becoming Apart: National Power and Local Politics in Toyama. Cambridge: Harvard University Press, 2000.

Lincoln 1989 — Lincoln W. B. Red Victory: A History of the Russian Civil War. New York: Simon and Schuster, 1989.

Lone 1994 — Lone S. Japan's First Modern War: Army and Society in the War with China, 1894–1895. New York: St. Martin's Press, 1994.

Lone 2000 — Lone S. Army, Empire and Politics in Meiji Japan: The Three Careers of General Katsura Tarō. New York: St. Martin's Press, 2000.

Lone 2009 — Lone S. Provincial Life and the Military in Imperial Japan: The Phantom Samurai. London: Routledge, 2009.

MacMillan 2003 — MacMillan M. Paris 1919: Six Months That Changed the World. New York: Random House, 2003.

Matsusaka 2001 — Matsusaka Y. T. The Making of Japanese Manchuria, 1904–1932. Cambridge: Harvard University Press, 2001.

Mayer 1959 — Mayer A. J. Political Origins of the New Diplomacy, 1917–1918. New York: Columbia University Press, 1959.

Mazower 1998 — Mazower M. Dark Continent: Europe's Twentieth Century. New York, Vintage Books, 1998.

McClain 2002 — McClain J. Japan: A Modern History. New York: W.W. Norton, 2002.

Melton 2001 — Melton C. W. Woodrow Wilson and the American Expeditionary Force in Siberia, 1918–1921. Macon, GA: Mercer University Press, 2001.

Minichiello 1984 — Minichiello S. Retreat From Reform: Patterns of Political Behavior in Interwar Japan. Honolulu: University of Hawaii Press, 1984.

Minichiello 1998 — Minichiello S., ed. Japan's Competing Modernities: Issues in Culture and Democracy, 1900–1930. Honolulu: University of Hawaii Press, 1998.

Mitchell 1976 — Mitchell R. H. Thought Control in Prewar Japan. Ithaca: Cornell University Press, 1976.

Mitchell 1983 — Mitchell R. H. Censorship in Imperial Japan. Princeton: Princeton University Press, 1983.

Morley 1954 — Morley J. W. The Japanese Thrust Into Siberia. New York: Columbia University Press, 1954.

Morton 1980 — Morton W. Tanaka Giichi and Japan's China Policy. New York: St. Martin's Press, 1980.

Myers, Peattie 1984 — Myers R. H., Peattie M., eds. The Japanese Colonial Empire, 1895–1945. Princeton: Princeton University Press, 1984.

Najita 1967 — Najita T. Hara Kei and the Politics of Compromise, 1905–1915. Cambridge: Harvard University Press, 1967.

Nish 1973 — Nish I. H. Alliance in Decline: A Study in Anglo-Japanese Relations 1908–1923. London: Longmans, 1973.

Nish 1986 — Nish I. H. The Anglo-Japanese Alliance: The Diplomacy of Two Island Empires, 1894–1907. London: Athlone, 1986.

Nolte 1987 — Nolte S. Liberalism in Modern Japan: Ishibashi Tanzan and his Teachers, 1905–1960. Berkeley: University of California Press, 1987.

Okamoto 1970 — Okamoto, Shumpei. The Japanese Oligarchy and the Russo-Japanese War. New York: Columbia University Press, 1970.

Omura 1938 — Omura B. The Last Genrō: Prince Saionji, the Man Who Westernized Japan. New York: J. B. Lippincott, 1938.

Palmer 2009 — Palmer J. The Bloody White Baron: The Extraordinary Story of the Russian Nobleman who Became the Last Khan of Mongolia. New York: Basic Books, 2009.

Rimer 1990 — Rimer J. T., ed. Culture and Identity: Japanese Intellectuals During the Interwar Years. Princeton: Princeton University Press, 1990.

Robinson 2007 — Robinson M. E. Korea's Twentieth Century Odyssey: A Short History. Honolulu: University of Hawaii Press, 2007.

Scalapino 1967 — Scalapino R. Democracy and the Party Movement in Prewar Japan: The Failure of the First Attempt. Berkeley: University of California Press, 1953. Imprint Berkeley: University of California Press, 1967.

Schencking 2005 — Schencking J. C. Making Waves: Politics, Propaganda and the Emergence of the Imperial Japanese Navy, 1868–1922. Palo Alto, CA: Stanford University Press, 2005.

Silberman, Harootunian 1974 — Silberman B., Harootunian H., eds. Japan in Crisis: Essays on Taishō Democracy. Princeton: Princeton University Press, 1974.

Smethurst 2007 — Smethurst R. From Foot Soldier to Finance Minister: Takahashi Korekiyo, Japan's Keynes. Cambridge: Harvard University Press, 2007.

Smith 1975 — Smith C. F. Vladivostok Under Red and White Rule: Revolution and Counterrevolution in the Russian Far East, 1920–1922. Seattle: University of Washington Press, 1975.

Somin 1996 — Somin I. S. Stillborn Crusade: The Tragic Failure of Western Intervention in the Russian Civil War, 1918–1920. New Brunswick, NJ: Transaction Publishers, 1996.

Unterberger 1956 — Unterberger B. M. America's Siberian Expedition, 1918–1920. Durham, Duke University Press, 1956.

Unterberger 1969 — Unterberger B. M., ed. American Intervention in the Russian Civil War. Lexington, KY: D.C. Heath, 1969.

Unterberger 1989 — Unterberger B. M. The United States, Revolutionary Russia and the Rise of Czechoslovakia. Chapel Hill: University of North Carolina Press, 1989.

Vameck, Fisher 1935 — Vameck E., Fisher H. H., eds. The Testimony of Admiral Kolchak and Other Siberian Materials. Palo Alto, CA: Stanford University Press, 1935.

Watt 2009 — Watt L. When Empire Comes Home: Repatriation in Postwar Japan. Cambridge: Harvard University Asia Center, 2009.

Westney 1987 — Westney D. E. Imitation and Innovation: The Transfer of Western Organizational Patterns to Meiji Japan. Cambridge: Harvard University Press, 1987.

White 1950 — White J. A. The Siberian Intervention. Princeton: Princeton University Press, 1950.

Wilson 1969 — Wilson G. M. Radical Nationalist in Japan: Kita Ikki, 1883–1937. Cambridge: Harvard University Press, 1969.

Yamato 1928 — Yamato I. The Washington Conference and After. Palo Alto, CA: Stanford University Press, 1928.

Young 1998 — Young L. Japan's Total Empire: Manchuria and the Culture of Wartime Imperialism. Berkeley: University of California Press, 1998.

## На японском языке

Ammo 1984 — Ammo Takurō. Taishō Demokurashii to Minshū Undō [Taishō Democracy and the People's Movement]. Tokyo: Iwanami Shoten, 1984.

Arima 1999 — Arima Manabu. Nihon no Gendai: "Kokusaika" no naka Teikoku Nihon: 1905–1924 [Modern Japan: Imperial Japan within "Internationalism," 1905–1924], vol. 4. Tokyo: Chūō Kōron Shinsha, 1999.

Arai 1985 — Arai Tatsuo. Katō Tomosaburō, 2nd ed. Tokyo: Jiji Tsiishinsha, 1985.

Araki 1937 — Araki Sadao, ed. Gensui Uehara Yūsaku Den [Biography of Field Marshall Uehara Yūsaku]. In 2 vols. Tokyo: Gensui Uehara Yūsaku Denki Kankōkai, 1937.

Bannō 1996 — Bannō Junji. Kindai Nihon no Kokka Kōsō [Modem Japan's National Struggle]. Tokyo: Iwanami Shoten, 1996.

Chomoto 1984 — Chomoto Shigemasa. Sensō to Jyanarizumu [War and Journalism]. Tokyo: Mitsui Shobō, 1984.

Eguchi 1998 — Eguchi Keiichi. Nihon Teikokushugishi Kenkyū [History of Japanese Imperialism]. Tokyo: Aoki Shoten, 1998.

Fujubu 1986 — Fujubu Easatoko. Shiberia Shuppei to TōShinTetsudō Kanri Mondai, 1921–1922 nen o Chūshin ni [Siberian Intervention and Management Problems of the Chinese Eastern Railway: centering on 1921–1922] // Kindai Nihon no Keizai to Seiji [Modem Japan's Economy and Politics] / edited by Hara Akira. Tokyo: Yamakawa Shuppansha, 1986. Pp. 88–112.

Hara 1989 — Hara Terayuki. Shiberia Shuppei: Kakumei to Kanshō, 1917–1922 [Siberian Intervention, Revolution and Intervention, 1917–1922]. Tokyo: Chikuma Shobō, 1989.

Hosoya 1972 — Hosoya Chihiro. Roshia Kakumei to Nihon [The Russian Revolution and Japan]. Tokyo: Hara Shobō, 1972.

Hosoya 1976 — Hosoya Chihiro. Shiberia Shuppei no Shiteki Kenkyū, 2nd ed. [Historical Research on the Siberian Intervention]. Tokyo: Shinizumisha, 1976.

Imai 1978 — Imai Seiichi. Taishō Demokurashii. Tokyo: Chūō Kōronsha, 1978.

Imamura 1985 — Imamura Takeo. Takahashi Korekiyo. 2nd. ed. [Takahashi Korekiyo: A Critical Biography]. Tokyo: Jiji Tsiishinsha, 1985.

Inoue 1979 — Inoue Kiyoshi. Taishōki no Seiji to Gunbu [Taishō Period Politics and the Military] // Taishōki no Seiji to Shakai [Taishō Period Politics and Society] / edited by Inoue Kiyoshi. Tokyo: Iwanami Shoten, 1979. Pp. 351–406.

Inoue, Watanabe 1954 — Inoue Yasuji, Watanabe Tetsu, eds., Kome Sōdō no Kenkyū [Study of the Rice Riots]. Vols. 1–5. Tokyo: Arinagakaku, 1954.

Itō 1929 — Itō Masanori. Katō Takaaki [Biography of Katō Takaaki]. In 2 vols. Tokyo: Katō Haku Denki Hensan Iinkai, 1929.

Itō 1987 — Itō Yukio. Taishō Demokurashii to Seitō Seiji [Taishō Democracy and Party Politics]. Tokyo: Yamakawa Shuppansha, 1987.

Izao 2003 — Izao Tomio. Shoki Shiberia Shuppei no Kenkyū [Research on the Early Siberian Intervention]. Fukuoka: Kyūshū Daigaku Shuppankai, 2003.

Kashima 1984 — Kashima Heiwa Kenkyūjo. Nihon Gaikōshi [History of Japanese Diplomacy]. Vol. 15. Tokyo: Kashima Kenkyūjo Shuppankai, 1984.

Kawada 1995 — Kawada Minoru. Hara Takashi Tenkanki no Kōsō [Thought of Hara Takashi's Conversion Period]. Tokyo: Miraisha, 1995.

Kawada 1998 — Kawada Minoru. Hara Takashi to Yamagata Aritomo [Hara Takashi and Yamagata Aritomo]. Tokyo: Chūō Kōronsha, 1998.

Kikuchi 1973 — Kikuchi Masanori. Roshia Kakumei to Nihonjin [The Russian Revolution and the Japanese]. Tokyo: Chikuma Shobō, 1973.

Kinbara 1967 — Kinbara Samon. Taishō Demokurashii no Shakaiteki Keisei [Social Formation of Taishō Democracy]. Tokyo: Aoki Shoten, 1967.

Kinbara 1973 — Kinbara Samon. Taishōki no Seitō to Kokumin [Political Parties and the People during the Taishō Era]. Tokyo: Kaku Shobō, 1973.

Kindai 1984 — Kindai Nihon Kenkyiikai, ed. Seitō Naikaku no Seiritsu to Hōkai [Formation and Collapse of Party Cabinets]. Tokyo: Yamakawa Shuppansha, 1984.

Kitaoka 1978 — Kitaoka Shinichi. Nihon Rikugun to Tairiku Seisaku, 1906–18 [The Japanese Army and Continental Policy, 1906–1918]. Tokyo: Tokyo Daigaku Shuppankai, 1978.

Kitaoka 1988 — Kitaoka Shinichi. Gotō Shinpei: Gaikō to Vision [Gotō Shinpei: Diplomacy and Vision]. Tokyo: Chūō Kōronsha, 1988.

Kobayashi 1985 — Kobayashi Yukio. Nichi So Seiji Gaikō Shi [History of Soviet-Japanese Political, Diplomatic Relations]. Tokyo: Arinagakaku, 1985.

Koketsu 1987 — Koketsu Atsushi. Kindai Nihon no Seigun Kankei: Gunjin Tanaka Giichi no Kiseki [Civil-Military Relations in Modern Japan: Legacy of Tanaka Giichi the Soldier]. Tokyo: Ofusha, 1987.

Kojima 1995 — Kojima Noboru. Heiwa no Shissoku: "Taishō Jidai" to Shiberia Shuppei [Faltering Peace: "Taishō Era" and the Siberian Expedition]. In 5 vols. Tokyo: Bungei Shunjyū, 1995.

Kyō 1994 — Kyō Kokujitsu. Ishibashi Tanzan: Jiyūshugi no Sebone [Ishibashi Tanzan: Backbone of Liberalism]. Tokyo: Marusen, 1994.

Maeda 1985 — Maeda Renzan. Hara Takashi. Tokyo: Jiji Tsūshinsha, 1985.

Masuda 1990 — Masuda Hiroshi. Ishibashi Tanzan Kenkyū: "Shōnihonshugisha" no Kokusai Ninshiki [Ishibashi Tanzan Research: International Awareness of a "Little Japanist"]. Tokyo: Tōyō Keizai Shinpōsha, 1990.

Matsuo 1990 — Matsuo Takayoshi. Taishō Demokurashii [Taishō Democracy] // Taishō Demokurashii [Taishō Democracy] / edited by Yui Masaomi. Tokyo: Yūseidō, 1990. Pp. 1–9.

Matsuo 1993 — Matsuo Takayoshi. Taishō Jidai no Senkō Tachi [Taishō Era Leaders]. Tokyo: Iwanami Shoten, 1993.

Matsuo 1998 — Matsuo Takayoshi. Minponshugi to Teikokushugi [Democracy and Imperialism]. Tokyo: Misuzu Shobō, 1998.

Mitani 1987 — Mitani Taichirō. Taishō Demokurashiiki no Kenryoku to Chishikijin [Power of Taishō Democracy and Intellectuals] // Kokka to Shimin [The State and the People] / edited by Kokka Gakkai Hyakunen Kinen. In 3 vols. Tokyo: Yūhikaku, 1987. Pp. 65–94.

Mitani 1995 — Mitani Taichirō. Taishō Demokurashii Ron [Discourse on Taishō Democracy]. 2nd ed. Tokyo: Tokyo Daigaku Shuppankai, 1995.

Mitani 1997 — Mitani Taichirō. Kindai Nihon no Sensō to Seiji [War and Politics in Modem Japan]. Tokyo: Iwanami Shoten, 1997.

Mito Hohei 1988 — Mito Hohei Dai 2 Rentai Shi Kankōkai, eds. Mito Hohei Dai 2 Rentai Shi [History of the Mito 2nd Infantry Regiment]. Tokyo: Mito Hohei Dai 2 Rentai Shi Kankōkai, 1988.

Mito Shishi 1995 — Mito Shishi Hensan Kingendai Senmon Bukai, eds. Mito Shishi [History of the City of Mito]. Part 3, vol. 2. Tokyo: Mito Shishi Hensan Kingendai Senmon Bukai, 1995.

Miyata 1928 — Miyata Mitsuo. Gensui Katō Tomosaburō Den [Biography of Fleet Admiral Katō Tomosaburō]. Tokyo: Gensui Katō Tomosaburō Denki Hensan Iinkai, 1928.

Nomura 1982 — Nomura Otojirō. Kindai Nihon Seiji Gaikōshi Kenkyū [Study of Politics and Diplomacy in Modem Japan]. Tokyo: Misuzu Shobō, 1982.

Oka 1969 — Oka Yoshitake. Oka Yoshitake Sakushū: Tenkanki no Taishō [Works of Oka Yoshitake: The Tuming Point of Taishō]. Vol. 3. Tokyo: Tokyo Daigaku Shuppankai, 1969.

Ono 1985 — Ono Kazuichirō. Senkanki no Nihon Teikokushugi [Inter-war Japanese Imperialism]. Kyoto: Sekai Shisōsha, 1985.

Oshima 1999 — Oshima Kiyoshi. Takahashi Korekiyo: Zaiseika no Sūkina Shōgai [Takahashi Korekiyo: A Financiers Checkered Life]. Tokyo: Chūō Kōronsha, 1999.

Ota 1990 — Ota Masao. Taishō Demokurashii Kenkyū [Taishō Democracy Research]. Tokyo: Shinizumisha, 1990.

Oya 1989 — Oya Wataru. Shiberia Shuppei moto niokeru Nara Rentai no Kitaman Hahei nitsuite [On the Dispatch of the Nara Regiment to North Manchuria Under the Siberian Expedition] // Hōken Shakai to Kindai: Tsuda Hideo Sensei Koki Kinen [Feudal Society and Modernity: In Honor of Prof. Tsuda Hideo's 70th Birthday]. Osaka: Dōbōsha, 1989. Pp. 822–843.

Sakamoto 1996 — Sakamoto Tatsuhiko. "Genron no Shi" Made [Until "the Death of Free Speech"]. Tokyo: Iwanami Shobō, 1996.

Sasaki 1999 — Sasaki Takashi. Nihon no Gendai: Mediya to Keniyoku [Modem Japan: Media and Power]. Vol. 8. Tokyo: Chūō Kōron-Shinsha, 1999.

Shinobu 1968 — Shinobu Seizaburō. Taishō Seijishi [History of Taishō Politics]. Tokyo: Kawade Shobō, 1968.

Takahashi 1973–1977 — Takahashi Osamu. Hahei [Troop Dispatch]. In 4 vols. Tokyo: Asahi Shinbunsha, 1973–1977.

Takakura 1958 — Takakura Tetsuichi. Tanaka Giichi Denki [Biography of Tanaka Giichi]. In 2 vols. Tokyo: Tanaka Giichi Denki Kankōkai, 1958.

Takenaka 1995 — Takenaka Yoshio. Nihon Seijishi no naka no Chishikijin [Intellectuals in Japanese Political History]. In 2 vols. Tokyo: Kidakusha, 1995.

Taya 1987 — Taya Kiyoshi. Hara Takashi Taishō Hachinen [Hara Takashi in the Eighth year of Taishō]. Tokyo: Nihon Hyiironsha, 1987.

Tazaki 1981 — Tazaki Suematsu. Hyōden Tanaka Giichi [Critical Biography of Tanaka Giichi]. In 2 vols. Tokyo: Heiwa Senryaku Sōgō Kenkyūsho, 1981.

Tobe 1998 — Tobe Ryōichi. Nihon no Gendai: Gyakusetsu no Guntai [Modern Japan: Army of Paradox]. Vol. 7. Tokyo: Chūō Kōronsha, 1998.

Tokutomi 1969 — Tokutomi Ichirō, ed. Kōshaku Yamagata Aritomo Den [Biography of Prince Yamagata Aritomo]. In 3 vols. Tokyo: Hara Shobō, 1969.

Toyoda 1982 — Toyoda Minoru. Saigō no Genrō Saionji Kinmochi [The Last Genrō: Saionji Kinmochi]. Tokyo: Shinchyosha, 1982.

Tsuruga Shishi 1982 — Tsuruga Shishi Hensan Iinkai. Tsuruga no Rekishi [History of Tsuruga]. Tsuruga: City of Tsuruga, 1982.

Uchida 1969 — Uchida Yasuya Denki Henshū Iinkai, eds. Uchida Yasuya. Tokyo: Kawashima Kenkyūjo Shuppankai, 1969.

Uchida 1992 — Uchida Ryōhei Bunsho Kenkyūkai, eds. Kokuryūkai Kankei Shiqdshū [Collected Materials Relating to the Amur River Society]. Vols. 5, 6. Tokyo: Kashiwa Shobō, 1992.

Uchikawa, Arai 1983 — Uchikawa Yoshimi and Arai Naoyuki, ed. Nihon no Jyanarizumu: Taishō no kokoro o Tsukandaka? [Japanese Journalism: The Heart of the Masses?]. Tokyo: Yūhikaku, 1983.

Ueda 1990 — Ueda Hideaki. Kyokutō Kyōwakoku no Kōbō [Rise and Fall of the Far Eastern Republic]. Tokyo: Ipec Press, 1990.

Watanabe 1992 — Watanabe Fumiya. "Shiberia Shuppei" Shiron Shūsei Shōsetsu [Introduction to Historical Revision of the Siberian Intervention]. Tokyo: Nihon Tōsho Kankōkai Kindai Bungeisha, 1992.

Watanabe 1972 — Watanabe Itaru. Tōyō Keizai Shinpō no Kyūshinteki Jiyūshugi Ron no Kakuritsu [Establishment of Toyō Keizai Shinpō's Radical Liberal Theory] // Taishōki no Kyūshinteki Jiyūshugi [Taishō Period Radical Liberalism] / edited by Inoue Kiyoshi and Watanabe Itaru. Tokyo: Tōyō Keizai Shinpōsha, 1972.

Yoshida 1993 — Yoshida Toyoji. Oita Ken Kindai Gunjishi Josetsu [Summary of Oita Prefecture's Modern Military History]. Fukuoka: Kindai Bungeisha, 1993.

Yoshimura 1968 — Yoshimura Michio. Nihon to Roshia [Japan and Russia]. Tokyo: Hara Shobō, 1968.

## ИСТОЧНИКИ В ПЕРИОДИЧЕСКИХ ИЗДАНИЯХ
### На английском языке

Clauss 1992 — Clauss E. M. Pink in Appearance, but Red at Heart: The United States and the Far Eastern Republic, 1920–1922 // The Journal of American-East Asian Relations. № 1 (Fall, 1992). Pp. 327–357.

Dunscomb 2003 — Dunscomb P. U.S. Intervention in Siberia as a Military Operation Other Than War // Military Review. Vol. LXXXII. № 6 (November-December, 2003). Pp. 98–102.

Dunscomb 2006 — Dunscomb P. 'A Great Disobedience Against the People': Popular Press Criticism of Japan's Siberian Intervention, 1918–1922 // The Journal of Japanese Studies. Vol. 32. № 1 (Winter 2006). Pp. 53–81.

Duus, Okamoto 1979 — Duus P., Okamoto D. Fascism and the History of Prewar Japan: The Failure of a Concept // Journal of Asian Studies. Vol. 39. № 1 (November 1979). Pp. 65–76.

Elleman 1999 — Elleman B. A. The 1907–1916 Russo-Japanese Secret Treaties: A Reconsideration // Asian Cultural Studies. № 25 (March 1999). Pp. 29–44.

Eskildsen 2002 — Eskildsen R. Of Civilization and Savages: The Mimetic Imperialism of Japan's 1874 Expedition to Taiwan // American Historical Review. Vol. 77. № 2 (April 2002). Pp. 388–418.

Hackemer 1998 — Hackemer K. The Nikolaevsk Massacre and Japanese Expansion in Siberia // American Asian Review. Vol. 17. № 2 (Summer 1998). Pp. 109–133.

Hosoya 1958 — Hosoya C. Origin of the Siberian Intervention, 1917–1918 // Annals of the Hitotsubashi Academy. Vol. 9. № 1 (October 1958). Pp. 91–108.

Hosoya 1960 — Hosoya C. Japanese Documents on the Siberian Intervention, 1917–1922 // Hitotsubashi Journal of Law and Politics (April 1960). Pp. 31–53.

Garon 1994 — Garon S. Rethinking Modernization and Modernity in Japanese History: A Focus on State-Society Relations // Journal of Asian Studies. Vol. 53. № 2 (1994). Pp. 346–366.

Lasch 1962 — Lasch C. American Intervention in Siberia: A Reinterpretation // Political Science Quarterly. Vol. 77. № 2 (June 1962). Pp. 205–223.

Leong 1973 — Leong S. T. China and the Siberian Intervention // Papers on Far Eastern History. № 7 (March 1973). Pp. 101–144.

Linicome 1999 — Linicome M. E. Nationalism, Imperialism, and the International Education Movement in Early Twentieth-Century Japan // Journal of Asian Studies. № 58, № 2 (May 1999). Pp. 338–360.

Miwa 1967 — Miwa K. Japanese Opinions on Woodrow Wilson in War and Peace // Monumenta Nipponica. Vol. 22. № 314 (1967). Pp. 368–389.

Nomura 1966 — Nomura K. Profile of an Asian Minded Man: Ikki Kita // The Developing Economies. Vol. 4. № 2 (June 1966). Pp. 241–242.

Richard 1986 — Richard, C. J. 'The Shadow of a Plan:' The Rationale Behind Wilson's 1918 Siberian Intervention // The Historian. Vol. 49. № 1 (November 1986). Pp. 64–84.

Saitō 1967 — Saitō T. Japan's Foreign Policy in the International Environment of the Nineteen Twenties // The Developing Economies. Vol. 5. № 4 (December 1967). Pp. 685–701.

Shinobu 1967 — Shinobu S. From Party Politics to Military Dictatorship // The Developing Economies. Vol. 5. № 4 (December 1967). Pp. 667–684.

Shiota 1966 — Shiota S. The Rice Riots and Social Problems // The Developing Economies. Vol. 4. № 4 (December 1966). Pp. 516–534.

Smith 1986 — Smith D. The End of Japan's Siberian Adventure: Withdrawal From the Maritime Province, 1921–1922 // Proceedings of the British Association for Japanese Studies. № 11 (1986). Pp. 13–19.

### На японском языке

Ariyama 1988 — Ariyama Teruo. Taishōki no Kokumin Shinbun to 'Minshūka' [Taishō Era Kokumin Shinbun and 'Popularization'] // Seijyō Daigaku Comyunikeshon Kiyō. № 5 (April 1988). Pp. 1–26.

Fukawa 1995 — Fukawa Hiroshi. Toshi 'Fuzoshakai' no Keisei to Nashonarizumu [Structure of the Urban 'Underclass' and Nationalism] // Nihonshi Kenkyū. № 355 (March 1995). Pp. 81–111.

Fukubu 1996 — Fukubu Ryūko, Hara Gaikō to Shidehara Gaikō: Nihon no Taichū Seisaku to Kokusai Kankō, 1918–1927 [Hara Diplomacy and Shidehara Diplomacy: Japan's Policy Towards China and the International Environment] // Kobe Hōgaku Zasshi. Vol. 45. № 4 (March 1996). Pp. 763–807.

Hara 1980 — Hara Terayuki. Nihon no Kyokutō Roshia Gunji Kanshō no Shomondai [Several Problems relating to Japan's Military Intervention in the Russian Far East] // Rekishigaku Kenkyū. № 478 (March 1980). Pp. 1–14.

Hashimoto 1989 — Hashimoto Tetsuya. Taishō Demokurashiiki niokeru Chihō Shakai Undō [Regional Social Movements in the Taishō Democracy Era] // Kanezawa Daigaku Keizaigakubu Ronshū. Vol. 9. № 2 (March 1989). Pp. 81–99.

Hashimoto 1990 — Hashimoto Tetsuya.Wagai Ryūtarō no Shokumin Ron — Shiberia Ron [Nagai Ryūtarō's Theories on Colonists and Siberia] // Kanezawa Daigaku Keizai Ronshū. № 27 (March 1990). Pp. 27–45.

Hashimoto 1992 — Hashimoto Tetsuya. 'Urajio Nippō' no Seiritsu to 'Shiberia Shuppei' [Establishment of the 'Vladivostok Daily Report' and the 'Siberian Expedition'] // Kanezawa Daigaku Keizaigakubu Ronshū. Vol. 12. № 2 (March 1992). Pp. 69–91.

Hashimoto 1995 — Hashimoto Tetsuya. Kan Nihonkai Chiiki to Kingendaishi Kenkyū; "Shiberia Shuppei," "Manshū" Kenkyū o Chūshin ni [Modern Historical Research and the Japan Sea Region; Centering on the Siberian Intervention and Manchuria] // Kan Nihonkai Kenkyū. № 1 (1995). Pp. 11–21.

Hatano 1990 — Hatano Masaru. Roshia Kakumei to Nihon no Shiberia Enjo [The Russian Revolution and Japanese Financial Assistance to Siberia] // Keiō Daigaku Hōgaku Kenkyū. Vol. 63. № 2 (February 1990). Pp. 297–324.

Hattori 1999 — Hattori Ryūji. Washinton Kaigi to Kyokutō Mondai: 1921–1922 [The Washington Conference and Far Eastern Questions, 1921–1922] // Shigaku Zasshi. Vol. 108. № 2 (February 1999). Pp. 1–33.

Hayashi 1966 — Hayashi Masakazu. Konshun Jiken no Keika [Progress of the Hun'chun Incident] // Sundai Shigaku. № 19 (September 1966). Pp. 107–126.

Higuchi 1992 — Higuchi Hidemi. Nihon Kaigun no Tairiku Seisaku no Ichigawamen: 1906–1921 [One Aspect of the Japanese Navy's Continental Policy] // Kokushigaku. № 147 (May 1992). Pp. 63–91.

Hirama 1986 — Hirama Yoichi. Dai-ichiji Sekai Taisen e no Sansen to Tai-Bei Kankei [Participation in the First World War and Relations with America] // Seiji Keizai Shigaku. № 246 (Oct 1986). Pp. 32–43.

Hosoya 1961 — Hosoya Chihiro. Shibcria Shuppei o meguru Nichi-Bei Kankei [U.S.-Japanese Relations During the Siberian Intervention] // Kokusai Seiji. № 17 (December, 1961). Pp. 73–90.

Ichinose 1998 — Ichinose Toshiya. 'Taishō Demokurashii' Ki niokeru Heishi no Ishiki: Hitotsu Heishi no Shuki 'Heiei Yawa' kara [Soldiers Consciousness in the "Taishō Democracy" era: From One Soldier's "Barracks Tales" memoirs] // Gunji Shigaku. Vol. 33. № 4 (March 1998). Pp. 37–53.

Ikeda 1983 — Ikeda Sogo. Nihon no Shiberia Shuppei o meguru Amerika no Taido [American Attitude Towards Japan's Siberian Expedition]. Part 1, Part 2 // Kokushikan Daigaku Nihon Seikyō Kenkyūjo Kiyō. № 6, 7 (March, 1982, 1983). Pp. 1–25, 15–40.

Ikeda 1985 — Ikeda Sogo. Wihon no Shiberia Shuppei o meguru Amerika no Taido [American Attitude towards Japan's Siberian Expedition] // Kokushikan Daigaku Keizai Ronshū. № 52 (June 1985). Pp. 139–169.

Imai 1957 — Imai Seiichi. Taishōki niokeru Gunbu no Seijiteki Chii [Political Position of the Military in the Taishō Period], I, 11. Shisō. № 399, 402 (September, December 1957). Pp. 3–21, 106–122.

Inoue 1997 — Inoue Atsushi. Taishōki Henzengo no Taigai Kyokō Yoron: Shinbunsha Shugeki no Ifiku Sanbutsu [The Theory of Strong Foreign Policy Before and After the Taishō Era Change: A By-product of Newspaper Attacks] // Hōsei Daigaku Daigakuin Kiyō. № 39 (October 1997). Pp. 39–60.

Ishibashi 1919 — Ishibashi Tanzan. Hayai ni Shibiri yori Teppei Seyo // T6yd Keizai Shinpd. № 846 (April 5, 1919). P. 8.

Izao 1998 — Izao Tomio. Chūkanhi to 'Seishi' — Shiberia Shuppei Taiken niokeru 'Chūsei no Kioku' no Kōkyūika nikansuru Ichikōsatsun [A Consideration on Perpetuating "Memories of Loyalty" in the Experience of Japan's Intervention in Siberia] // Kyudai Hōgaku. № 76 (September 1998). Pp. 259–299.

Izao 2004 — Izao Tomio. Shūgiin gii no Shiberia Imon Ryōko [Lower House Representatives Support Visits to Siberia] // Yamaguchi Kenritsu Daigaku Kokusai Bunka Kiyō. № 9 (March 2004). Pp. 39–50.

Izao 2004 — Izao Tomio. Shimonoseki no Shiberia Shuppei to Utsu no Kome Sōdō, 1918 nen 8 gatsu [The Rice Riots in Utsu and the Siberian Intervention in Shimonoseki, August 1918] // Yamaguchi Kenritsu Daigaku Kokusai Bunka Kiyō. № 10 (April 2004). Pp. 33–42.

Jin 1993–1994 — Jin Linbo. Hara Naikaku no Tai 'Man Mo' Seisaku no Shintenkai [New Developments on the Hara Cabinet's Policy Towards Manchuria and Mongolia] // Nagoya Daigaku Hōsei Ronshū. № 145, 152, 153, (January 1993, 1994, March 1994). Pp. 175–221, 267–314, 221–268.

Katō 1995 — Katō Senbanko. Taishō Demokurashiiki 'Yokohama Bōeki Shinpō' no Kokka Shisō [Thoughts on the Nation of the 'Yokohama Bōeki Shinpō' in the Taishō Democracy Period] // Kanagawa Chiikishi Kenkyū. № 13 (March 1995). Pp. 8–31.

Kawada 1995 — Kawada Minoru. Dai Ichiji Sekai Taisen Shūketsu Zengo niokeru Hara Kei no Kōsō [Hara Kei's Thought Before and After the Conclusion of the First World War] // Nihon Fukushi Daigaku Kenkyii Kiyō. Vol. 92. № 2 (January 1995). Pp. 1–53.

Kimura 1982 — Kimura Kazuo. Shiberia Tetsudō no Rekishi to Igi [Historical Significance of the Construction of the Trans-Siberian Railway] // Gunji Shigaku. Vols. 17, 18. № 4, 1 (March, June 1982). P. 26–41, 43–63.

Kimura 1983 — Kimura Kazuo. Shiberia Shuppei Kettei ni itaru Katei [Progress of the Decision to Intervene in Siberia] // Gunji Shigaku. Vols. 18, 19. № 4, 2, 3 (March, September, December 1983). Pp. 19–30, 48–63, 54–66.

Kimura 1984 — Kimura Kazuo. Shiberia Shuppei no Nichi-Bei Shingan-ken Mondai [The Problem of Japanese-American Rights of Command During the Siberian Expedition] // Gunji Shigaku. Vol. 20. № 3 (December 1984). Pp. 30–43.

Kino 1993 — Kino Kazue. Rinji Shibiria Keizai Enjo Iinkai to Inoue Kyo-shiro [The Temporary Siberia Economic Support Committee and Inoue Kyoshiro] // Nihon Rekishi. № 541 (June 1993). Pp. 41–57.

Kisaka 1967 — Kisaka Junichirō. Gunbu to Demokurashii [The Military and Democracy] // Kokusai Seiji. № 38 (1967). Pp. 1–39.

Kisaka 1974 — Kisaka Junichirō. Taisōki Minponshugisha no Kokusai Ninshiki [International Outlook of Taishō Era Democrats] // Kokusai Seiji. № 51 (1974). Pp. 59–108.

Kurono 1998 — Kurono Tsuyoshi. Taishō Gunshuku to Teikoku Kokubō Hōshin no Dai Niji Kaitei [Taishō Arms Reduction and the Second Revision of the Imperial Defense Plan] // Nihon Rekishi. № 599 (April 1998). Pp. 81–99.

Kurosawa 1989 — Kurosawa Fumitaka. Wihon Rikugun no Tai-Bei Nin-shiki [The Japanese Army's Perception of America] // Kokusai Seiji. № 91 (May 1989). Pp. 19–38.

Maeda 1995 — Maeda Renzan. Hara Naikaku (Taishō 7 nen 9 gatsu — Taishō 10 nen 10 gatsu) to Seiyūkai [The Hara Cabinet (Sept., 1918 to Oct., 1921) and the Seiyūkai] // Shakai Kagaku Tōkyū. Vol. 41. № 2 (December, 1995). Pp. 179–212.

Minagawa 1998 — Minagawa Masaki. Senzen Nihon no Demokurashii: Seijigakusha Yabe Sadaji no Naisei Gaikō Ron [Democracy in Prewar Japan: Yabe Sadaji's Discussion on Domestic and Foreign Policies] // Tokyo Tōritsu Daigaku Jinbun Gakuhō. № 287 (March 1998). Pp. 1–64.

Mishima 1965 — Mishima Yasuo. Roshia Kakumei ga Waga Kuni no Hokuyō Gyogyō Keiei ni Oyobashita Eikyō [Influence of the Russian Revolu-tion on the Management of Our Nations Fisheries in Northern Waters] // Shakai Keizai Shigaku. Vol. 30. № 2 (March, 1965). Pp. 115–136.

Momose 1984 — Momose Takashi. Shiberia Teppei Seisaku no Keisei Katei [The Process of Forming the Siberian Withdrawal Policy] // Nihon Rekishi. № 428 (January 1984). Pp. 86–101.

Nagaoka 1966 — Nagaoka Shinjirō. Katō Takaaki Ron [Discourse on Katō Takaaki] // Kokusai Seiji. № 33 (1966). P. 27–40.

Nakasuzuka 1969 — Nakasuzuka Akira. Chosen no Minzoku Kaihō Undo to Taishō Demokurashii [The Korean Self-Determination Movement and Taishō Democracy] // Rekishigaku Kenkyū. № 355 (Dec. 1969). Pp. 46–53.

Nakayama 1992 — Nakayama Rikushi. Dai Ichiji Sekai Taisengo niokeru Nihon Rikugun no Tai So Taido [Post-World War I Attitude of the Japanese

Army towards the USSR] // Bōei Daigaku Shakai Kagaku Gakubu Kiyō. № 65 (September 1992). Pp. 41–57.

Nomura 1987 — Nomura Otojirō. Pari Heiwa Kaigi to Choken Bunran Jiken [The Paris Peace Conference and the Constitutional Disorder Incident] // Seiji Keizai Shigaku. № 250 (Feb. 1987). Pp. 101–111.

Okamoto 1974 — Okamoto Hiroshi. Taishōki Shakaishugisha no Kokusai Ninshiki to Gaikō Hihan [Taishō era Socialist's International Consciousness and Diplomatic Criticisms] // Kokusai Seiji. Vol. 51. № 1 (1974). Pp. 87–108.

Okazaki 1998 — Okazaki Hisahiko. Shidehara Kijūrō to sono Jidai: Roshia Kakumei to Shiberia Shuppei [Shidehara Kijūrō and His Times: The Russian Revolution and Siberian Intervention] // Voice (December 1998). Pp. 214–226.

Okuda 1994 — Okuda Shirō. Genron no Hōkei — 1918 nen Shiberia Shuppei, Kome Sōdō, 'Jigomu', Fuzoku Kairon [Speech Scenes, 1918: The Siberian Expedition, Rice Riots, "Jigomu," and the Corruption of Manners] // Masukomi — Jyanarizumu Ronshū. № 2 (1994). Pp. 46–67.

Oura 1954, 1955 — Oura Toshihiro. Kyokutō Roshia nitaisuru Nichibei Kanshō to sono Hatan nitsuite no Ichikōsatsu [A Study of the American-Japanese Intervention in Far Eastern Russia and Its Failure, 1918–1922] // Handai Hōgaku. № 12, 15 (November 1954, August 1955). Pp. 1–25, 23–59.

Oura 1983, 1984 — Oura Toshihiro. Shiberia Shuppei to Paruchizan Undō [The Siberian Expedition and Partisan Movements] // Otemon Keizai Ronshū. Vols. 18, 19. № 2, 2 (December 1983, December 1984). Pp. 1–22, 1–14.

Ouchi 1993 — Ouchi Tsutomu. Taishō Demokurashii to Jiyūminken Undō [Taishō Democracy and the People's Rights Movement] // Musashi Daigaku Ronshū. Vol. 40. № 5, 6 (March, 1993). Pp. 1–20.

Ozaki 1996 — Ozaki Yasudo. Gotō Shinpei no Eisei Kokka Shiro [Gotō Shinpei's Satellite Nations Theory] // Historia. № 153 (December 1996). Pp. 199–219.

Ozawa 1987 — Ozawa Haruko. Ni-So Kokkō Jyuritsu Kōshō niokeru Shidehara Gaikō no Saihyōka [Reevaluation of Shidehara Diplomacy in the Context of Negotiations to establish relations between Japan and the Soviet Union] // Seiji Keizai Shigaku. № 250 (February 1987). Pp. 112–124.

Ozawa 1990 — Ozawa Haruko. Sobieto Seiken Shoki no Tai Nichi Seisaku: 11, 1917 kara 8, 1921 made [Early Soviet Government's Policy Towards Japan, November, 1917 to August, 1921] // Keiō Daigaku Hōgaku Kenkyū. Vol. 63, № 2 (February, 1990). Pp. 191–214.

Ozawa 1992 — Ozawa Haruko. Washinton Kaigi to Sobieto Gaikō: Kyokutō Kyōwakoku no Yakuwari o Chūshin ni [The Washington Conference and

Soviet Diplomacy: Centering on the role of the Far Eastern Republic] // Seiji Keizai Shigaku. № 307 (January 1992). Pp. 1–12.

Ozeki 1991 — Ozeki Motoaki. Nihon Seiji Seitō Ron no Saikōsei [Rethinking the Theory of Japan's Party Politics] // Kokuritsu Rekishi Minzoku Hakubutsukan Kenkyū Hōkoku. № 36 (November, 1991). P. 127–171.

Saaler 1998 — Saaler, S. Nihon no Tairiku Shinshutsu to Shiberia Shuppei: Teikokushugi Kakuchō no 'Kansetsu Shihai Kōsō' o megutte [Japan's Continental Expansion and the Siberian Intervention: Informal Empire in Japanese Imperialism] // Kanazawa Daigaku Keizai Gakubu Ronshū. Vol. 19. № 1 (December, 1998). Pp. 259–285.

Saaler 2004 — Saaler, S. Taishō Shoki ni okeru Nihon no Seigun Kankei [Early Taishō Japanese Military Political Relations] // Jinmin no Rekishigaku. № 158 (December 2004). Pp. 27–42.

Sazawa 1990 — Sazawa Sachiko. Hara Naikakuki no Shisō Mondai [The Thought Problem During the Hara Cabinet] // Senshū Hōgaku Ronshū. № 50 (March 1990). Pp. 5–48.

Seito 1990, 1991 — Seito Masako. Roshia Kakumei to Nichū Kankei [The Russian Revolution and Sino-Japanese Relations] // Shion Tanki Daigaku Kenkyū Kiyō. № 30, 31 (December 1990, January 1991). Pp. 75–99, 51–79.

Seki 1994 — Seki Shizuo. Hara Takashi Gaikō Shidō [Hara Takashi's Diplomatic Leadership] // Teizukayama Daigaku Kiyō. № 37 (March 1994). Pp. 56–76.

Shin 1980 — Shin Hee-suk. Manmō Keneki o Meguru Nichi-Bei Kankei no Sōkoku [U.S.-Japan Rivalry Over Interests in Manchuria and Mongolia] // Kokusai Seiji. № 66 (Nov. 1980). Pp. 91–108.

Shiraishi 1993 — Shiraishi Masaaki. Shiberia Shuppeigo niokeru Nihon no Kita Man Shinshutsu Katei no Ichikōsatsum [A Study of Japan's Advance into North Manchuria After the Siberian Intervention: Issues Related to the Construction of the Taonan-Angangchi Railway] // Gaikō Shiryōkanpō. № 6 (March 1993). Pp. 41–57.

Shoda 1994 — Shoda Kenichirō. Taishō Demokurashiiki no Minshū no Ishiki [Working Class Consciousness in the Taishō Democracy Era] // Waseda Seiji Keizaigaku Zasshi. № 319 (July 1994). Pp. 37–63.

Shoda 1994 — Shoda Kenichirō. Taishō Demokurashii nitsuite no Kaishaku [An Explanation of Taishō Democracy] // Waseda Seiji Keizaigaku Zasshi. № 320 (October 1994). Pp. 1–33.

Suetaka 1987 — Suetaka Yoshiya. Taishōki niokeru Gotō Shinpei o Meguru Seiji Jōkyō [The Political Situation of Gotō Shinpei During the Taishō Era] // Shigaku Zasshi. Vol. 96. № 6 (June 1987). Pp. 1–31.

Sumitomo 1998 — Sumitomo Yobun. 'Kokumin' no 'Shimin' ka to Nihon Shakairon: 1900 nendai — 1920 nendai o Chūshin ni [The Transition from "People" to "Citizens" and Japanese Social Theory: The 1900's to 1920's] // Jinmin Rekishigaku. № 137 (September 1998). Pp. 16–30.

Suzuki 1986 — Suzuki Masako. Taishō Demokurashii to Kokutai Mondai [Taishō Democracy and the Kokutai Question] // Nihonshi Kenkyū. № 281 (January 1986). Pp. 46–66.

Takahashi 1986 — Takahashi Hidenao. Sōryokusen Seisaku to Terauchi Naikaku [Total War Policy and the Terauchi Cabinet] // Rekishigaku Kenkyū. № 552 (March 1986). Pp. 1–16.

Takahashi 1985 — Takahashi Hidenao. Hara Naikaku no Seiritsu to Sōryokusen Seisaku: 'Shiberia Shuppei' Kettei Katei o Chūshin ni [Formation of the Hara Cabinet and Total War Policy: Centering on the Process of Deciding on the 'Siberian Intervention] // Shirin. Vol. 68. № 3 (May 1985). Pp. 1–34.

Takaoka 1991 — Takaoka Michino. Dai Ichiji Sekai Taisengo niokeru Chihō Toshichi no Ishizure Kōzō [Post-World War I Fundamental Structure of Local Urban Organizations] // Historia. № 133 (December 1991). Pp. 63–84.

Takenaga 1996 — Takenaga Mitsuo. 'Taishō Demokurashii' Ron no Genzai [The Present Theory of "Taishō Democracy History"] // Atarashii Rekishigaku no Tame ni. № 211 (March 1996). Pp. 11–28.

Yamamoto 1995 — Yamamoto Shirō. Shiberia Shuppei (Maeshi) nitsuite — Zai To Rikugun Bukan 1917 nen 4 gatsu Gejyun Hōkoku [Prior to the Siberian Expedition — The Military Attaché in China's Report for Late April, 1917] // Kobe Joshi Daigaku Bungakubu Kiyō. Vol. 28. № 1 (March, 1995). Pp. 181–201.

Yoshida 1981 — Yoshida Yutaka. Wihon Teikokushugi no Shiberia Kanshō Sensō [Japanese Imperialism's War of Intervention in Siberia] // Rekishigaku Kenkyū. № 490 (March, 1981). P. 1–14.

## СТАТЬИ И КНИГИ ЭПОХИ СИБИРСКОЙ ИНТЕРВЕНЦИИ НА ЯПОНСКОМ И АНГЛИЙСКОМ ЯЗЫКАХ

Chiba 1918 — Chiba K. Some Japanese Periodicals and Publicists // The Japan Magazine. Vol. 9. № 1, 2, 3 (May, June, July 1918). Pp. 775–777, 91–92, 168–170.

Coleman 1918 — Coleman F. A. Japan Moves North: The Inside Story of the Struggle for Siberia. New York: Cassell and Company, 1918.

Ishibashi 1918 — Ishibashi T. Shuppei ka, Koritsu ka [To Intervene or Stand Alone] // Tōyō Keizai Shinpō. № 820 (July 15, 1918). Pp. 5–6.

Ishibashi 1918 — Ishibashi T. Shibiri Shuppei o Hikiagubeshi [The Siberian Intervention Should be Withdrawn] // Tōyō Keizai Shinpō. № 826 (September 15, 1918). Pp. 5–6.

Ishibashi 1920 — Ishibashi T. Nichiro Shōtotsu no Imi Jūdai" [Seriousness of Russo-Japanese Conflict in Siberia] // Tōyō Keizai Shinpō. № 891 (April 17, 1920). Pp. 12–13.

Ishibashi 1922 — Ishibashi T. Gunjin Bakko no Gen o Tatsubeshi [Destroy the Roots of Military Adventurism] // Tōyō Keizai Shinpō. № 1022 (October 21, 1922). Pp. 16–17.

Izumi 1918 — Izumi T. Kokusai Hōjō to Shiberia Shuppei Mondai [The Siberian Intervention and International Law] // Gaikō Jihō. Vol. 27. № 8 (April 15, 1918). Pp. 42–52.

Izumi 1918 — Izumi T. Chekku Gun Kyūen no Shinigi [True Meaning of the Relief of Czech Forces] // Gaikō Jihō. Vol. 28. № 4 (August 15, 1918). Pp. 29–37.

Izumi 1920a — Izumi T. Kyokutō Kyōwakoku no Shutsugen [Birth of the Far Eastern Republic] // Gaikō Jihō. Vol. 31. № 11 (June 1, 1920). Pp. 65–72.

Izumi 1920b — Izumi T. Kokusai Hōjō yori Mitaru Shiberi Mondai [The Siberia Problem from the Standpoint of International Law] // Gaikō Jihō. Vol. 32. № 5 (September 1, 1920). Pp. 46–54.

Kuno 1921 — Kuno Yoshisaburo. What Japan Wants. New York: Thomas Y. Crowell Co., 1921.

Ninakawa 1918 — Ninakawa, Dr. A. Japan's Policy Positive // Japan Magazine. Vol. 8. № 11 (March 1918). P. 625.

Ninakawa 1919 — Ninakawa A. Shiberi o Ika nisuruka [What Should be Done in Siberia] // Gaikō Jihō. Vol. 30. № 11 (December 1, 1919). Pp. 28–32.

Ninakawa 1920 — Ninakawa A. Nikkō Jiken to Yoron Zehi [The Nikolaevsk Incident and the Rights and Wrongs of Public Opinion] // Gaikō Jihō. Vol. 32. № 3 (August 1, 1920). Pp. 8–12.

Osaka Asahi Hokuriku Ban, 15 June, 1920–1 November, 1922.

Roberts 1919 — Roberts K. L. The Random Notes of an Arnerikansky // The Saturday Evening Post. Vol. 191. № 46 (May 17, 1919). Pp. 3–4, 126–141.

Tagawa 1920 — Tagawa D. Nikō Mondai to Sotan Jiken (I) [Nikolaevsk Problem and the Sudan Incident] // Tōyō Keizai Shinpō. № 904 (July 10, 1920). Pp. 13–14.

Tagawa 1921 — Tagawa D. Uiruson to Hara Kei shi [Mr. Wilson and Mr. Hara] // Tōyō Keizai Shinpō. № 929 (January 8, 1921). Pp. 12–13.

Tokyo Asahi, 9 March — 24 June, 1918.

Ukita 1918 — Ukita K. Sansen Mokuteki to Shuppei Mondai [War Aims and the Intervention Problem] // Taiyō. Vol. 24. № 4 (April 1918). P. 22–30.

Ukita 1919 — Ukita K. Sekai no Taisei to Nihon no Taido [The General Situation of the World and Japan's Attitude] // Chōsen Kōron. Vol. 7. № 1 (January, 1919). Pp. 7–12.

# Предметно-именной указатель

# Оглавление

*Научное издание*

**Пол Э. Данскомб**
**ЯПОНСКАЯ ИНТЕРВЕНЦИЯ В СИБИРИ**
**1918–1922**

Директор издательства *И. В. Немировский*
Ответственный редактор *И. Белецкий*
Куратор серии *Е. Яндуганова*
Заведующая редакцией *О. Петрова*

Дизайн *И. Граве*
Редактор *А. Тюрин*
Корректор *А. Филимонова*
Верстка *Е. Падалки*

Подписано в печать 23.05.2023.
Формат издания 60 × 90 $^1/_{16}$. Усл. печ. л. 23,4.
Тираж 300 экз.

Academic Studies Press
1577 Beacon Street, Brookline, MA 02446 USA
https://www.academicstudiespress.com

ООО «Библиороссика».
190005, Санкт-Петербург, 7-я Красноармейская ул., д. 25а

Эксклюзивные дистрибьюторы:
ООО «Караван»
ООО «КНИЖНЫЙ КЛУБ 36.6»
http://www.club366.ru
Тел./факс: 8(495)9264544
e-mail: club366@club366.ru

Книги издательства можно купить
в интернет-магазине: www.bibliorossicapress.com
e-mail: sales@bibliorossicapress.ru

12+

*Знак информационной продукции согласно*
*Федеральному закону от 29.12.2010 № 436-ФЗ*